Reineke/Fussinger (Hrsg.)

Interkulturelles Management

Rolf-Dieter Reineke/
Christine Fussinger (Hrsg.)

Interkulturelles Management

Konzeption – Beratung – Training

GABLER

Die Deutsche Bibliothek – CIP-Einheitsaufnahme
Ein Titeldatensatz für diese Publikation ist bei
Der Deutschen Bibliothek erhältlich.

Prof. Dr. Rolf-Dieter Reineke ist Leiter des MBA-Weiterbildungsstudienganges Internationale Unternehmensberatung an der Fachhochschule Ludwigshafen. Er ist außerdem Vorstand der Society for Intercultural Education, Training and Research (SIETAR Deutschland e.V.) sowie internationaler Unternehmensberater.

Christine Fussinger, MBA, Dipl.-Betriebswirt (FH), ist Unternehmensberaterin mit Schwerpunkt strategisches und interkulturelles Management, Marketing und Organisation.

1. Auflage Juni 2001

Lektorat: Barbara Roscher / Renate Schilling

Der Gabler Verlag ist ein Unternehmen der Fachverlagsgruppe BertelsmannSpringer.

www.gabler.de

Gedruckt auf säurefreiem und chlorfrei gebleichtem Papier.

Umschlaggestaltung: Ulrike Weigel, www.CorporateDesignGroup.de
Druck und buchbinderische Verarbeitung: Hubert & Co, Göttingen

Printed in Germany

ISBN 3-409-11794-6

In memoriam

Menno-Arend Herlyn

Grußwort

Internationale Partnerschaften, Joint Ventures, Merger & Akquisitionen und länderübergreifende strategische Verbindungen stehen für viele Unternehmen im Zeitalter von Vernetzung und Globalisierung auf der Tagesordnung. Interkulturelle Fragestellungen jedoch werden erst dann berücksichtigt, wenn in der Praxis massive Probleme auftauchen und Integrationsprozesse zu scheitern drohen.

Aber selbst dann wird häufig zu kurz gegriffen: Wirft man einen Blick in gängige Kursangebote, Seminare und Literatur zum Thema, stellt man fest, daß interkulturelles Management heute oft immer noch mit interkultureller Kommunikation und Verhaltensaspekten gleichgesetzt wird.

Dabei umfaßt dieses Thema deutlich mehr: Die Internationalisierung eines Unternehmens und die damit verbundene Integration unterschiedlicher (Unternehmens-)Kulturen sind Prozesse, die bewußt gesteuert werden müssen. Fortschrittliche, unternehmerisch strategische Entscheidungen können nur auf einem eingehenden Verständnis davon, wie verschieden die Wahrnehmung der Welt sein kann, aufgebaut sein. Ein global erfolgreiches Unternehmen, das sich ausschließlich auf den Grundlagen einheimischer Werte aufbaut, verschließt sich einem Reichtum an Talenten, Ideen und unterschiedlichen Sichtweisen. "Cultural Diversity" - also die Fähigkeit von Management und Mitarbeitern, Beziehungen zu anderen Kulturen aufzubauen sowie interkulturelle Synergieeffekte bewußt einzusetzen und zu nutzen - wird zu einer Schlüsselanforderung eines erfolgreichen Global Players.

Ein tieferes und umfassenderes Verständnis von interkulturellem Management wird Auswirkungen auf Unternehmensstrategien und Geschäftsprozesse auf Top-Management-Ebene haben. Theoretische Ansätze zum Umgang mit diesen Veränderungen, aber auch konkrete Praxisbeispiele in diesem Buch zeigen, wie interkulturelles Management heute realisiert werden kann, um zum strategischen Erfolgsfaktor für global agierende Unternehmen zu werden.

Ich bin sicher, daß die behandelten Themen in diesem Buch einen wertvollen Beitrag zum interkulturelles Management leisten werden und wünsche allen Leserinnen und Lesern eine anregende Lektüre.

Ihr

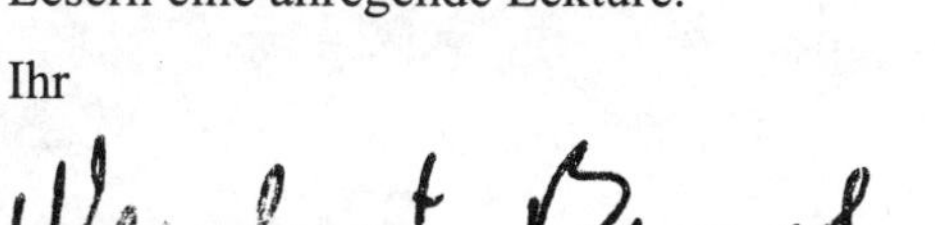

Dr. Norbert Bensel
Mitglied des Vorstandes der DaimlerChrysler Services AG

Grußwort

Vorwort

Der Fortgang der Globalisierung, das Zusammenwachsen Europas und die Migrationsbewegungen sind nur einige der Entwicklungen, die zu einer stetig engeren Zusammenarbeit zwischen Menschen unterschiedlichster kultureller Herkunft führen. Die Society for Intercultural Education, Training and Research (SIETAR Deutschland e.V.) hat sich im Rahmen eines Kongresses im Mai 2000 in Ludwigshafen diesem Themenspektrum in all seinen Facetten angenommen. Im vorliegenden Band sind, angeregt durch den Kongreß, Beiträge zusammengestellt worden, die sich mit Chancen und Herausforderungen von Interkulturalität für das Management befassen.

Ein effektives interkulturelles Management wird häufig als wesentlicher Erfolgsfaktor für die Wirtschaft dargestellt. Auch für den einzelnen Mitarbeiter, Manager oder Unternehmensberater gehört neben der Fach- und Sprachkompetenz eine ausgeprägte interkulturelle Kompetenz zu den anerkannten Anforderungen unserer Zeit.

Der so formulierte Anspruch kontrastiert jedoch stark mit der Bedeutung, dem das Thema bislang in der unternehmerischen Praxis beigemessen wird. Die in der interkulturellen Managemententwicklung engagierten Konzeptionisten sind aufgerufen, geeignete Vorgehensweisen, Praxishilfen, Trainings- und Ausbildungsmöglichkeiten sowie Ansätze zur Beratungsunterstützung bereitzustellen, um interkulturelles Denken und Handeln in der Unternehmenspraxis stärker zu verankern. Wenn den Unternehmern und Entscheidungsträgern deutlich wird, daß interkulturelles Management weder Selbstzweck noch „nice to have" ist, sondern direkt zur Steigerung des (internationalen) Unternehmenserfolges beiträgt, wird dies zwangsläufig zu einer Neubewertung dieses Themas für die Unternehmenspraxis beitragen.

Im vorliegenden Buch kommen Praktiker und Forscher aus verschiedenen Bereichen zu Wort. Sie stellen Konzeptionen und Praxiserfahrungen vor, die dazu beitragen mögen, die konstatierte Lücke zwischen Anspruch und Wirklichkeit interkulturellen Managements zu schließen.

Der erste Teil, Theorie und Praxis des interkulturellen Managements, befaßt sich mit den eingangs dargestellten grundlegenden Fragestellungen zur Relevanz und der Verankerung des interkulturellen Managements in der unternehmerischen Praxis. Interkulturelles Management in der Unternehmensberatung ist der zweite Schwerpunkt des Bandes. Hier werden Methoden und Ansätze vorgestellt, wie die interkulturelle Dimension in die Praxis der Unternehmensberatung, zur internen Steuerung eines Beratungsunternehmens und zur Gestaltung der Beratungsprojekte mit Klientenunternehmen, umgesetzt werden kann. Im Themenbereich interkulturelle Teamentwicklung werden Methoden zur Förderung einer effektiven internationalen Teamarbeit beschrieben, und zwar sowohl für die direkte Interaktion als auch für die Arbeit in virtuellen interkulturellen Teams. Der vierte Teil bietet eine Übersicht über aktuelle Methoden interkulturellen Trainings, bevor abschließend einige zusammenfassende Thesen zum interkulturellen Management angeboten werden.

Es freut uns, daß es gelungen ist, Beiträge von so vielen kompetenten Personen aus Forschung, Unternehmen, Unternehmensberatung und Training in diesem Buch zu vereinen. Die Unterschiedlichkeit der Ansätze ist „gelebte Diversity" und repräsentiert den „Markt der Möglichkeiten" zur Annäherung an das Thema. Wir danken allen Autorinnen und Autoren für Ihren Beitrag zu dieser Publikation. Herrn Bernd F. Rex danken wir für sein Engagement bei der Gestaltung des Layouts dieses Bandes.

Die Realisierung dieses Buches wurde von der Society for Intercultural Education, Training and Research (SIETAR Deutschland e.V.) sowie den Firmen PricewaterhouseCoopers und Siemens unterstützt.

Wenn dieses Buch Anregungen gibt, wie Anspruch und Realität des interkulturellen Managements einander angenähert werden können, ist unser Ziel erreicht worden. Wir wünschen Ihnen eine erfolgreiche Umsetzung.

Wiesbaden, 2001

PROF. DR. ROLF-DIETER REINEKE CHRISTINE FUSSINGER, MBA

Inhaltsverzeichnis

Teil II: Interkulturelles Management in der Unternehmensberatung

Teil III: Interkulturelle Teamentwicklung

Teil IV: Methoden interkulturellen Trainings

Teil V: Zusammenfassende Thesen zum interkulturellen Management

Autorenverzeichnis

Dr. Christoph I. Barmeyer	Dozent an der französischen Business School IECS Strasbourg und Berater im deutsch-französischen Management
Dr. Milton J. D. Bennett	Director, The Intercultural Communication Institute, Portland, USA
Klaus Bodel	Personalentwickler in der Führungskräftequalifizierung der BMW Group, München, sowie EMC-Excellence Management Consultant, Unterschleißheim
Dr. Klaus Boll	Robert Bosch GmbH, Zentralstelle Führungskräfteentwicklung und Organisationsentwicklung, Section Internationalization, Stuttgart
Ute Clement	Geschäftsführerin Magellan Consult GmbH, Heidelberg
Christine Fussinger, MBA	Freiberufliche Unternehmensberaterin mit Schwerpunkt Strategie und Organisation, Kirchheim-Teck
Prof. Nikola Hale	Professorin für Interkulturelle Kommunikation und Management, Hochschule für Technik und Wirtschaft Furtwangen
Dr. Anette Hammerschmidt	Geschäftseinheit Qualifizierung und Training der Siemens AG, Stuttgart
Andreas J. Harbig	Leiter Strategisches Personalmanagement, PricewaterhouseCoopers, Frankfurt
Menno-Arend Herlyn	Berater und Trainer, Heidelberg, sowie Erster Vorsitzender von SIETAR Deutschland (Menno-Arend Herlyn ist verstorben im Mai 2001)
Prof. Dr. Torsten M. Kühlmann	Lehrstuhl für Betriebswirtschaftslehre - Personalwesen und Führungslehre, Universität Bayreuth
Prof. Dr. André Laurent	INSEAD, Fontainebleau, Frankreich
Klaus Maier	Unabhängiger interkultureller Trainer, Nürnberg

Thomas J. Möller	Leiter Führungskräfteentwicklung, Strategisches Personalmanagement, PricewaterhouseCoopers, Frankfurt
Bettina Nemeczek	Beraterin in EMD / Management Consulting, Daimler Chrysler AG, Stuttgart
Prof. Dr. Rolf-Dieter Reineke	Leiter des MBA-Weiterbildungsstudiengangs Internationale Unternehmensberatung an der Fachhochschule Ludwigshafen, internationaler Unternehmensberater und Trainer sowie Vorstand bei SIETAR Deutschland
Karine Rémolu-Neumayer	TOP - Team-, Organisations- und Personalentwicklung, München
Birgit Schenk	Virtuelle Teams, Beratung und Training, Ditzingen
Uli Schwämmle	Internationaler Organisationsberater, solstice, Richterswil/ZH, Schweiz
Michael Thiel	Internationaler Organisationsberater, cinco.systems, Hamburg
Dr. Hora Tjitra	Human Resource Beratung, PricewaterhouseCoopers, Hamburg
Angela Zhang	Business Consultant, Lufthansa Systems Group, Kelsterbach/Frankfurt

Teil I

Theorie und Praxis des interkulturellen Managements

Rolf-Dieter Reineke

Business Driven Intercultural Management™

1. Stellenwert von „Cultural Diversity" für das Top-Management

Internationalität ist der Normalfall in den meisten Unternehmen, inzwischen auch im Mittelstand. Die Ausrichtung der Geschäftsstrategie und der Geschäftsprozesse auf globale Märkte genießt zu Recht die Aufmerksamkeit des Top-Managements. Der Umstand, daß internationales Management immer den Umgang mit fremdkulturellen Faktoren bedeutet, wird in allen Phasen des Internationalisierungsprozesses deutlich: schwierige Verhandlungen mit ausländischen Geschäftspartnern, Mißverständnisse an interkulturellen organisatorischen Schnittstellen der Organisation, unvorhergesehene Probleme bei der Integration ausländischer Fusions- oder Akquisitionsprojekte, Scheitern von entsandten Auslandsmanagern sowie Schwierigkeiten bei internationalen Projekten. In der Literatur wird auf diesen Umstand und seine Bedeutung für den nachhaltigen Erfolg im Auslandsgeschäft immer wieder hingewiesen.[1]

Ende der 80er und in den 90er Jahren wurde das interkulturelle Management auch in Deutschland von der Praxis „entdeckt". Von den Grundsatzreden der Vorstände ausgehend wurde sich des Themas meistens in der Personalabteilung angenommenen, bevorzugt in der Form interkultureller Awareness-, Kommunikations- oder Verhaltenstrainings.

Interkulturelle Fragestellungen werden in der unternehmerischen Praxis auf der Top-Management-Ebene jedoch oft erst thematisiert, wenn substantielle Probleme auftreten und die Kosten der Vernachlässigung kultureller Faktoren damit offensichtlich werden. Warum ist das so? Einige Thesen dazu:

Der Kulturbegriff wird als Residualgröße für Probleme aller Art mißbraucht und deshalb häufig als wenig greifbar betrachtet

Anschauungsmaterial für diese These liefern eine Vielzahl internationaler Fusionen. Bei gescheiterten Fusionen oder solchen, die nach einem (vermeintlich) guten Start in Schwierigkeiten geraten, werden als Begründung häufig inkompatible (Unternehmens-) Kulturen herangezogen. Es drängt sich dabei der Eindruck auf, daß bei der Erklärung nicht funktionierender Fusionen manchmal eine nicht näher definierte kulturelle Unvereinbarkeit herangezogen wird, um nicht bewältigte Machtkonflikte oder strategische Fehleinschätzungen zu vernebeln.[2] Die an Fusionen maßgeblich beteiligten Investmentbanker, Rechtsanwälte und Strategieberater setzen in der Regel keine Priorität auf eine

1 Vgl. z.B. Dülfer (1999).

2 Vgl. auch Feldmann, Spratt (2000, 159 ff.).

„Cultural Due Diligence" und verfügen auch nicht über eine entsprechende Expertise zur Durchführung einer solchen, daher gibt es auch keine präzisen ex-ante Informationen über eventuelle interkulturelle Probleme und deren Relevanz für den Integrationserfolg. Nach der gängigen Praxis werden interkulturell erfahrene Organisationsberater erst dann gerufen, wenn im Post Merger-Prozeß massive Konflikte auftreten, die dann nur noch schwer zu bewältigen sind.[3]

Interkulturelles Management wird mit interkultureller Kommunikation gleichgesetzt, in der Folge werden Verhaltens- und Kommunikationsaspekte überbetont, interkulturelles Management ist zu wenig auf die konkreten Business Issues bezogen

Die meisten Wirtschaftsmagazine, die sich an das Top Management richten und interkulturelle Fragestellungen thematisieren, betonen individuelle und Verhaltensaspekte. So muß sich der Eindruck verfestigen, daß Face-to-Face-Kommunikation und -Verhalten der Kernpunkt interkulturellen Managements ist, der dann am besten in Form interkultureller Awareness-, Verhaltens- und Kommunikationstrainings aufgegriffen wird. Diese typische Reaktion auf der Nachfragerseite wird von der Anbieterseite der Trainings noch verstärkt. Viele interkulturelle Trainer haben eine psychologische, sozialpädagogische oder sprachlinguistische Ausbildung, aber weder von der Ausbildung noch von der beruflichen Praxis her eine konkrete Managementerfahrung. Der Trainings-Fokus liegt somit zwangsläufig auf Themen und Ansätzen, die dem eigenen Ausbildungshintergrund entsprechen.

Um nicht mißverstanden zu werden: Die genannten Fachrichtungen ermöglichen zweifellos einen relevanten und wichtigen Zugang zu interkulturellen Fragestellungen im Management. „Klassische" interkulturelle Awareness- und Verhaltenstrainings sind sicherlich ein Baustein eines interkulturellen Managementsystems. Wenig wirksam und gegebenenfalls sogar kontraproduktiv sind solche Maßnahmen jedoch dann, wenn

- sie nicht direkt und authentisch mit den praktischen internationalen Managementproblemen der jeweiligen Teilnehmer verknüpft sind (Konsequenz ist eine fehlende Relevanz aus Sicht der Teilnehmer),
- interkulturelle Unterschiede im persönlichen Verhalten bei Teamtrainings überbetont werden, statt die Trainingsmaßnahmen auf eine gemeinsame unternehmerische Zielrichtung abzustellen,
- die „Transferlücke" zwischen Trainingswelt und den Realitäten internationaler Managementaufgaben nicht durch On-the-Job-Maßnahmen ergänzt werden,
- sozialromantische Vorstellungen über interkulturelle Zusammenarbeit entwickelt werden, deren Hauptbotschaft ein „Seid nett zueinander und geht sorgfältig miteinander um" ist.

---

3 Vgl. zur Relevanz der Kulturintegration bei internationalen M&A und zum Kulturbegriff Reineke (1989) und die dort angegebene Literatur.

Das Potential von Cultural Diversity Management als strategischer Erfolgsfaktor wird zu wenig deutlich

Bei der zwangsläufig generalisierenden Einschätzung der deutschen Unternehmenslandschaft muß festgestellt werden, daß in den letzten Jahren in strategischen Zielregionen von der deutschen Wirtschaft zwar Marktpositionen besetzt wurden, vor allem durch Fusionen und Akquisitionen, eine konsequente Ausrichtung der Unternehmenskulturen sowie der Managementsysteme und –prozesse auf die interkulturelle Herausforderung der Globalisierung aber nicht mit dem gleichen Engagement betrieben wurde. Ein „Global Mindset“ ist immer noch die Ausnahme, genauso wie die Besetzung von Managementpositionen mit Ausländern in den Zentralen deutscher Unternehmen. Sicherlich ist eine globale „Gleichschaltung“ der Unternehmenskulturen genauso wie eine ausgeprägte Diversifizierung der Unternehmenskultur auch strategisch nicht immer sinnvoll, der internationale Integrationsgrad der Unternehmenskulturen sollte aber ein gesteuerter Prozeß sein.

Angesichts der zunehmenden Professionalisierung der Internationalisierungsaktivitäten ist es an der Zeit, eine Neubewertung und eine Neuausrichtung des interkulturellen Managements vorzunehmen. Dabei kann zusammengefaßt von den in Abbildung 1 dargestellten Entwicklungslinien ausgegangen werden, auf die im Folgenden noch weiter eingegangen wird.

heute	zukünftig
• Thema der Personalabteilung	• Thema aller Abteilungen und des Top Managements
• Personenorientiert	• Zielorientiert
• Kommunikations-/ Verhaltensaspekte im Vordergrund	• Ganzheitliche Sichtweise des interkulturellen Managements
• Individuum als Hauptansatzpunkt	• Organisation / Projekt-Gruppen als Hauptansatzpunkt
• Off-the-Job - Training	• On-the-Job - Training im Rahmen konkreter Veränderungsprojekte
• Reaktiver Einsatz bei Problemen	• Antizipatorisches Vorgehen
• Interkulturelles Training	• Mehr interkulturelle Beratung und maßgeschneiderte Umsetzungstrainings
• Internationale Personalentwicklung häufig noch wenig ausgereift	• Internationale Personalentwicklung als Erfolgsfaktor, Verknüpfung internationaler Unternehmens- und Personalentwicklung
• Diskrepanz zwischen Trainingsangebot und Anwendung	• Realisierung und Umsetzung der Trainings in der Praxis steht im Vordergrund
• Trainer als interkultureller Fachmann	• Selbstmanagement durch „Betroffene“: Trainer als interkultureller Coach

Abb. 1: Entwicklungslinien im interkulturellen Management

2. Die Philosophie des Business Driven Intercultural Management™ als Basis für eine Neubewertung und Neuausrichtung des interkulturellen Managements

Die dargestellten Entwicklungslinien werden von der hier vorgestellten Philosophie des Business Driven Intercultural Managements™ (BDIM) aufgegriffen. Zentral ist dabei das Verständnis von interkulturellem Management als wichtige Querschnittfunktion, die mit den unternehmerischen Internationalisierungsprozessen eng und direkt verknüpft sein sollte. Das bedeutet im einzelnen:

Direktes Anknüpfen an den Zielen des Unternehmens bzw. einer Unternehmenseinheit und nicht primär am Verhalten Einzelner

Hofstedes Studien und seine kulturbezogene Werteindexierung nach Ländern haben eine prägende Wirkung gehabt.[4] Nun sind Führungskräfte aller Ebenen zunehmend und frühzeitig Einflüssen und Prägungen aus anderen Kulturkreisen ausgesetzt. Auslandspraktika und –studien, Entsendungen, das Internet und die Einflüsse internationaler Medien (z.B. CNN, MTV oder STAR TV) führen zu einem Nebeneinander von „Globalisierung“ und „Lokalisierung“, die zu einem sehr individuell verarbeiteten „Glocal“ der Wert- und Denkstrukturen führen. Ein länderspezifischer „kultureller roter Faden“ ist zwar meistens vorhanden und dessen Kenntnis erleichtert eine erste Orientierung, eine Überbetonung allgemeiner länderspezifischer Unterschiede sollte jedoch vermieden werden, birgt sie doch die Gefahr der Verstärkung einer ohnehin oft latent vorhandenen Stereotypenbildung und damit der Betonung des Trennenden.

Wird statt dessen die gemeinsame Definition und Interpretation eines Projekt- oder Unternehmensziels an den Beginn einer interkulturellen Begegnung gestellt, so entsteht ein gemeinsamer Identifikationspunkt. Im Prozeß der Zielerreichung können dann die jeweils relevanten interkulturellen Problemstellungen, aber auch die kulturellen Synergiepotentiale, aufgegriffen und bearbeitet werden.

Interkulturelles Management ist kein Selbstzweck: Zielorientierung hat Priorität vor Prozeßorientierung

Unerfahrenheit im Umgang mit fremdkulturellen Kontexten führt oft zu einem übertriebenen Harmoniebedürfnis. So sehr eine prinzipiell vorsichtige, zurückhaltende Grundhaltung bei interkulturellen Begegnungen sinnvoll ist, sie darf nicht dazu führen, daß die Erreichung der Geschäftsziele gefährdet wird. Bei internationalen Fusionen beispiels-

---

4 Für eine neuere Zusammenfassung dieser Studien vgl. Hofstede (1997).

weise werden zu Beginn des Integrationsprozesses nicht selten „faule“ Kompromisse sowohl in der Personalpolitik als auch bei der Integration von Geschäftsprozessen eingegangen, um die neue Kooperation nicht zu gefährden. Das oft aus Unsicherheit entstehende übertriebene Harmoniebedürfnis am Anfang des Integrationsprozesses ist dann gegebenenfalls Ursache späterer Probleme, die darauf zurückzuführen sind, daß die am Anfang eines Fusionsprozesses bestehende Chance für durchgreifende Veränderungen nicht genutzt wurde. Zudem kann die wahrgenommene Unsicherheit im Umgang mit fremdkulturellen Kontexten beim Geschäfts- oder Verhandlungspartner dazu führen, daß er Kultur als „Waffe“ einsetzt, indem er unter Hinweis auf die Notwendigkeit der stärkeren Berücksichtigung der eigenen Kultur oder Nation Vorteile erreichen will.

Verlagerung des Fokus aus den Seminarräumen in den Geschäftsalltag und direkte Wertschöpfung bei konkreten Business Issues als „Just-in-Time-Input“

Off-the-Job-Trainings in Form allgemeiner oder kulturspezifischer Awareness- und Kommunikationstrainings haben als erster Schritt sicher eine Berechtigung. Die wenigen Stunden, die in Zeiten einer zunehmenden Beschleunigung der Geschäftsprozesse für solche Veranstaltungen zur Verfügung stehen, reichen aber nicht aus. Das Management wird zudem an Trainingsformen interessiert sein, die einen unmittelbaren Nutzen für die konkrete Lösung aktueller Managementprobleme stiften. Ein Beispiel: Für einen Manager, der mit dem Aufbaus eines Vertriebssystems im Ausland betraut ist, sind interkulturelle Fragestellungen primär insoweit interessant, als sie ihm helfen, seine Aufgabe zu bewältigen. Das heißt, daß er Unterstützung bei der Interpretation der auch kulturell geprägten Vertriebssysteme und der Einkaufspräferenzen der Kunden in dem jeweiligen Land benötigt. Zweifellos ist für die Bewältigung der Aufgabe auch eine effektive interkulturelle Kommunikation mit den ausländischen Kontaktpersonen wichtig, diese ist aber nicht der Ausgangspunkt.

Der Fokus interkultureller Personalentwicklung sollte deshalb auf die Beratung und das Coaching internationaler Projekte und Auslandseinsätze gelegt werden. Das jeweils relevante interkulturelle Fach- und Prozeßwissen kann dann als „Just-in-Time-Input“ eingebracht werden. Personal- und Unternehmensentwicklung werden so effektiv und effizient miteinander verknüpft.

Explizite Berücksichtigung von Aufwand und Ertrag

Auch die Einführung kulturspezifisch nicht angepaßter globaler Lösungen kann sinnvoll sein. Häufig stellt gerade die Übertragung von Managementsystemen und –prozessen auf einen fremdkulturellen Kontext eine wertvolle Innovation für den lokalen Kontext dar, vorausgesetzt, diese ist anschlußfähig gestaltet. Global einheitliche oder differenzierte Lösungen oder ein mittlerer, synergetischer Weg sollten immer Gegenstand einer bewußten Entscheidung sein, die auch unter Kosten-/Nutzen-Aspekten und einer Chancen-/Risiko-Abwägung getroffen wird. Beispielsweise wird bei der oft propagierten Suche nach kulturellen Synergien bei dem richtigen Hinweis auf die damit verbundenen Potentiale oft der Umstand verdrängt, daß die Realisierung negativer kultureller Synergien ein ebenso wahrscheinliches Ergebnis sein kann.

Antizipatorisches Vorgehen durch explizite Berücksichtigung interkultureller Faktoren beim Design globaler Strategien und Managementsysteme

Die Beobachtung, daß interkulturelle Fragestellungen häufig auf die Weiterbildungsabteilung delegiert werden und ansonsten höchstens dann aufgegriffen werden, wenn durch offensichtliche interkulturelle Probleme Großprojekte gefährdet werden, wurde bereits erläutert. Deshalb wird hier ein Ansatz vertreten, der ein antizipatorisches Aufgreifen interkultureller Fragestellungen ermöglicht. Dabei werden von der Internationalisierungsstrategie ausgehend die Managementsysteme entsprechend gestaltet, wodurch ein Rahmen für die Berücksichtigung interkultureller Faktoren bei der konkreten Ausgestaltung von Auslandsaktivitäten gegeben wird. Wie in Abbildung 2 dargestellt, kommt den strategischen Leitlinien zum Umgang mit Cultural Diversity und den entsprechenden Managementsystemen eine Leitplankenfunktion zu, innerhalb derer konkrete Themen im Rahmen des Internationalisierungsprozesses bearbeitet werden. Dieses Mehrebenenkonzept wird im Folgenden näher erläutert.

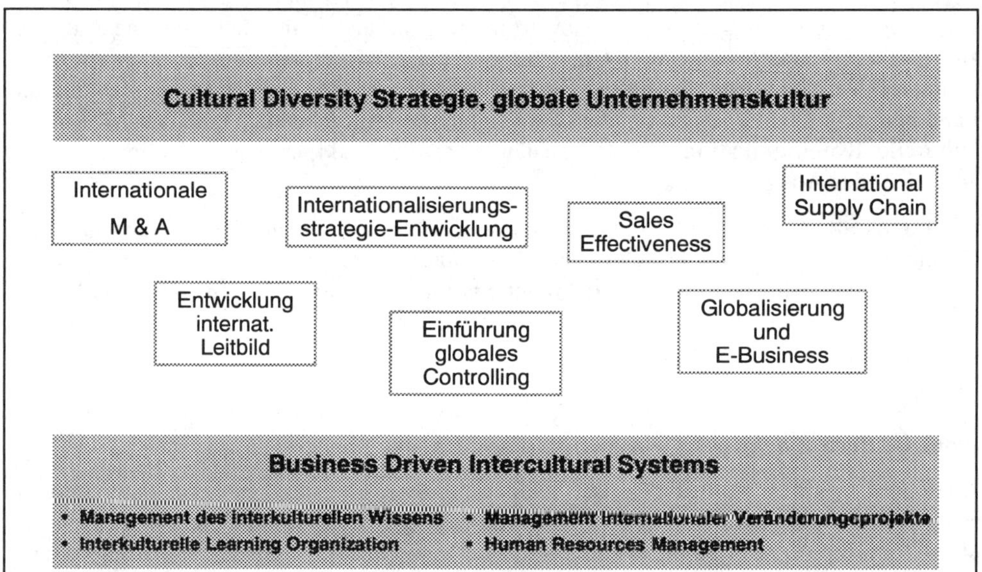

Abb. 2: Cultural Diversity Strategie, globale Unternehmenskultur und interkulturell ausgerichtete Managementsysteme als Leitplankenfunktion für die Begleitung internationaler Projekte

3. Praktische Realisierung des Business Driven Intercultural Management™ durch ein modulartiges Mehrebenenkonzept

3.1 Strategisches interkulturelles Management – Diversity-Strategien und globale Unternehmenskulturen als übergeordnete Konzepte

Die Formulierung einer Strategie zum Umgang mit Diversity umfaßt zentrale Setzungen und Wertungen wie z.B. die Frage, ob und unter welchen Bedingungen Cultural Diversity als Ressource gesehen wird. Solche strategischen Leitsätze sind mit gravierenden Auswirkungen z.B. für die Besetzung von Managementpositionen verbunden. Als Beispiel aus dem Bankensektor kann die Citibank herangezogen werden, die frühzeitig Führungskräfte aus einer Vielzahl von Ländern rekrutiert hat, in erheblichem Umfang auch aus Entwicklungs- und Schwellenländern. Diese haben es der Citibank nicht nur ermöglicht, als eine der wenigen Banken aus den westlichen Industrieländern im Privatkundengeschäft u.a. in Süd- und Südostasien Fuß zu fassen. Der Umstand, daß ehemalige Citibanker zahlreich in Ministerien, Entwicklungsbanken etc. tätig sind, ermöglicht ihr zudem auch einen privilegierten Zugang bei der Anbahnung weiterer Geschäftsmöglichkeiten.

Mit dem beispielhaft genannten Leitsatz soll nun nicht suggeriert werden, daß eine auf Synergie abzielende Diversity-Strategie in jedem Fall sinnvoll ist. Es wird vielmehr eine unternehmensspezifisch zugeschnittene Lösung zu entwickeln sein, die der strategischen Geschäftsausrichtung entsprechend den internationalen Zielmärkten, der Produktpolitik etc. Rechnung trägt. In der unternehmerischen Praxis werden zudem häufig hybride Lösungen erforderlich sein, die den Besonderheiten einzelner Sparten oder Ländergesellschaften Rechnung tragen.[5]

Eng verknüpft mit der Festlegung einer Diversity-Strategie ist die prinzipielle Entscheidung für eine ethnozentrische, polyzentrische, geozentrische oder synergetische Unternehmenskultur. Diese Grundorientierungen sind in Abbildung 3 erläutert. Beispiele für wirkliche geozentrische und synergetische Unternehmenskulturen sind bislang selten. Allein der Umstand, daß in den oberen Führungsetagen der Muttergesellschaften Manager ausländischer Herkunft immer noch die Ausnahme sind, stützt die These, daß gegenwärtig im Kern eher ethno- oder polyzentrische Unternehmenskulturen verbreitet sind. Allerdings drängt sich der Eindruck auf, daß viele der Unternehmen, die sich selbst

5 Für eine ausführlichere Darstellung hierzu und im Folgenden vgl. Reineke (1990).

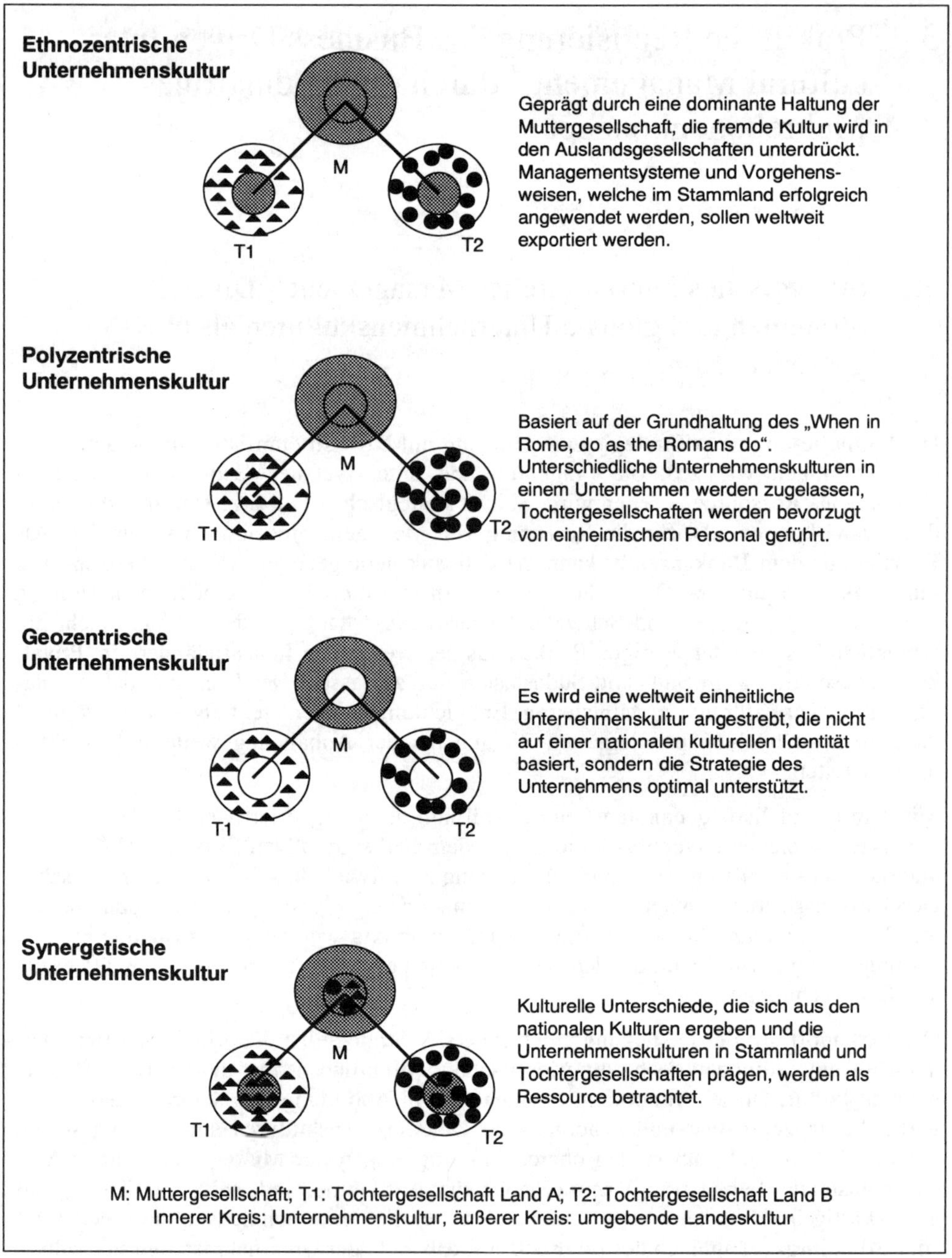

Abb. 3: Unternehmenskulturen als Ergebnis verschiedener Diversity-Konzepte

das Label „Global Player“ anheften, für sich noch nicht definiert haben, was sie genau darunter verstehen. Genau diese unternehmensspezifisch ausgestaltete Definition ist aber eine wichtige Voraussetzung für eine entsprechende Ausgestaltung der kulturrelevanten Managementsysteme.

3.2 Business Driven Intercultural Systems

Neben Diversity-Strategien und einem globalen Unternehmenskultur-Konzept sind Managementsysteme, die eine systematische Berücksichtigung interkultureller Faktoren bei Internationalisierungsprojekten sowie eine Verarbeitung interkultureller Lernerfahrungen durch eine entsprechende Prozeßgestaltung gewährleisten, eine zweite Leitplanke für die erfolgreiche internationale Unternehmensentwicklung. Solche Systeme können häufig durch die Erweiterung bestehender Lösungen entwickelt werden und umfassen einzelne oder alle der folgenden Elemente:

Prozesse zur Schaffung einer Intercultural Learning Organization

Auf die inzwischen zahlreich vorhandenen Konzepte und Instrumente zur Schaffung einer lernenden Organisation kann zurückgegriffen werden, allerdings geht es in dem vorliegenden Anwendungszusammenhang um spezifische interkulturelle Lernfelder. Außerdem ist zu berücksichtigen, daß die Prozesse und Instrumente zur Gestaltung lernender Organisationen in einem vornehmlich US-amerikanischen Umfeld entstanden sind, also auf bestimmten Wertvorstellungen beruhen und von daher in einem internationalen Kontext entsprechend modifiziert werden müssen.

Grundsätzlich sind drei Lernprozesse verschiedener Ordnung zu unterscheiden (s. Abbildung 4). Das sog. Single Loop Learning ist auf interkulturelle Fähigkeiten im operativen Bereich abgestellt und deckt vor allem die individuelle und die Teamebene ab. Eine Weiterentwicklung dieser Kategorien erfolgt durch ein unmittelbares Feedback aus der Umwelt und kann durch die dargestellten interkulturellen Personalentwicklungsmaßnahmen unterstützt werden. Ein Double Loop Learning erfolgt in der unternehmerischen Praxis selten. Hierbei geht es unter anderem um die Schaffung von Prozessen und Foren für das systematische und bewußte Überprüfen kultureller Diversity-Strategien und der Grundmuster, mit denen beispielsweise an interkulturellen Schnittstellen der Organisation gearbeitet werden. In internationalen Unternehmen geht es aber auch darum, hinsichtlich zentraler Prozesse zu einer gemeinsamen Auffassung zu gelangen. So kann es z.B. in einer japanischen oder US-amerikanischen Tochtergesellschaft eine völlig andere Interpretation des Begriffs Unternehmensstrategie als im deutschen Stammhaus geben (hinsichtlich Relevanz, Gegenstand, Fristigkeit, Detaillierungsgrad, Verbindlichkeit etc.). Beim sog. Deutero-Learning geht es schließlich um die Fähigkeit und die Schaffung geeigneter Plattformen zur Überprüfung der Qualität der interkulturellen Lernfähigkeit eines Unternehmens. Ansatzpunkte dafür können interkulturelle Lernstilanalysen[6] und die Identifikation von Lernbarrieren liefern. Je höher die Lernebene, desto weniger kann entsprechendes interkulturelles Lernen gesteuert werden. Es können aber die Rahmenbedingungen und Foren geschaffen werden, in denen sich Deutero Learning als Resultat eines Selbstentfaltungsprozesses herausbildet.

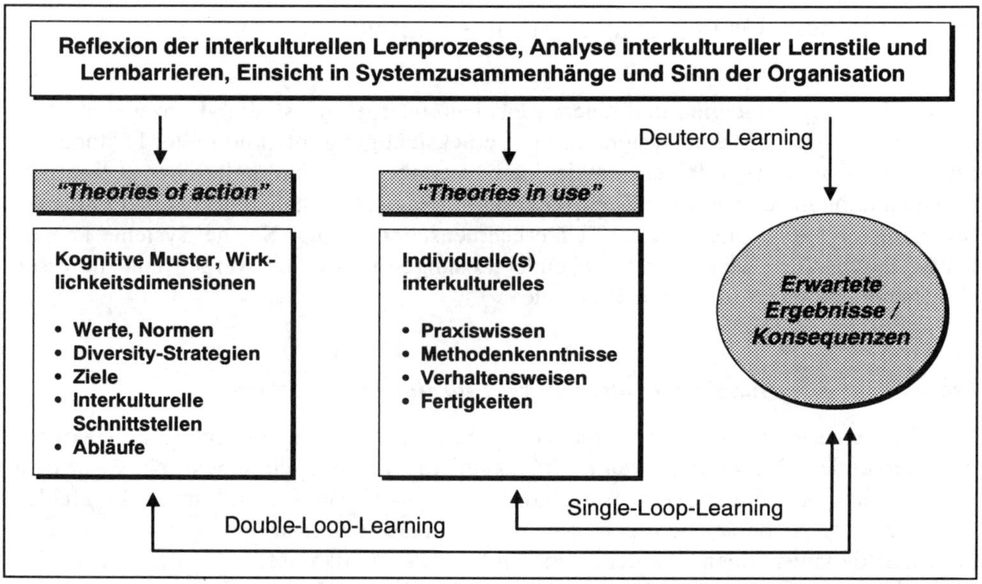

Abb. 4: Ebenen des interkulturellen organisationalen Lernens findet auf drei verschiedenen Ebenen statt (Quelle: in Anlehnung an Argyris, Schön (1978))

Management des interkulturellen Wissens

Das Management des interkulturellen Wissens ist eng verknüpft mit dem Gedanken der lernenden Organisation. Hier geht zunächst darum, das interkulturelle Wissens von Auslandsentsandten und aus der internationalen Projektarbeit als Ressource zu begreifen. Vorhandene Ansätze beschränken sich oft auf länderkundliche Aspekte und das persönliche berufliche und private Erleben des fremdkulturellen Kontextes durch Expatriates. Ergänzend erscheint es sinnvoll, strategisch relevante interkulturelle Knowledge Domains zu definieren (z.B. interkulturelle Prägungen von Vertriebssystemen, kulturelle Einflüsse auf Mergerprozesse oder interkulturelle Aspekte beim Projektmanagement). Mögliche Vorgehensweisen zur praktischen Umsetzung sind in Box 1 aufgeführt.

6 Vgl. hierzu Barmeyer (2000).

- Konzeption und Aufbau von IT-gestützten Wissensmanagementsystemen zur Aufbereitung interkulturellen Wissens (z.B. Erfahrungswissen der Auslandsentsandten sowie der Mitarbeiter an internationalen Projekten)
- Gestaltung von Anreizen für Mitarbeiter sowie Definition der Prozesse zur Schaffung einer interkulturellen Wissensbasis
- Identifikation von Knowledge Domains, Erstellung von interkulturellen Wissenslandkarten
- Aufbau einer Intercultural Skills-Datenbank
- Etablierung von Competence Centers nach dem Lead Country - Konzept zu interkulturellen Management-Themen
- Einrichtung von freiwilligen Discussion Groups und Learning Communities
- Entwicklung von Standard Operating Procedures zur verstärkten Nutzung länderübergreifenden expliziten Wissens
- Analyse der Unwritten Rules des Wissensaustausches sowie der interkulturell unterschiedlichen Grundannahmen bei der Wissensgenerierung
- Identifikation von nutzenstiftenden Anwendungen des Wissensmanagement-Systems (z.B. Intercultural Knowledge Hotline)

Box 1: Beispiele von Gestaltungselementen für ein interkulturelles Wissensmanagement

International Human Resources Management

Die internationale Personalpolitik und die entsprechenden HR- und Führungsprozesse bieten wichtige Ansatzpunkte, die in einen systematischen Zusammenhang mit der gewählten Diversity-Strategie und der unternehmenskulturellen Grundorientierung gebracht werden müssen. Interkulturell relevante Handlungsfelder sind dabei insbesondere:[7]

- Definition und Gewichtung interkultureller Kompetenz beim Recruiting und bei der Gestaltung der Anreizsysteme,
- Auswahl, Besetzung und Betreuung von Positionen im Ausland und im Stammland,
- Gestaltung der Führungsgrundsätze,
- interkulturelle Personal- und Teamentwicklungsmaßnahmen und deren Verknüpfung mit der konkreten Arbeit an internationalen Projekten.

7 Vgl. hierzu ausführlicher Reineke (2000).

Grundsätze und Standard-Vorgehensweisen zum interkulturellen Management internationaler Projekte

Internationalisierungsprozesse werden immer mehr in Projektform gestaltet. Die damit verbundenen Veränderungsprozesse müssen den Mitarbeitern plausibel gemacht werden, häufig muß zusammen mit den fachlichen Inhalten an Denkmustern und Verhaltensweisen gearbeitet werden. Ein interkulturelles Change Management ist daher im Sinne einer Querschnittfunktion Bestandteil des Projektdesigns über alle Phasen hinweg.

Für Design, Durchführung und Controlling internationaler Projekte sollte ein Instrumentarium vorliegen, das nicht zuletzt auch Grundsätze und praktische Anhaltspunkte für die interkulturelle Ausgestaltung des Projektmanagements liefert. Beinahe alle Aspekte des klassischen Projektmanagements, wie z.B. Länge und Inhalte der Phasen, Reihenfolge der Bearbeitung von Projektaufgaben, Teamzusammensetzung, Projektorganisation und Reporting sind „kultursensibel“ und sollten dementsprechend aufmerksam behandelt werden. Damit ist dann auch ein Rahmen für die Beratung bzw. ein Coaching internationaler Projekte gegeben, ein Thema, das im nächsten Abschnitt vertieft wird.

3.3 Begleitung internationaler Veränderungsprojekte

Die praxisbezogene Unterstützung internationaler Projekte ist ein Kernelement des Business Driven Intercultural Managements™. Die oben genannten „Leitplanken“ sind für ein langfristig erfolgreiches Cultural Diversity Management erforderlich, die erläuterten Grundsätze des BDIM können aber auch unabhängig davon in der Projektarbeit implementiert werden.

Internationale Projekte, die zu nachhaltigen Veränderungen im Unternehmen führen sollen (sowohl auf der Inhalts- als auch auf der Verhaltens- bzw. Einstellungsebene), sind sehr komplex: fremde Kulturen, unterschiedliche Geschäftsbedingungen und große räumliche Distanzen stellen besondere Herausforderungen dar. Ein interkultureller Coach unterstützt die Projektarbeit On-the-Job und nimmt dabei die folgenden Aufgaben wahr:

- Aufzeigen der für die konkrete Problemstellung relevanten kulturellen Faktoren und Erarbeitung angepaßter Lösungen,
- Kosten-/Nutzen-Schätzungen bei der Entscheidungsvorbereitung für oder gegen global einheitliche Lösungen,
- Mediation bei interkulturellen Konflikten im Team oder mit Partnern in den Gastländern,
- Steuerung des Entwicklungsprozesses multikultureller Teams,
- Beratung des Projektleiters beim Staffing und bei der Einschätzung der interkulturellen Kompetenz der Teammitglieder,

- Beratung des Projektleiters bei der Gestaltung des Projektdesigns und bei der Projektimplementierung,
- Moderation eines Erfahrungsaustausches und Sicherung des gewonnenen interkulturellen Wissens aus der Projektarbeit.

Gemäß der Philosophie des Business Driven Intercultural Managements™ werden interkulturelle Off-the-Job - Trainings auf ein Minimum beschränkt und vor allem zur gemeinsamen Handlungsausrichtung, zur Wissenssicherung und zum Erfahrungsaustausch genutzt.

Die Herausforderung beim Coaching multikultureller Projektgruppen besteht darin, zu erkennen, welche Dimension gerade den Prozeß bestimmt und Interventionen entsprechend engpaßorientiert zu gestalten: fachliche Problemstellung, Macht, Anreize, Interessen, Persönlichkeitsstruktur der Projektmitglieder, Teamdynamik, Unternehmenskultur sowie nationale Kultureinflüsse können in verschiedenen Projektphasen von unterschiedlicher Relevanz sein. Ein Coach internationaler Projektgruppen muß deshalb über eine starke Rollenflexibilität sowie ein breit gefächertes Instrumentarium zur Unterstützung dieser Gruppen verfügen. Von besonderer Bedeutung ist dabei eine interkulturelle Managementkompetenz, mit der die Relevanz interkultureller Faktoren bei den aktuellen Business-Issues eingeschätzt werden kann.

4. Projektdesign zum Aufbau eines Business Driven Intercultural Management™

Aufgrund der Komplexität des internationalen Geschäfts ist ein Business Driven Intercultural Management™ immer unternehmensspezifisch zu konfigurieren. Bei dem in Abbildung 5 dargestellten Vorgehensmodell steht am Anfang die Sensibilisierung und Mobilisierung der relevanten Entscheidungsträger. Wie bei allen Veränderungsprojekten ist auch bei diesem Projekttyp ein starkes Commitment der oberen Führungskräfte ein entscheidender Erfolgsfaktor. Teil der ersten Projektphase ist zudem eine Ist-Analyse zum Umgang mit Cultural Diversity im Unternehmen. Schließlich werden die BDIM-Module auf ihre Relevanz für das Unternehmen überprüft und die Ziele eines BDIM-Projektes festgelegt.

Abb. 5: Vorgehensmodell zur Entwicklung eines Business Driven Intercultural Managements™

Die Phasen zwei, drei und vier folgen der Logik, die drei Ebenen des Business Driven Intercultural Managements™ vom Allgemeinen hin zum Speziellen zu entwickeln und zu implementieren. Praktisch können diese Phasen jedoch auch teilweise parallel abgearbeitet werden. Dies ist auch deshalb empfehlenswert, da oftmals auf vorhandene Systeme und Prozesse aufgebaut werden kann. Außerdem kann dann von einer schnelleren Realisierung ausgegangen werden. Der modulartige Aufbau ermöglicht alternativ auch einen Projektbeginn bei der konkreten geschäftszielorientierten Unterstützung. Die dabei gewonnenen Erfahrungen können dann bei der Formulierung der übergeordneten Strategien und Systeme verwendet werden. So bietet das vorgeschlagene Modell insgesamt die Möglichkeit eines unternehmensspezifisch angepaßten Vorgehens für die Neubewertung und Neuausrichtung des interkulturellen Managements.

Literaturhinweise

ARGYRIS, C., SCHÖN, D. A. (1978): Organizational Learning: A Theory of Action Perspective, Reading/MA 1978 (Addison-Wesley).

BARMEYER, C. I. (2000): Interkulturelles Management und Lernstile. Studierende und Führungskräfte in Frankreich, Deutschland und Québec. Frankfurt, New York 2000 (Campus).

DÜLFER, E. (1999): Internationales Management in unterschiedlichen Kulturbereichen, München, Wien 1999 (Oldenbourg).

FELDMANN, M. L., SPRATT, M. F. (2000): Speedmanagement für Fusionen, Wiesbaden 2000 (Gabler).

HOFSTEDE, G. (1997): Lokales Denken, globales Handeln, München 1997 (Beck).

REINEKE, R.-D. (1989): Akkulturation von Auslandsakquisitionen - eine Untersuchung zur unternehmenskulturellen Anpassung, Wiesbaden 1989 (Gabler).

REINEKE, R.-D. (1990): Interdependenzen zwischen Internationalisierungsstrategie, Organisationsstruktur und Unternehmenskultur in international tätigen Unternehmungen und die Bedeutung der Gastlandpolitik, in: E. Boettcher, P. Herder-Dorneich, K.-H. Schenk, D. Schmidtchen (Hrsg.): Jahrbuch für neue Politische Ökonomie, Band 9: Internationalisierung der Wirtschaft und der Wirtschaftspolitik, Tübingen 1990 (J.C.B. Mohr), S. 50 - 70.

REINEKE, R.-D. (2000): New Frontiers of International Human Resource Management, in: Global Player, Nr. 3/2000, S. 8 – 13.

Anette Hammerschmidt

Herausforderung „Lernende Organisation“ im Kontext der Internationalisierung

1. Einleitung

In einer einfachen und stabilen Umwelt läßt sich mit Hilfe durchstrukturierter Planung die Zukunft zuversichtlich gestalten. Die Beziehungsgeflechte zwischen Unternehmen und Umwelt sind heute jedoch gekennzeichnet durch multidimensionale Relationen zwischen zahlreichen heterogenen Elementen, die jeweils häufigen und fundamentalen Veränderungen unterworfen sind.[1] Im Zuge der Internationalisierung gewinnen Qualität und Komplexität der Beziehungsgeflechte in Verbindung mit kurzfristigen fundamentalen Veränderungen eine neue Dimension.

Interkulturelle Einzelmaßnahmen zur Vorbereitung auf und Begleitung von internationalen Geschäftsbeziehungen sind für sich allein genommen zu kurzfristig und punktuell, um Anpassungs- und Entwicklungsfähigkeit international tätiger Unternehmen auf dem globalen Markt zu garantieren. Die Organisationen als Ganzes sind herausgefordert, Internationalität zu verinnerlichen und mittelfristig eine internationale Unternehmenskultur zu etablieren.

In diesem Beitrag sollen einige Herausforderungen aufgezeigt werden, die sich dabei für Unternehmen in ihrem gesellschaftlichen Zusammenhang und die beteiligten Personen stellen. Zunächst wird anhand der konstitutiven Merkmale von Prozessen, deren Auslöser, Ziel und Träger, die spezifisch interkulturelle Forderung an organisationales Lernen aufgezeigt. Vor diesem Hintergrund wird in einem zweiten Schritt die charakteristische Dynamik der Veränderung als „Transkulturationsprozeß“ dargestellt und schließlich eine Möglichkeit skizziert, wie verstreut vorhandene interkulturelle Erfahrung vernetzt wird und zur Gestaltung einer internationalen Unternehmenskultur beitragen kann.

2. Prozeßauslöser

Prozesse sind per definitionem dynamisch, etwas ist in Wandel begriffen, verändert sich von einem „vorübergehendem“ Zustand *a* zu einem noch unbekannten Zwischenziel *b*. Veränderungen werden ausgelöst durch die Diskrepanzen zwischen dem derzeitigen Zustand sowie der jetzigen Wissensbasis und den relevanten Umweltveränderungen. Noch vor einem Viertel Jahrhundert war Internationalität gekennzeichnet durch Export- und Importbeziehungen, die international tätige Unternehmen durch Auslandsgesellschaften und ferne Produktionsstätten zu stärken und zu vernetzen wußten. Die Be-

---

1 Vgl. Bea, Haas (1997, 406).

ziehungen verliefen in der Regel sternförmig auf das Stammhaus zu, wo strategische Entscheidungen gefällt und die Ausrichtung des Unternehmens bestimmt wurden.

Heute agieren diese Unternehmen auf einem globalen Markt, auf dem durch gegenseitige Abhängigkeit – seien es knappe Wissensressourcen, Produkte oder aus Überlebensnotwendigkeit – und getrieben durch technische Neuerungen die Beziehungen viel komplexer und weniger linear geworden sind. Interessen und Positionen werden nicht mehr in erster Linie mit einer Zentrale ausgehandelt, sondern untereinander in multiplen Beziehungskonstellationen, die eine im gewissen Sinne eigenständige Dynamik entfalten. Während der Input jedes Players einen (zuweilen auch irrelevanten) Einfluß auf dieses Beziehungssystem ausübt,[2] hat kein Mitspieler den Prozeß je unter Kontrolle. Wenn Globalisierung inzwischen zu einem Schlagwort geworden und in aller Munde ist, dann wohl auch deshalb, weil die Komplexität der Beziehungsverhältnisse heute spürbar und für fast jedermann wahrnehmbar geworden ist.

Spürbar wird für den Einzelnen, daß sich die gewohnten Grenzen auf drei Ebenen auflösen.[3] Zwischen und auch innerhalb von Organisationen führen vernetzte und virtuelle Organisationsformen oder strategische Allianzen zur Auflösung traditioneller Unternehmensgrenzen und damit zu einer räumlichen und zeitlichen Trennung, die den Einblick in die Zusammenhänge von Ursache und Wirkung erschwert und dadurch die Erfahrung *dynamischer Komplexität* erhöht. Je mehr Personen unterschiedlicher Institutionen oder Herkunft an Entscheidungsprozessen beteiligt sind, desto poröser ist der konsensuelle Hintergrund gemeinsamer Annahmen, Grundüberzeugungen und Interessen, der ihr Verhalten leitet. Die engere Kooperation über fachliche und kulturelle Grenzen hinweg führt zu Situationen erhöhter *Verhaltenskomplexität*. Und schließlich verschwimmen die Grenzen zwischen Wissen, Selbst und Wirklichkeit. Die gehäufte Konfrontation mit neuartigen Problemstellungen, für deren Lösung weder auf bekanntes Wissen noch Kooperationsprozesse zurückgegriffen werden kann, und die, meist nicht definierten, Akteure, die zu einer innovativen Lösung beitragen könn(t)en, steigern die *generative Komplexität*. Diese Formen der Grenzauflösung berühren die Beteiligten in ihrem Selbstverständnis, ihrer Orientierungsfähigkeit und Identität. Sie sind die Wirkung einer wachsenden Komplexität, in der man sich zurechtzufinden, entscheiden und treu zu bleiben hat. Die Diskrepanzen zwischen aktueller Wissensbasis und Umweltveränderungen werden am eigenen Leib erfahren – tagtäglich bei der Arbeit, in den Kontakten und im Umgang miteinander, über Arbeitsprozesse und Ergebnisse, an der strategischen Orientierung und unternehmerischen Entscheidungen, die sich wiederum auf das Arbeitsumfeld des Einzelnen unterschiedlich auswirken.

Es sind vernetzte, teilweise virtuelle Organisationen entstanden, die sich nicht mehr von einem Zentrum aus lenken und kontrollieren lassen, ohne daß das Wissen und Können

---

2 Der Einfluß macht sich in der zwischenmenschlichen Dynamik, im Umgang miteinander und mit der Situation bemerkbar – zuweilen auch an Überforderung, Widerständen oder mangelnder Entscheidungsfreude. Die Gesamtsituation wird im Ergebnis nicht unbedingt davon Zeugnis ablegen.

3 Vgl. Senge, Scharmer (1997, 100 - 103).

ihrer Peripherie(n) und Knotenpunkte einbezogen würde. Die Dynamik des globalen Marktes läßt sich aus nur einer Perspektive gar nicht ersehen. Was von hier aus sinnvoll erscheint, mag aus der Ferne betrachtet widersinnig sein. Auf dem globalen Markt erfolgreich zu sein, erfordert die Fähigkeit, Fremdperspektiven einzunehmen und über das Fremde Neues zu generieren und zu integrieren.

3. Prozeßziel

Sachziel organisationalen Lernens ist es, veraltetes Wissen kontinuierlich zu aktualisieren und weiterzuentwickeln, um die Wissensbasis und damit auch die Lernfähigkeit der Organisation zu verbessern.[4] Die multiplen Vernetzungen führen zu einem Paradox: je mehr wir alle wissen, desto geringer ist der Wissensvorsprung und gerade der garantiert einen Marktvorteil im Wettbewerb der Innovationen. Eine dynamische Wissensbasis, mit einer möglichst geringen Diskrepanzrate zu den Umweltveränderungen, ist für Organisationen auf dem globalen Markt heute überlebensnotwendig. Es sind nicht nur die Hard-Facts wie technisches Know-how, die den Vorsprung garantieren, sondern vor allem auch Soft-Facts, die sich auf die Unternehmenskultur, die Beziehungen zu Kunden und Lieferanten, unter Kollegen und Partnern auswirken. „Globalisierung heißt also nicht einfach exportieren, Firmen kaufen, Fabriken in Asien eröffnen, sondern die organisatorische Fähigkeit, Know-how weltweit vor Ort einzusetzen und wieder abzuholen. Innovation, Übertragungsfähigkeit und Integrationsfähigkeit unter der Leitung von globalen Managern werden zur wichtigsten Eigenschaft der Wissensmigration“.[5] Um im internationalen Austausch Wissen zu generieren, zu transferieren und anzubringen, müssen lokale Knotenpunkte miteinander vernetzt und allen zugänglich gemacht werden.

Ein Ziel organisationalen Lernens ist im Kontext der Internationalisierung, verstreut vorhandenes Wissen über lokale Märkte, Kundenbedürfnisse und Formen der Zusammenarbeit zugänglich und für den Einzelnen nutzbar zu machen. Kontakte, Informationen und Know-how können beispielsweise über IT-gestützte Plattformen und Tools weltweit ausgetauscht und zur Verfügung gestellt werden. Solche Wissensnetzwerke können innerhalb eines Bereichs oder unternehmensweit eingeführt werden, um Entwickler, Logistiker oder Projektmitglieder z.B. bei spezifischen Aufgaben zu unterstützen.[6] Dadurch würden *internationale Communities of Practice* gefördert, die zu virtuellen Beziehungszusammenhängen zusammenwachsen.

---

4 Vgl. Bea, Haas (1997, 407).

5 V. Oetinger (1997, 83).

6 Die entscheidende Herausforderung liegt darin, daß diese Tools tatsächlich genutzt werden, also dem Nutzer attraktiv und hilfreich erscheinen, damit er sein Wissen einbringt und anderen zur Verfügung stellt. Die Bereitstellung technischer Hilfsmittel allein macht keine Community of Practice.

Die Vernetzung zu internationalen *Communities of Practice* gelingt sicher nicht „by accident“ und führt nicht zwangsläufig zu einer internationalen Unternehmenskultur. Denn „Globalisierung fordert Austausch, Strukturen können nur die Reagenzgläser dieser Osmose sein“.[7] Wenn es nur darum geht, Betriebsabläufe zu optimieren und sporadisch Informationen auszutauschen, kann man kaum von einer lernenden Organisation sprechen. Lernen – so wie Verstehen, Austausch und Zusammenarbeit – muß praktiziert werden und in die Praxis einfließen. Eine Organisation lernt nicht ohne die Menschen, die sich in diesem Rahmen „organisieren“. Damit sie Fremdperspektiven einnehmen und Neues entwickeln können, müssen sie sich zuerst verstehen. Ob und in welcher Ausprägung die Organisation selbst Interkulturalität verinnerlicht und lebt, hängt von vielen Faktoren ab, ganz wesentlich aber von der Bereitschaft des Managements, Internationalisierung zu praktizieren und zu fördern, gestützt durch geeignete Lern- und Entwicklungsprogramme.

4. Prozeßträger

Eine Organisation als abstrakte Einheit kann selbst kein Wissen erzeugen. Prozeßträger sind die Menschen, einzelne Mitglieder der Organisation, die im organisationalen Kontext individuell etwas lernen, neues Wissen erzeugen und untereinander austauschen. Sie füllen die Organisation mit Leben, nehmen (aktiv) teil und gestalten sie erst im Umgang miteinander. Ein Unternehmen ist ein Kollektiv, dessen Zusammenhang im Miteinander Bestand hat. Es trägt die Züge der gelebten Beziehungen, der geteilten Annahmen und Erfahrungen, der allgemeinen Richtlinien und Management-Systeme und der gemeinsamen Strategie (Vision und Mission) und Verhaltensformen. So gesehen – gewissermaßen aus der soziologischen Perspektive – ist organisationales Lernen der Wandlungsprozeß einer gemeinsamen Wissensbasis mit ihren gefestigten Traditionen, Kulturstandards und ihrem kollektiven Gedächtnis; ein übergeordneter, „anonymer“ Wissensträger, der den konservierenden Aspekt der Unternehmenskultur verkörpert.

Unternehmen sind Teil eines wirtschaftlich-politischen und gesellschaftlichen Kollektivs. Sie *sind in* einer Gesellschaft und *Teil* der Gesellschaft. Sie „sind eine besondere Form der Koordination und Zurichtung gesellschaftlicher Aktivitäten, implizieren spezifische gesellschaftliche Zusammenhänge *und Schnitte* zwischen diesen Aktivitäten, werden von ihrer gesellschaftlichen Umgebung gefördert und beeinträchtigt, (und) üben ihrerseits einen ernormen Einfluß auf den Zustand und die Entwicklung der Gesellschaft aus“.[8] „Schnittstellen“ sind nicht nur Gesetze, Behörden, Öffentlichkeit und Politik, sondern vor allem die „Work-Force“, Menschen also, die sich in neuen Konstellationen

7 V. Oetinger (1997, 75).

8 Ortmann, Sydow, Türk (2000, 16).

begegnen, auf jeder Seite unterschiedliche Rollen einnehmen und *alltäglich ebenso* an verschiedenen „Communities of Practice“ teilhaben. Sie tragen ihren gesellschaftlichen Bezug, ihre Zugehörigkeiten, ihren Habitus Wahrzunehmen, zu Denken und zu Handeln, ihre Präferenzen und Diskrepanzen in die Organisation hinein und reproduzieren Gesellschaft in einer neuen Konstellation. Drinnen wie draußen verkörpern diese Menschen ihre Kultur, die – um hier keine Mißverständnisse aufkommen zu lassen – nirgendwo ein einheitliches Ganzes ergibt, sondern immer durchzogen ist von Facetten und Schatten, Brüchen und Widersprüchen, eben weil es sich um dynamische „Entitäten“ handelt. Organisationen sind in ihrem Innern durchlässig-geschlossene Gesellschaften, die aus sozialen Handlungen, Interaktionen und Kommunikation ihrer einzelnen Mitglieder bestehen, welche in einer mehr oder weniger organisiert, formal geregelten Form miteinander umgehen und die Wissensbasis der Organisation stellen.[9]

5. „Transkulturationsprozesse“

Unternehmen agieren in einem größeren „Organisationskontext“, falls man das noch so nennen kann – dem globalen Markt. Handel verbindet entfernte Märkte, bewegt Güter und Serviceleistungen um die Welt, transferiert Technologien, die Infrastruktur für wachsenden Austausch und Kommunikationsnetzwerke stellen, und mobilisiert Menschen. Nationale Märkte werden mit und zu internationalen verknüpft. Große Handelsimperien sind zwar historisch gesehen keine Neuigkeit, aber Intensität und Form des Austausches haben heute die ökonomische und gesellschaftliche Realität der einzelnen Märkte und Gesellschaften grundsätzlich verändert. Organisation und Gesellschaft stehen nicht nur in einem vertrackten, rekursiven Verhältnis zueinander, indem „die Organisationen eben jene gesellschaftlichen Strukturen und Institutionen, denen sie unterliegen, ihrerseits produzieren und reproduzieren“.[10] Transnational agierende Organisationen haben unmittelbar Teil am globalen Markt, in dem sie tätig sind. Sie überspringen (bzw. umgehen) so auch den national-gesellschaftlichen Rahmen, in den sie eingebettet sind. Gesellschaften sind im globalen Markt, haben darin Teil und nehmen einen Platz ein. Zugleich ist der globale Markt der übergeordnete Bezugsrahmen „relevanter Umweltveränderungen“ gesellschaftlicher Organisation. So verändert organisationales Handeln die Anforderungen an gesellschaftliches Handeln und vice versa.[11]

9 Welch gravierende Unterschiede zwischen Organisationskulturen bestehen ist hinlänglich bekannt und zeigt sich u.a. an den Schwierigkeiten, die bei Fusionen überwunden werden müssen.

10 Ortmann, Sydow, Türk (2000, 19).

11 Man denke nur an die derzeitige politische Debatte um die *Green Card* in Deutschland, die von der Wirtschaft ausging, da die deutsche Einwanderungspolitik nicht mehr der Realität der globalen Vernetzung entspricht und den Nachwuchs fähiger Know-how-Träger gefährdet. Selbst traditionell konservative Lager beugen z.T. ihre Einstellung zur „Ausländerpolitik“ den wirtschaftlichen Zwängen, während sich die Gesellschaft im allgemeinen der Realität der Ausländerfeindlichkeit neu stellen muß

Ein Aspekt der globalen Erfahrung der Einzelnen, die die Schnittstelle zwischen den Welten sind, ist es, daß sie die Diskrepanz zwischen aktueller Wissensbasis und relevanten Umweltveränderungen aus zwei Perspektiven und unterschiedlich wahrnehmen, je nachdem in welchem Kontext sie agieren. Sie sind in die organisationelle und die gesellschaftliche Umwelt eingelassen und nehmen an beiden direkt Teil.

Gerade in Bezug auf die Interkulturalität des Austausches und der Beziehungsnetze können sich diese Lebenswelten stark voneinander unterscheiden. Man lebt lokal und arbeitet international, insbesondere da, wo das gesellschaftliche Umfeld die Transkulturalität des globalen Marktes wenig widerspiegelt oder gar auszugrenzen versucht. Die Einstellungen gegenüber dem Fremden, die im gesellschaftlichen Raum vertreten und praktiziert werden, lassen sich auch in einem interkulturell geprägten Arbeitsalltag nicht einfach abstreifen. Ebenso wie die Erfahrungen, die der Einzelne im Umgang mit „Fremden" in der Zusammenarbeit sammelt, auf seine Einstellungen und gesellschaftliches Handeln zurückwirken. Es entsteht ein mehrfacher Rückkopplungseffekt, in dem die Mitarbeiter einer Organisation selbst die Schnittstellen sind und die Diskrepanzen und Differenzen zwischen den drei Bezugsebenen ebenfalls verarbeiten, begreifen und handhaben müssen.

Globalisierung annulliert nicht Lokalisierung, sie hebt das Ausmaß der Unterschiedlichkeit mentaler Modelle, kultureller Grundüberzeugungen, politischer Interessen und Perspektiven zugleich hervor. Vorgefertigte Einstellungen und allgemeingültige Verhaltensnormen büßen ihre Selbstverständlichkeit ein und werden arbiträr. Während Globalisierung zu einer wachsenden *dynamischen Komplexität* führt, in der räumliche und zeitliche Zuordnung von Ursache und Wirkung meist nicht aufgrund direkter Erfahrung bestimmt werden können, bewirkt zugleich der Trend zu Lokalisierungen – „d.h. einer zunehmend breiteren Verteilung von Macht- und Entscheidungsbefugnissen in Unternehmen, die eine immer größere Zahl unterschiedlicher Personen in die organisatorischen Entscheidungsprozesse einbeziehen"[12] – das Anwachsen von *Verhaltenskomplexität*, also der Herausforderung, mit Unterschiedlichkeit und Vielfalt umzugehen und sich darin zu orientieren. In diesem Spannungsfeld sind die einzelnen Akteure dazu aufgefordert, den Diskrepanzen zwischen Wissen, Selbst und Realität und der nachlassenden Eindeutigkeit von Identität individuell zu begegnen und sich Zugehörigkeiten zu erschaffen. Senge und Scharmer sprechen von wachsender *generativer Komplexität*[13], in der Orientierung durch Selbstkenntnis, „authentische Reflexion und ein aktives gemeinsames ‚Sinnschaffen'" gefunden werden muß. Um in zunehmend komplexeren Veränderungsprozessen und der Unübersichtlichkeit der Lebens- und Arbeitserfahrung Orientierung zu finden und zu wahren, wird der Umgang mit Komplexität zu einer Kernkompetenz für Global Player.[14]

---

bzw. müßte.

12 Senge, Scharmer (1997, 102).

13 Senge, Scharmer (1997, 103).

14 Vgl. hierzu: Hammerschmidt, „Zum Umgang mit Komplexität", unveröffentlichter Vortrag gehalten auf der SIETAR Sonderveranstaltung „Interkulturelle Aspekte deutsch-amerikanischer Zusammenarbeit in

Der positive Umgang mit Internationalität, nicht als weltläufiges Abstraktum, sondern als gelebte Einstellung und Haltung, die sich im Umgang miteinander, in den Beziehungen manifestiert, ist im Kontext des globalen Marktes ein Prozeßziel, ja eine Notwendigkeit der organisationellen sowie der gesellschaftlichen Wissensbasis.[15] Insofern Internationalisierung eine Wirkung der Globalisierung ist, die sich weder verhindern noch aufhalten läßt, sind wir darauf angewiesen, den Prozeß aktiv und konstruktiv mitzugestalten.

6. Prozeßgestaltung

Wie jeder Kulturwandel vollzieht sich der Veränderungsprozeß nicht linear, einheitlich und widerspruchsfrei. Organisationen sind selbst Prozesse, in der die Teilnehmer der Gemeinschaft dieser dreifachen Grenzauflösung und den Formen der Komplexitätszunahme begegnen müssen, um den zentrifugalen Kräften einen Zusammenhalt abzuringen und gemeinsame Ziele zu verwirklichen. Das verändert die Anforderungen an die Zusammenarbeit und insbesondere das Wesen der Führung.

Der folgende Vorschlag ist *ein* Beispiel, das darauf abzielt, Vernetzung und Internationalität als zentripetale Kraft in transnational agierenden Organisationen zu nutzen, um verstreut vorhandenes interkulturelles Wissen zu organisationalem Lernen zu bündeln. Internationale Organisationen verfügen durchaus über eine Fülle lokaler und globaler Erfahrungen und Wissen. Know-how-Träger sind insbesondere Entsandte, die mehrere Jahre in einer Landesgesellschaft oder Niederlassung gearbeitet haben, Projektmitglieder, die bereits in mehreren Kulturräumen den Einsatz geprobt haben und Entwicklungsteams, die tagtäglich über räumliche Grenzen hinweg zusammenarbeiten. Allzu oft kehren sie von ihrem Einsatz zurück, ohne im „Heimathafen" ihre Erfahrungen weitergeben und sinnvoll einsetzen zu können. Frustriert und demotiviert suchen sich einige eine neue Aufgabe, bestenfalls in einer anderen Region, schlimmstenfalls in anderen Unternehmen, wodurch für die Organisation überlebenswichtiges Know-how abwandert. International erfahrene und erfolgreiche Praktiker können als Mentoren zu Multiplikatoren der organisationalen Internationalität ausgebildet werden und ihr Wissen und ihre Erfahrungen in einer Art „Reciprocal Management"[16] an andere weitergeben.

---

und zwischen Unternehmen – aktuelle Erfahrungen und frische Ideen" in Heidelberg, Dezember 1999.

15 Hier anknüpfend müßte man darlegen, welche Anforderungsprofile, Fähigkeiten, Erfahrungen und Wissen notwendig sind und interkulturelle Kompetenz ausmachen. Oft erwähnte Kriterien, wie Flexibilität, Anpassungsfähigkeit oder Ambiguitätstoleranz bleiben meist zu vage, damit daraus konkrete Handlungs- bzw. Kompetenzmuster abgeleitet werden, um sie anderen zugänglich machen zu können. Vgl. Anmerkung 17. Die Ausarbeitung des Themas sprengt hier allerdings den Rahmen.

16 Vgl. Dollinger (1999).

Damit Vermittlung und Vernetzung gelingen, müssen verschiedene Voraussetzungen gegeben sein:

1. Grundlegende Voraussetzung ist, daß die Bedeutung interkulturellen Lernens von der Unternehmensleitung getragen und der entsprechende organisationelle Rahmen dafür geschaffen wird. Die Institutionalisierung der Rolle sowie die Vernetzung von Wissensträgern kann nicht dem Zufall überlassen bleiben. Die Vision eines ganzheitlich lernenden Unternehmens kann nur Wirklichkeit werden, wenn sie in Übereinstimmung mit den Unternehmenszielen steht und die entsprechende Anerkennung und Förderung erfährt. Schließlich geht es nicht darum, möglicherweise abtrünnige Mitarbeiter zu gängeln, sondern den Know-how-Rücklauf für die Organisation nutzbar zu machen.
2. Ziele und Nutzen eines solchen übergreifenden Wissensschöpfungssystems müssen kommuniziert und durch entsprechende Maßnahmen gefördert werden, um Fuß zu fassen und zu leben. Wie dieses Netzwerk im Einzelfall gestaltet werden sollte, hängt von der Branche, der Unternehmenskultur und dem Internationalisierungsgrad der Organisation ab. Auch dem Austausch zwischen unterschiedlichen Kernaktivitäten wie Management, Forschung und Entwicklung, Marketing und Vertrieb muß dabei Rechung getragen werden.
3. Zu den Bedingungen, die es einer Gemeinschaft des Lernens gestatten zu existieren, gehören auch Pflichten und Rechte für Coach und Coachee sowie für das betriebliche Umfeld.
4. Nicht jeder, der im Ausland tätig war und Erfahrungen gesammelt hat, ist als interkultureller Mentor oder Coach geeignet. Vorurteile lassen sich erfahrungsgemäß leichter bestätigen als revidieren und singuläre, individuelle Erfahrungen werden schnell zu allgemeingültigen Axiomen. Auswahl und Supervision sollte nach bestimmten Kriterien durch eine unabhängige Partei erfolgen.
5. Im Sinne organisationalen Lernens als Selbstorganisationsprozeß geht es nicht darum, daß ein Coach seinem Coachee eine Kultur und ihre Gepflogenheiten erklärt, vielmehr darum, daß er seine erfolgreichen *metakognitiven Strategien* weitervermitteln kann und so den Coachee befähigt, selbst erfolgreich zu sein. Es geht weniger um das „Was“, sondern vor allem um das „Wie“ des internationalen Zusammenarbeitens, Perspektivenwechsels und des Umgangs mit erhöhter Komplexität.[17] Die meisten erfolgreichen Praktiker sind sich ihrer Metastrategien im Wahrnehmen, Schließen und Handeln nicht direkt bewußt. Es handelt sich um implizites, unbe-

[17] Für die Einübung der Handlungskompetenz sind Darstellungen von Gepflogenheiten und Sitten nur beschränkt hilfreich, da kulturelle Prägung immer (nur) in der individuellen Begegnung erfahren wird, also dynamisch ist. Wir begegnen nie Kulturen, sondern immer Personen, mit ihren besonderen Verhaltensweise, Eigenheiten und Interessen. Um sich im Umgang mit Menschen einer anderen Kultur – immer häufiger auch in transkulturellen Arbeitskonstellationen – orientieren zu können, bedarf es *aktiver* Fähigkeiten. *Wie* jemand erfolgreich mit einer bestimmten Situation umgeht, was er denkt, tut, läßt, welche Haltung er einnimmt und wie er fühlt, gibt Aufschluß über erfolgversprechende Metastrategien.

wußtes Wissen, ähnlich der Grammatik der Muttersprache, die der durchschnittliche Muttersprachler zwar sprechen, aber nicht erklären kann. Die Einführung eines solchen Programms müßte also auch in entsprechenden Weiterbildungsmaßnahmen angeleitet und geübt werden, damit Coachee und Mentor füreinander Lernpartner werden, die ihr erworbenes Wissen auf andere noch unbekannte Aufgaben und Situationen anzuwenden verstehen.

Interkulturelle Trainer und Berater stehen ebenfalls vor der Herausforderung, nicht nur (angelesenes oder selbst erfahrenes) Wissen über andere Kulturen zu vermitteln, sondern herauszukristallisieren, worauf es auf der Metaebene ankommt im interkulturellen Austausch angesichts der dreifachen Komplexität und der spezifischen Unternehmenskultur und Aufgabe der Lernenden. Auch Einzelmaßnahmen – Seminare, Training, Coaching – müssen zur Selbstorganisation befähigen und mit den Zielen organisationalen Lernens übereinstimmen.

Literaturhinweise

BEA, F., HAAS, J. (1997): Strategisches Management, Stuttgart 1997 (Urban).

DOLLINGER, M. (1999): Führen in eine(r) Lernkultur. Die Mitarbeiter-Chef-Beziehung als Reciprocal Management, München 1999 (Vahlen).

VON OETINGER, B. (1997): East is East and West is West, in: H. von Pierer, B. von Oetinger (Hrsg.): Wie kommt das Neue in die Welt, München, Wien 1997 (Rowohlt).

ORTMANN, G., SYDOW, J., TÜRK, K. (2000): Organisation, Strukturation, Gesellschaft. Die Rückkehr der Gesellschaft in die Organisationstheorie, in: G. Ortmann, J. Sydow, K. Türk (Hrsg.): Theorien der Organisation, Wiesbaden 2000 (Westdeutscher Verlag).

SENGE, P., SCHARMER, C. O. (1997): Von ‚Learning Organizations' zu ‚Learning Communities, in: H. von Pierer, B. von Oetinger (Hrsg.): Wie kommt das Neue in die Welt, München, Wien 1997 (Rowohlt).

Michael Thiel, Uli Schwämmle

Kultur als Steuerungsgröße für Manager und Management

1. Steuern mit Zahlen oder steuern mit Kultur?

Beim ersten Blick und der Wahrnehmung des wieder intensiver werdenden Steuerns mit Zahlen (Werttreiber, Shareholder Value etc.) in Unternehmen erübrigt sich die Frage scheinbar. Mit dem zweiten Blick scheint das Bild dann auch andere Facetten zu zeigen: die Anwendung von Instrumenten wie Balanced Scorecard in vielen Unternehmen und der wertorientierten Unternehmensführung (DaimlerChrysler) sowie beträchtliche Ausgaben für Trainings- und Beratungsmaßnahmen im Zuge von Internationalisierung (interkulturelles Training ist davon nur eine) machen deutlich: unternehmerische Erfolgsfaktoren werden nicht nur im wirtschaftlichen, sondern auch in Bereichen wie Wissensmanagement, Lernen und Innovation gesucht und in die Steuerung einbezogen. Gerade wo man sich dieser neuen Perspektive überlassen möchte, tauchen bei erneutem Hinschauen wiederum andere Facetten auf: Anstatt nämlich die Indienststellung von „Soft Facts" der Kultur in die Strategieumsetzung konsequent zu Ende zu gehen, wird Kultur oberflächlich und uneffektiv instrumentalisiert. Eine für die Strategie effektive Umsetzung erfordert ein vertiefendes Einlassen auf die Bedingungen und Dynamiken von Kulturenarbeit als Form bewußter und unbewußter Kulturentwicklung und die Auseinandersetzung mit der Andersartigkeit anderer Kulturen.

"Kulturenarbeit" in Organisationen findet mit unterschiedlicher Wirksamkeit und Nachhaltigkeit statt. Die Mitglieder einer Organisation als auch die externen Berater müssen klären, wie sie diese Wirklichkeit erzeugen.

Aus systemischer Sicht umfaßt Kulturentwicklung persönlich-professionelle, organisationale und multinationale Systemwelten, die aufeinander wirken. Vereinfacht ausgedrückt erschließt sich:

- die persönlich/professionelle Systemwelt anhand der Frage
  'Welche Haltung und Handlungsprinzipien steuern mein Denken und Handeln?'
- die Organisationskultur
  'Welche Kultur hat sich herausgebildet und macht uns in unserem Umfeld erfolgreich?'
- die multinationale Systemwelt
  'Wie läßt sich das Zusammenspiel national / multinationaler Kulturen gestalten?'

Mit diesem Beitrag wollen die Autoren zu Dialog und Auseinandersetzung über effiziente und richtungsweisende Formen der Kulturenarbeit in Organisation anregen durch:

1. Schilderung von Beobachtungen und Erfahrungen aus der eigenen Arbeit;
2. Entwicklung von Hypothesen zur Wirkkraft der "Kulturenarbeit in Organisationen" und in Beziehung-Stellung zu der Ausgangsfrage;
3. Skizzieren von transformatorischen Lösungsräumen, durch die Kulturenarbeiter und Kulturenarbeit in Organisationen sinnvolle und produktive Beiträge zur Unternehmensstrategie und dem Unternehmenserfolg leisten können.

Im Business- und Organisationskontext manifestiert sich Kultur in verschiedenen kulturellen Subsystemen, wie Abbildung 1 zeigt, die gegenseitig aufeinander einwirken.

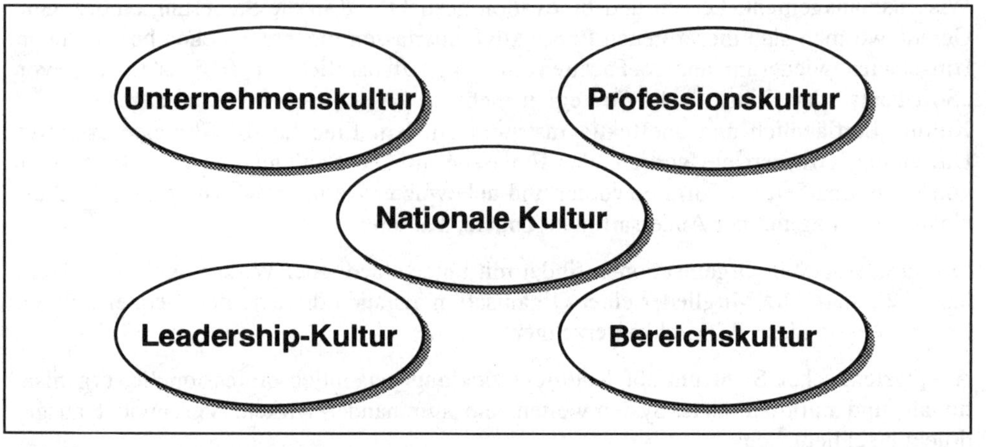

Abb. 1: Kulturelle Subsysteme

Die daraus entstehende Dynamik steht in wechselseitiger Beeinflussung mit einer zweiten Dynamik, die aus dem Spannungsfeld zwischen den sichtbaren, expliziten und den unsichtbaren, impliziten Dimensionen von Kultur resultiert (siehe Abbildung 2).

D.h., in jedem der kulturellen System bestehen unterschiedliche „Produkte“ oder Ausdrucksformen von Kultur, kulturellen Werten (z.B. zu Führung, professionellem Handeln, Effektivität usw.) sowie Grundannahmen, die das Handeln explizit und implizit steuern. Welches das jeweils handlungsleitende oder zu verändernde System in einer konkreten Situation ist, läßt sich nur durch Beobachtung und Reflexion erfahren, z.B. in Form von Action Learning. Die mit dem Vorhandensein und der Wirkung dieser verschiedenen kulturellen Systeme verbundene Komplexität läßt sich nicht auf Zahlen reduzieren, geschweige denn im klassischen Sinne managen.

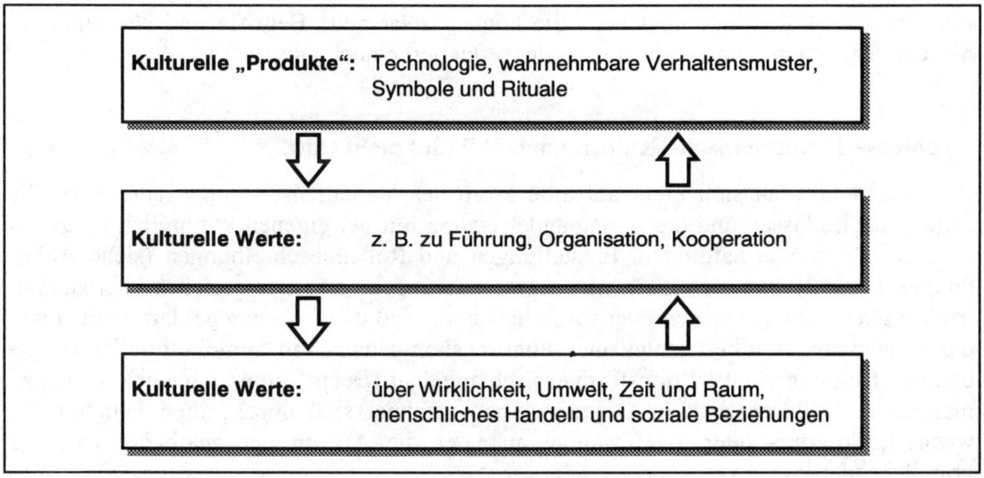

Abb. 2: Kulturebenen (Quelle: vgl. Schein (1991))

2. Fortgeschrittene Methoden der Vermeidung von Kulturenarbeit

Im Folgenden sind vier typische Beispiele mit unterschiedlichen Beziehungskonstellationen aus der Arbeit der Autoren ausgewählt. Sie sollen einige in der Praxis erfahrene, typische Vermeidungsmethoden im Umgang mit Kulturenarbeit und dem Einlassen auf andere Kulturen nachvollziehbar machen.

2.1 „Was gibt's Neues?“

Ein häufig anzutreffendes Verhaltensmuster in kulturell orientierten Führungstrainings (Internationale Teamentwicklung, Pre-Departure Training, Intercultural Competencies, Cultural Collaboration) besteht darin, daß TeilnehmerInnen ihre Risiken, sich im Training mit eigenen Veränderungen auseinandersetzen zu müssen, restriktiv kalkulieren. Dabei klinken sie sich ins Training ein und aus, ohne sich auf einen vertiefenden Lernprozeß einzulassen. In Wirklichkeit handelt es sich um eine Form defensiven Lernens bis hin zur Sabotage. Entsprechend bleiben die Auswirkungen des Trainings auf das Unternehmen minimal, nachhaltige Umsetzungen finden nicht statt. Die TeilnehmerInnen demonstrieren 'Skilled Incompetence'. Sie können zwar neue Begriffe und Konzepte benennen ('Name Dropping'), sie aber weder reflektieren noch anwenden.

Hypothese 1: Authentische Kulturenarbeit findet nicht statt.

Kulturenarbeit kann sich nicht auf eine Form des Verhaltenstrainings reduzieren. Sie fordert das Einlassen und die Auseinandersetzung mit der eigenen kulturellen Programmierung, ihren Werthaltungen, Einstellungen und Rollenbeschreibungen (siehe Abbildungen 1 und 2). In wieweit eigene Programmierungen einer erfolgreichen internationalen Tätigkeit entgegenstehen oder förderlich sind, muß dabei ebenso geklärt werden wie die Entwicklung von kulturrelevanten Führungskompetenzen in fremdkulturellen Umgebungen. Kulturenarbeit ist transformatorisch angelegt (Deep Culture Change). Transformatorische Kulturenarbeit in Organisationen zeichnet sich durch einen Paradigmenwechsel, Struktur- oder Wertewandel aus, der die Art, in der gearbeitet wird, in grundlegender Weise verändert.

2.2 „Wir machen ja Kulturarbeit!"

In einer Qualifizierungsmaßnahme für international tätige deutsche Projektexperten, die in Projekten mit internationalen Kunden bzw. Lieferanten von technischen Systemen arbeiten, wünschen sich die Teilnehmer vom Trainer ein vollständiges Repertoire von Verhaltensschablonen für die Arbeit mit den Projektpartnern, z.B. „Wie verhält sich ein Spanier in dieser Konflikt- oder Verhandlungssituation, welchen Verhaltensstil muß ich demzufolge adaptieren?" usw. Da dies nicht leistbar und auch nicht sinnvoll ist, ist der Trainingsansatz stattdessen aus didaktischen Gründen darauf ausgelegt, die Arbeitsweisen anderer Kulturen im Training lediglich als Beispiele für Andersartigkeit zu betrachten. Die Teilnehmer lernen daran, wie sie mit den Mitgliedern verschiedener kultureller Subsysteme (hier sind z.B. verschiedene kulturelle, aber auch Unternehmens- und Branchenkulturen vertreten, siehe Abbildung 1) gemeinsame Plattformen der Zusammenarbeit schaffen können. Die Projektgelder aber, die für solche Projektpartner-Workshops mit realem interkulturellem Lerncharakter erforderlich sind, lassen sich im besagten Unternehmen aus „Effizienzgründen" nicht mobilisieren. Die Teilnehmer werden im Training ebenfalls mit der Überlegung konfrontiert, daß Kunden-/Lieferantenbeziehungen auch im wirtschaftlichen Sinne für das eigene Unternehmen effektiver sind, wenn sie als eine kooperative Partnerschaft entlang der Wertschöpfungskette gestaltet werden. Die Teilnehmer vermögen sich darauf nicht einzulassen. Ein vertiefendes Nachfragen ergibt, daß das Unternehmen Kunden-/Lieferantenbeziehungen vorwiegend als „Win-Loose"-Verhältnisse definiert. Demzufolge suchen die Teilnehmer aus dem Training folgerichtig Strategien und Taktiken mitzunehmen, die sie selbst in die Winner-Position bringen. Aus unternehmerischer Perspektive ist dieses Vorgehen längerfristig jedoch als suboptimal einzustufen.

Hypothese 2: Kulturenarbeit fehlt der strategische Bezug, der tiefergehende Änderungen von Unternehmenskultur und Verhalten erfordern würde.

Kulturenarbeit wird statt dessen instrumentalisiert (z.B. in Form von interkulturellen Trainings) für die Aufrechterhaltung tiefer verankerter, für das Unternehmensergebnis aber weniger optimaler Kulturmuster. Mit dieser fehlenden Einbindung in die Entwicklung einer strategisch ausgerichteten Ziel-Unternehmenskultur erzeugt sie keine Wirksamkeit und Nachhaltigkeit für das geschäftliche Ergebnis. Die Thematisierung von Erfahrungen, Werten und Haltungen im Unternehmensalltag, das Lernen an und Gestalten von Kultur in der interkulturellen Unternehmenspraxis bleiben Zufall und werden nicht im Management verantwortet und getragen. Statt interkulturellem und unternehmensübergreifendem Lernen findet Training in traditionellen, monokulturellen Trainingsformaten statt.

2.3 „Machen Sie uns ein Angebot, das wir ablehnen können"

In der, auf verschiedene Länder verteilten, Funktion „Einkauf" eines multinationalen Unternehmens sollen die Prozesse verbessert werden, dafür wurden länderübergreifende Projektteams eingerichtet. Nach einigen Erfahrungen mit Schwierigkeiten in der Zusammenarbeit dieser Teams (Führung, Kommunikation etc.) fragt die Fachabteilung, über eine Personalentwicklungs- (PE-) Abteilung zunächst interkulturelles Training an, das mit einer Teamentwicklung für die Projektteams verbunden werden soll. Das von den Beratern vorgelegte Konzept integriert Teamentwicklungsworkshops (in denen in Form von Action Learning auch interkulturelles Lernen erfolgen soll) mit internationaler Organisations- (OE-) Schnittstellenberatung und dem Aufbau von Wissen für interkulturelle Projektsteuerung.

Die vorgesehene OE-Schnittstellenberatung umfaßt z.B. Aspekte wie

- Mechanismen für die Eskalierung von sinnvollen, aber im System steckenbleibenden Umsetzungsvorschlägen der Teams;
- Integration von Ergebnissen der Projektteams in die Unternehmenspraxis;
- Organisation von Lernsystemen für interkulturelle Zusammenarbeit.

Insgesamt zielt das Konzept darauf ab, die strategische Relevanz der Maßnahme zu erhöhen und damit einen höheren Nutzen für den Unternehmensbereich zu stiften.

Den Beratern gelingt es jedoch nicht rechtzeitig, dieses Konzept, das eine erhebliche inhaltliche Erweiterung der ursprünglichen Anfrage darstellt, der anfragenden Fachabteilung und ihrem Entscheider zu kommunizieren und damit deutlich zu machen, wie die Arbeit mit den Projektteams dazu genutzt werden kann, die strategische Zielereichung zu unterstützen.

Der Grund scheint darin zu liegen, daß die Entscheider offensichtlich davon ausgehen, die Anfrage sei adressiert und „in Arbeit", und daß für die Kommunikation zwischen PE und Fachabteilung keine wirksame Kommunikationsregeln bestehen. Ferner hat die PE-Abteilung, die das Konzept durchaus befürwortet, zu wenig Gewicht, um es bei den Entscheidern durchzusetzen. Als dann eine Prioritätenverschiebung in der Fachabteilung erfolgt (zu Maßnahmen mit höherer wirtschaftlicher Priorität), wird die Anfrage wegen mangelndem Bezug zu diesen Prioritäten abgesagt. Was hier letztlich abgesagt wird, ist das ursprünglich angefragte, als Begleitmaßnahme gedachte „interkulturelle Training" („nice to have"), nicht ein Konzept für ein strategierelevantes internationales Action Learning Projekt.

Hypothese 3: Kulturenarbeit wird an die Ränder des Unternehmens delegiert

an PE, Berater, Trainer (in- und extern). Sie dient dort im besten Fall als Testfeld für die Thematisierung von Kulturfragen, bleibt aber wegen der Randstellung und fehlender Managementverantwortung unwirksam. Kulturenprojekte entwickeln aufgrund dieser Randstellung leicht Größenphantasien (Megaprojekte) oder minimalisieren die zu gestaltende Kulturentwicklungsaufgabe auf Trainingsworkshops. Im Falle knapper Ressourcen an Zeit und Energie werden solche Maßnahmen leicht als strategisch irrelevant deklariert und gekippt.

2.4 "Ja was wollen Sie eigentlich!?"

Zwei externe Trainer suchen das Gespräch mit kulturkompetenten Personalentwicklern eines Unternehmens, da sie den Erfolg ihrer Trainingsmaßnahmen (Cultural Competencies, Pre-Departure Training for High Potentials) in diesem Unternehmen bezweifeln. Das Infragestellen von, ihrer Meinung nach, erfolgreichen Trainingsmaßnahmen erscheint den Personalentwicklern unsinnig. Sie sehen ihre eigene Position und Funktion gefährdet.

Die von den Trainern aufgezeigten Wechselwirkungen zwischen einer mangelnden persönlichen und professionellen Haltung in Bezug auf kulturelles Management zwischen den Führungskräften des Unternehmens und denen der TeilnehmerInnen erkennen sie nur mit Mühe.

Hypothese 4 : Kulturenarbeit wird instrumentalisiert und auf das Durchführen von Trainingsworkshops reduziert.

Unternehmensentwicklung und Kulturentwicklung sind auf das engste miteinander verbunden, bewußt und unbewußt. Bewußte Kulturenarbeit findet zwar irgendwo statt, ist aber im Unternehmen nicht durchgängig spürbar und wird von einer kritischen Anzahl von Führungskräften nicht gelebt. Sie ist oft immer noch nicht Teil der Unternehmensstrategie und ihre strategische Bedeutung bleibt im Dunkeln.

Die Thematisierung von Erfahrungen, Werten und Haltungen im Unternehmensalltag bleiben Zufall. Das Lernen an und Gestalten von Kultur hat keinen definierten Raum in der interkulturellen Unternehmenspraxis. Es reduziert sich auf Nischen wie z.B. Trainings und "is nice to have". Die Personalentwickler als professionelle Kulturgestalter tendieren dazu, sich auf ihre zugewiesene (?) Spielwiese zu beschränken, sind gefangen in Legitimationsdiskussionen mit der Linie.

Interorganisationelles und interkulturelles Lernen im Unternehmen in seiner vitalen Ganzheit wie in seiner Unterschiedlichkeit kann sich in Trainingsmaßnahmen nicht so entwickeln, daß seine Wirkkraft auf Unternehmen und Bereiche ausstrahlt und entscheidende Umsetzungen erfolgen.

3. Design von Lösungswegen und Merkmale zur Gestaltung effektiver Kulturenarbeit

Der Bezugsrahmen soll erweitert werden, indem Kultur nicht nur als Steuerungsgröße für Manager betrachtet wird, sondern ebenso als Steuerungsgröße für die Funktion bzw. das Subsystem Management.

Zudem propagieren die Autoren einen umfassenden Prozeßmusterwechsel. Dieser Prozeßmusterwechsel bedeutet, eine klare strategische Bedeutung der Kulturenarbeit herzustellen und ihre transformative Ausrichtung nach innen und außen ständig neu zu erfinden.

3.1 Wie kommen wir zu neuen Lösungswegen?

Nach Prozeßmusterwechsel Ausschau halten.

Es wird vorgeschlagen, die Begrenzungen und Einschränkungen der Kulturenarbeit aufzulösen. Zum einen im Sinne der bisherigen Beschreibungen und Deutungen, zum anderen, im Ausschauhalten nach transformatorischen Erfahrungen und Ansätzen, in denen Kulturarbeit bereits stattfindet oder sich vollziehen kann.

Alle Mitglieder einer Organisation sind Kulturträger und -gestalter.

Hofstede's Aussage "Culture is the collective programming of the human mind"[1] bedeutet in ihrer Umkehrung, daß Kulturenarbeit nicht von exklusiv bestimmten Experten und Funktionsträgern für andere 'gemacht' werden kann. Jedes Mitglied innerhalb einer Organisation muß sich als Kulturträger und -gestalter (d.h. „Programmer") begreifen (können), wenn auch mit unterschiedlichen Funktionen und Reichweiten ausgestattet. Erst auf dieser Grundlage macht es Sinn, kulturelle Unterschiede und Gemeinsamkeiten zu beschreiben und zu managen.

Strategien der Kulturenarbeit müssen der kulturellen Komplexität entsprechen.

Strategien der Kulturenarbeit können kulturelle Komplexität nur dann angemessen erfassen und umsetzen, wenn entsprechend komplexe Lösungsszenarien und -räume, Rollen-Sets und Instrumentenbündel vorhanden sind. Wie aus den geschilderten Beispielen deutlich werden sollte, wird Kulturenarbeit in Organisationen faktisch mit den gleichen Methoden und unter gleichen Bedingungen angegangen, wie dies für andere Arten von Aus- und Fortbildungsaktivitäten bereits der Fall ist.

Unternehmensführung und Linienmanagement tragen in ihrer strategischen Leadership-Rolle Kulturenverantwortung.

Kultur als Steuerungsgröße wird sich daran messen lassen müssen, inwieweit Kulturenarbeiter und Kulturenarbeit einen deutlichen, wahrnehmbaren und gewollten Bezug zu Unternehmensstrategie und -erfolg wollen und haben. In dieser Hinsicht obliegt Unternehmensführungen und Linienmanagern eine besondere Kulturverantwortung. In den Leadership-Funktionen auf den verschiedenen Ebenen muß diese Verantwortung spürbar sein und ihre Wirkung erkennbar sein.

---

1 Hofstede (1988).

3.2 Wie kommen wir zu einer wirksameren Gestaltung von Kulturenarbeit?

Die Wirksamkeit und Nachhaltigkeit effektiver Kulturenarbeit entsteht durch die bewußte Gestaltung transformativer Dynamiken.

Diese kommt zum Tragen, wenn es gelingt, das gegenseitige Einwirken kultureller Dynamiken und deren Auswirkungen deutlich zu machen und die transformatorische Dynamik von Deep Culture Change bewußt zu gestalten (siehe Abbildungen 1 und 2).

Die Autoren teilen die Annahme der systemischen Schule, daß ein System bewußt oder unbewußt selbst Teile seiner Kulturentwicklung steuert und in Wechselwirkung mit anderen Systemen seine Kulturentwicklung beeinflußt wird oder die anderer Systeme beeinflußt. Die Diagnose und Identifizierung dieser Wirkungen sind unerläßlich, um den Anspruch einer effizienten, bewußten Steuerung und Gestaltung einzulösen.

4. Von Kulturmanagern zu Kulturenmanagement – Beispiele für Prozeßmusterwechsel

Mit zwei Beispielen aus der Arbeit der Autoren soll verdeutlicht werden, wie neue Arbeitsplattformen aufgebaut und Lösungsräume inszeniert werden können. Im ersten Beispiel werden firmenübergreifende Formen des gemeinsamen Lernens und Arbeitens geschaffen. Interkulturelles Lernen und Arbeiten in verschiedenen Organisations-, Branchen- und kulturellen Umgebungen wird thematisiert. Im zweiten Beispiel geht es um die nachhaltige und ganzheitliche Veränderung von verschiedenen kulturellen Systemen und ihrer Bezüge zueinander innerhalb eines Unternehmens.

4.1 Firmenübergreifender internationaler Round Table

Ein leitender Personalentwickler sucht eine für ihn neue Lern- und Arbeitsform. Fokus des gemeinsamen Lernens und Arbeitens ist Führungskräfteentwicklung, Wissensaustausch und Strategieentwicklung. Die Beschränkung von internen, maßgeschneiderten und externen, offenen Veranstaltungen soll durch eine innovative Form überwunden werden. In Zusammenarbeit mit einem externen Berater werden folgende Gestaltungsmerkmale herausgearbeitet:

1. Die Integration von Lernen und Arbeiten;
2. Teilnehmerkreis: Führungskräfte in leitenden Positionen in den Bereichen Human Resources Management, Human Resources and Organizational Development in internationalen Unternehmen;
3. Lernfokus ist das Lernen mit und von Kollegen, die ihre aktuellen Arbeits- und Lernthemen einbringen;
4. Der Lernprozeß wird von den Teilnehmern selbst gestaltet. Die Lernorganisation wird einem neutralen Prozeßbegleiter übertragen;
5. Größtmögliche Unterschiede in der Zusammensetzung der Mitglieder und ihrer Firmen;
6. Unabhängige Betreuung und Begleitung der Lerngruppe.

Design des Lösungsraumes:

Die Gestaltungsmerkmale werden zunächst in einer Arbeitsplattform formuliert, welche die Grundlage für Einzelgespräche mit potentiellen Teilnehmern bildet. Die Gespräche hatten das Ziel, unterschiedliche Bedürfnislagen auszuloten und in die Arbeitsplattform einzuarbeiten.

Prozesse im Lösungsraum:

In einem ersten gemeinsamen Treffen diskutieren die Beteiligten Gestaltungsmerkmale und ihre Erweiterungen, klären Rollen und treffen gemeinsame Arbeits- und Lernvereinbarungen. Im Verlauf der Treffen wurden diese Vereinbarungen laufend angepaßt. Beispiel: Qualifizierter Informations- und Erfahrungsaustausch, Bearbeitung strategisch bedeutsamer Themen, kollegiale Praxis- und Fallberatung, Kooperations- und Netzwerkaufbau, Online Support, Korridorthemen. Der Zyklus bestand zunächst in sechs Treffen. Ein zweiter Zyklus wurde angehängt.

Welche Unterschiede sind deutlich geworden?

Ausgehend von der Vision eines selbstgesteuerten Lern- und Arbeitssystems sind Gestaltungsmerkmale unter Einbeziehung aller Interessierten entwickelt und besprochen worden. Sie bilden die gemeinsame Grundlage für das Design des transformatorischen Lösungsraumes, in dem unterschiedlichen Formen des Lernens und Arbeitens inszeniert wurden. Kulturentwicklung der Gruppe und Kulturenarbeit wurden reflexiv miteinander verknüpft.

Die Teilnehmer überwinden ihre professionelle Isolierung als Einzelkämpfer. Sie erleben eine Form des kollektiven Selbst-Empowerments, in dem sie ihre Entwicklung durch selbstgewählte Methoden steuern und nutzen und zu einem erweiterten Professionsverständnis ihrer Professionskultur kommen. Sie schaffen einen Raum, in dem ihre Leistungen gewürdigt, ihre Unterschiede als Quellen der Innovation genutzt und ihre Unsicherheiten und „Mißerfolge" gehört werden. Das Weitergeben von Erfahrungen und Kenntnissen an „gleiche" Berufskollegen ermöglicht überraschende und tiefgreifende Lerndurchbrüche. Umsetzungen werden firmenübergreifend weitergetrieben, vitale Netzwerkbeziehungen entstehen.

4.2 Aufbau einer Sicherheitskultur in einer Ölraffinerie in den USA – strategierelevanter Whole-Systems-Change

Auslöser für das Projekt war ein hohes Sicherheitsrisiko (Brände, Explosionsgefahr, Verunreinigungen) in der Raffinerie. Sowohl bei der Suche nach Ursachen als auch nach möglichen Lösungen stellte sich schnell heraus, daß es sich um ein typisches „Messy Problem" handelt mit vielen, in ihren Zusammenhängen und Wirkrichtungen schwer identifizierbaren Faktoren. Ein ganzheitlicher Ansatz bietet sich hier als Lösungsraum an. Als Hintergründe der Probleme konnten verschiedene Wirkfaktoren identifiziert werden, wie z.B.:

- Ein fehlender Gesamtüberblick über das Unternehmen bei den Mitarbeitern. Dadurch verursacht ein Bagatellisieren aller möglichen sicherheitsrelevanten Maßnahmen und Prozesse, was in Summe zu den genannten Problemen führte, sowie
- Verantwortungskonflikte über Verursachung und Lösungen zwischen den hierarchischen Systemen (Leitungsebene versus operative Ebenen), zwischen den Bereichskulturen (Planung, Produktion, Qualitätssicherung) sowie nicht zuletzt zwischen den nationalen Kulturen in der Mitarbeiterschaft (Hispano-Amerikaner, weiße und schwarze Amerikaner mit dem Vorwurf, man habe unterschiedliche, kulturell begründete Sicherheitsvorstellungen).

Design des Lösungsraumes:

Der Grundansatz des Veränderungskonzeptes war, die unterschiedlichen hierarchischen, funktionalen und nationalen Kulturen in einem Prozeß der Lösungsentwicklung zu integrieren und damit einen Hebel zu schaffen, um die Veränderungskapazität im Organisationssystem gezielt an die diffuse Problemlage anzupassen. Als zweiter konzeptioneller Strang sollte eine gute Balance zwischen verschiedenen Steuerungsformen erreicht werden, nämlich:

- strukturelle Steuerung des Problems: Einführung neuer Sicherheitsprozesse,
- kulturelle Steuerung: Entwicklung sicherheitsrelevanter Einstellungen in Kommunikation und Verhalten (entlang der Sicherheitsprozesse), sowie

- strategische Steuerung: Kommunikation über die strategische Situation des Unternehmens und der Bedeutung von Sicherheit dafür, sowie Vereinbarung einer strategischen Positionierung des Unternehmens hinsichtlich des Faktors „Sicherheit“.

Prozesse im Lösungsraum:

1. Ein Designteam aus allen Funktionen, Hierarchieebenen und nationalen Kulturen (repräsentatives Abbild der Systemwelten) entwickelte strategische Ziele, Kernfragen und Lösungsentwürfe für Whole-Systems-Workshops der Mitarbeiterschaft.
2. Durchführung von fünf Whole-Systems-Workshops mit je 300 Mitarbeitern je zwei Tage, an denen alle Funktionen, Kulturen, Hierarchieebenen beteiligt waren. Einige Beispiele für Arbeitsthemen:
   - Wertschätzende Erhebung (Appreciative Inquiry) von Errungenschaften, Ärger und Enttäuschungen die Sicherheitsfrage betreffend;
   - Strategische Situation des Unternehmens aus Sicht von Führung, Kunden, Lieferanten, Gewerkschaft;
   - Benchmark zu Sicherheitsstandards;
   - Vision des Unternehmens aus Sicht aller Stakeholder;
   - Erarbeitung von Umsetzungsvorschlägen für sicherheitsrelevante Prozesse;
   - Untersuchung der Beziehungen zwischen den Systemwelten (hierarchische Ebenen, Funktionen, nationalen Kulturen) und Planung von Maßnahmen zur Verbesserung.

Einige erzielte Nutzeffekte:

- Überblick über das Unternehmen sowie den eigenen Beitrag bei der Belegschaft;
- Durchlässigkeit zwischen den Systemwelten, anhaltender „Kulturdialog“ und kollaborative Umsetzung von geplanten Sicherheits-Prozessen (Planung, Produktion etc.);
- Reduzierung von Störfällen.

An dem Beispiel läßt sich ebenfalls verdeutlichen, daß eine einseitige Fokussierung z.B. interkultureller Wirkfaktoren bei Problemlagen vom Typ „Messy Problem“ keine sinnvollen Lösungswege aufzeigen kann und statt dessen die unterschiedlichsten kulturellen Subsysteme in die Lösungsstrategie einbezogen werden sollten (siehe Abschnitt 5).

5. Perspektiven zur Weiterentwicklung und Ausgestaltung von Kulturenarbeit

Von der Ausdifferenzierung verschiedener Rollen versprechen sich die Autoren eine effizientere Form, mit der Komplexität von Kulturenarbeit umzugehen. Damit wird auch ganz bewußt das herkömmliche Rollenangebot erweitert. In der meist anzutreffenden Rolle des interkulturellen Trainers werden Erwartungen gelegt, die weder von der Positionierung im Unternehmen noch von den Kompetenzen her erfüllt werden können, was zu der bereits erwähnten Minimalisierung von Kulturenarbeit auf interkulturelles Training hinausläuft. Die andere Rolle, nämlich des „Global Managers" scheint dagegen mit Omnipotenzvorstellungen behaftet zu sein[2] und droht damit ebenfalls der Komplexität der Aufgabe nicht gerecht werden zu können. Für die Weiterentwicklung einer effizienteren Kulturenarbeit wird vorgeschlagen:

- eine höhere Ausdifferenzierung von komplementären Rollen in der Kulturenarbeit, von denen hier einige mögliche beispielhaft genannt sind (siehe Abbilldung 3),
- diese Rollen nicht ausschließlich als Attribute von Organisationsrollen zu sehen, also z.B. Change ManagerIn, sondern auch als Funktion, die von verschiedenen Personen, z.B. in Designteams oder Changeteams, wahrgenommen werden müssten,
- die strategisch-kulturelle Gestaltungsaufgabe grundsätzlich bei der Geschäftsleitung und Linie zu verankern.

Die Einnahme dieser Rollen erfordert von den jeweiligen Rollenträgern die Weiterentwicklung bestehender „Mindsets".

Management als Funktion zu verstehen und in Bezug auf die Kulturenarbeit in internationalen Unternehmen, Mergers and Acquisitions oder Allianzen in nicht-hierarchischer Weise auszuüben, bedeutet für das bisher vorherrschende Managementverständnis eine erhebliche Herausforderung. Die Beratungspraxis als auch Trainings mit der Simulation internationaler und organisationsübergreifender Problemstellungen zeigen, wie wir gerade angesichts von Krisen und komplexen Anforderungen auf hierarchische Managementparadigmen zurückfallen. Die Folge sind dann häufig suboptimale Lösungen in der Kulturenarbeit, denn Kulturenentwicklung läßt sich nicht verkündigen. Besonders das immer noch anzutreffende Bild des „Managers als Helden" wird ersetzt werden müssen durch ein Bild des „Managers als Versammler" der unterschiedlichen kulturellen Subsysteme.[3] Aufgaben eines Managers als Versammlers bestehen z.B. im Herstellen eines

2 Vgl. Bartlett, Ghoshal (1992).

3 Vgl. Schruijer, Vansina (1999).

„Containers", in dem die verschiedenen kulturellen Perspektiven Ausdruck finden können, in der Schaffung mentaler Modelle, die koordiniertes Handeln fördern und in der Ermöglichung eines gewissen Grades von Stabilität für individuelles und organisationales Lernen.[4]

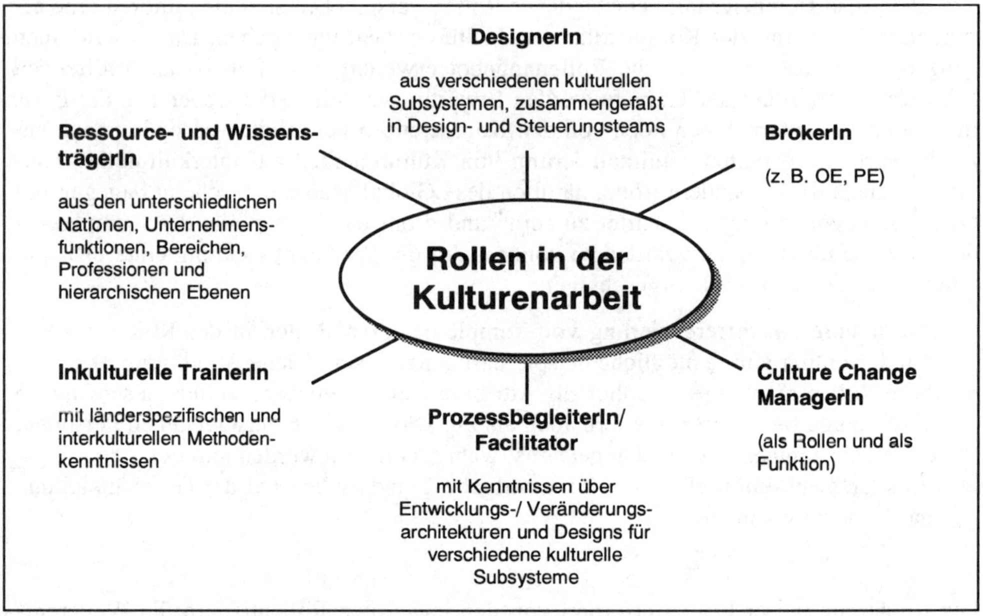

Abb. 3: Rollen in der Kulturenarbeit

In Abbildung 4 sind einige Systemanforderungen für Lösungsräume definiert, die richtungsweisend sein könnten. Die weitere Diskussion ließe sich einmal dadurch vertiefen, daß der kulturelle Bias vorwiegend westlich formulierter Management- und Change-Konzepte aufgedeckt wird. Zum anderen wird zunehmend deutlich, daß Haltungen, Ansätze und Methoden, wie sie bereits seit den frühen 90er Jahren im Rahmen von "Appreciative Inquiry"[5] und in jüngster Zeit durch "Communities of Practice"[6] entwickelt und praktiziert werden, zu einer signifikanten Bereicherung führen.

Das Anliegen der Autoren, die Beschränkungen und Muster gegenwärtiger Formen der Kulturenarbeit in Organisationen zu überwinden, bedeutet ein "Jumping-off". Wir müs-

4 Vgl. Shamir (1999).

5 Siehe Cooperrider, Srivastva (1990).

6 Siehe Wenger (1998).

sen bereit sein, transformatorisch orientierte Formen zu erfinden. Dabei gehen die Autoren von einer engen Vernetzung von Organisations- und Kulturveränderungsprozessen aus, die sich an den realen Unternehmensstrategien orientiert und immer wieder neu ausrichtet. Kultur wird dann zur Steuerungsgröße für ManagerInnen und Management, wenn es gelingt, ihre Wirkungen deutlich zu machen und wenn sie ihren Platz innerhalb einer Unternehmensstrategie hat.

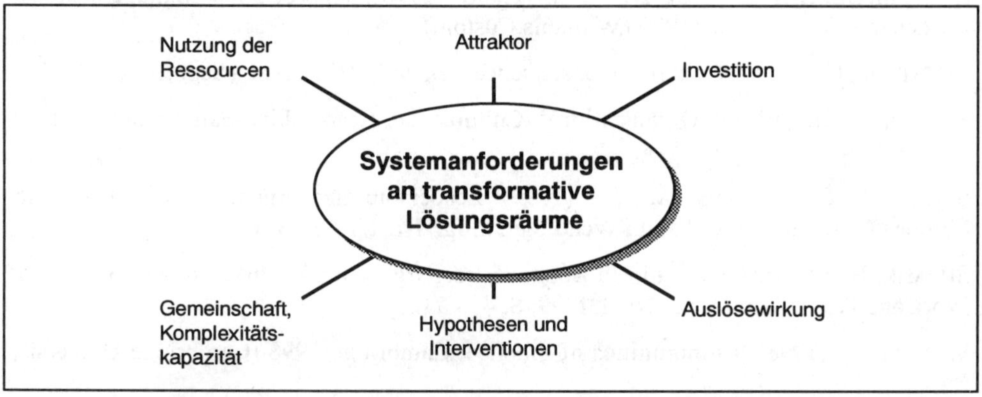

Abb. 4: Einige Systemanforderungen für transformative Lösungsräume

Zur Gestaltung transformativer Lösungsräume lassen sich im Einzelnen folgende Leitfragen heranziehen:

Attraktor: Aus der Sicht welcher kulturellen Subsysteme besteht Anziehungskraft für eine Investition in den Raum? Beschleunigt, vertieft, verbessert der Lösungsraum den Nutzen für das (Sub)-System? Wie kann Anziehungskraft erzeugt werden?

Investition: Werden sie mit Kraft und Energie besetzt: Motivation, Commitment, Engagement?

Auslösewirkung: Lösen sie eine Wertschöpfung für Kultur und Strategie aus?

Hypothesen und Interventionen: Welche Instrumente sind aus der Sicht der kulturellen Subsysteme und des „Whole-Systems" geeignet, um angemessene Prozesse und Wirkungen zu erzeugen?

Gemeinschaft, Komplexitätskapazität: Bieten sie Chancen kollaborativer Sinn- und Nutzengestaltung?

Nutzung der Ressourcen der verschiedenen kulturellen Subsystem und ihrer Verknüpfungen: Wie werden Lernen und Arbeiten der kulturellen Subsysteme voneinander ermöglicht und miteinander integriert?

Literaturhinweise

BARTLETT, C.A., GHOSHAL, S. (1992): What is a Global Manager?, in: Harvard Business Review, Nr. 9/10/1992, S. 124 - 132.

COOPERRIDER, D. L., SRIVASTVA, S. (HRSG., 1990): Appreciative Management and Leadership, San Franciso 1990 (Williams Custom).

HOFSTEDE, G. (1988): Culture´s Consequences, Beverly Hills 1988 (Sage).

SCHEIN, E. H. (1991): Organizational Culture and Leadership, San Francisco 1991 (Jossey-Bass).

SCHRUIJER, G. L., VANSINA, L. S. (1999): Leadership and Organizational Change, in: European Journal of Work and Psychology, 8. Jg., Nr. 1/1999, S. 1 - 8.

SHAMIR, B. (1999): Leadership in Boundaryless Organizations, in: European Journal of Work and Psychology, 8 Jg., Nr. 1/1999, S. 49 - 71.

WENGER, E. (1998): Communities of Practice, Cambridge 1998 (Cambridge University Press).

Menno-Arend Herlyn

Interkulturelle Aspekte von Mediation und Dialog in der internationalen Unternehmenszusammenarbeit

1. Einleitung

Der zunehmend internationale Charakter der Zusammenarbeit in und zwischen Unternehmen wirft die Frage auf, ob herkömmliche Weisen des Umgangs mit divergierenden Ansätzen und Sichtweisen in (ggf. potentiellen) Konfliktsituationen den unternehmerischen Erfordernissen gerecht werden. Zunehmende Durchlässigkeit nationaler Grenzen, Wachstum des Welthandels und der Übergang einiger Staaten zur Marktwirtschaft haben den Grad der Verflechtung der internationalen Wirtschaft erhöht. Hinzu kommt die wachsende Komplexität der Unternehmenszusammenarbeit, wenn etwa Unternehmen aus unterschiedlichen Ländern, manchmal unter Einbezug von Regierungen und komplizierten Finanzierungsformen oft unter Beteiligung von mehreren Banken, kooperieren.

Neben der begrenzten Planbarkeit solcher Kooperationen führt der Umstand der Internationalität selbst zu einer zunehmenden Verletzlichkeit der Geschäftsbeziehungen. Die Zugehörigkeit einzelner Partner zu verschiedenen Rechtssystemen und Jurisdiktionen und deren Beheimatung in unterschiedlichen Sprach- und Kulturräumen wirken sich hier aus. Noch stärker als im nationalen Kontext ist deshalb das Auftreten von divergierenden Sichtweisen bis hin zu Konflikten absehbar. Damit stellt sich die Frage nach Konfliktmanagement- bzw. Streitbeilegungsverfahren, die für die internationale Geschäftstätigkeit geeignet sind.

Dieser Beitrag stellt zunächst einige Grundzüge herkömmlicher Verfahren – Gerichtsverfahren und Schiedsgerichtsbarkeit – dar, um sodann zwei innovative Methoden des Umgangs mit Differenzen darzustellen: Mediation[1] und Dialog. Die Auswirkungen von Kulturdifferenzen finden dabei besondere Beachtung.

1 Mediation im internationalen Geschäft ist schon deshalb **wichtig**, weil praktisch alle Fortune 500 - Firmen in den USA Verträge nur noch mit Mediationsklauseln abschließen. Zunehmend bedeutsam ist Mediation als Institution in England, aber auch in einigen Ländern Osteuropas (der schleppende Aufbau eines Rechtssystems spielt hier eine Rolle). In Deutschland hat es im Jahre 2000 vermutlich um die zwei Dutzend wichtige Wirtschaftsmediationen gegeben unter Beteiligung auch von börsennotierten Unternehmen mit Streitwerten bis zu 250 Mio. DM. Angestoßen wurden sie wiederholt von Anwaltsfirmen, die ihren Klienten Mediation als bessere Alternative zu anderen Verfahren empfahlen. Der VWEW Energieverlag GmbH meldet für 2000 Einsparungen durch Wirtschaftsmediation in Deutschland im Volumen von 470 Mio. DM. Zu Wirtschaftsmediation in Deutschland siehe Altmann et al. (1999). Über internationale Mediationen liegen wenige konkrete Daten vor. Die Beteiligten reklamieren dabei einen Vorzug von Mediation, nämlich den der Vertraulichkeit.

2. Mediation als Alternative zu Gerichtsverfahren und internationaler Schiedsgerichtsbarkeit

Mediation bietet in zahlreichen Fällen eine attraktive Alternative zu Gerichtsverfahren und internationaler Schiedsgerichtsbarkeit. Dies wird deutlich, wenn man sich einige Grundzüge dieser herkömmlichen Streitbeilegungsverfahren vergegenwärtigt und Mediation damit vergleicht.

2.1 Herkömmliche Streitbeilegungsverfahren

2.1.1 Gerichtsverfahren

Da es keinen internationalen Gerichtshof für die Beilegung von geschäftlichen Auseinandersetzungen gibt, sind die ökonomischen Akteure auf nationale Gerichte angewiesen, wenn sie den Rechtsweg gehen wollen. Daraus ergeben sich für internationale Partner zusätzliche Probleme.[2]

Zuständigkeit des Gerichts: Die Zuständigkeit von Gerichten kann sich aus so unterschiedlichen Gesichtspunkten wie dem Sitz des Beklagten, der Nationalität des Klägers oder auch dem Ort des rechtserheblichen Vorgangs ergeben. Aus taktischen Gründen mag eine Partei im Gegensatz zur anderen einen bestimmten Gerichtsort – in der Regel der Standort des Hauptsitzes des Unternehmens - bevorzugen. Einheitliche internationale Standards zur Bestimmung des Gerichtsorts existieren nicht, so daß schon diese Frage zu Auseinandersetzungen führen kann, und nicht selten wird um dieselbe Sache ein Streit vor mehr als einem Gericht geführt. Für die Unterzeichnerstaaten der Brüssel bzw. Lugano-Konvention (18 europäische Staaten) ist diese Frage geregelt, und zwischen einigen Staaten gibt es entsprechende bilaterale Abkommen, aber sobald Firmen aus Drittländern involviert sind, liegt das Problem wieder auf dem Tisch. Die USA z.B. haben keine derartige Übereinkunft unterzeichnet.

Verfahren: Hier bereitet der Umstand Schwierigkeiten, daß es je nach Land völlig *unterschiedliche* und gar gegensätzliche Verfahrensarten gibt. In der westlichen Welt zeigen sich die wichtigsten Verfahrensunterschiede zwischen Ländern mit Zivilrecht (z.B. Deutschland) auf der einen und „Common Law“ (z.B. USA) auf der anderen Seite. Be-

2 Vgl. auch Bühring-Uhle, (1998).

zeichnet man das erstere als „inquisitorisch", durch den Richter gesteuert, so kennzeichnet man das letztere als „adversarial" (gegnerisch, feindlich). Hier wird das Verfahren viel stärker durch die Aktionen der Parteien bestimmt, und der Richter hat eher die Rolle eines Beobachters. Für die Beweiserhebung gelten in beiden Rechtssphären teilweise entgegengesetzte Grundsätze: z.B. gilt im Zivilrecht der Zeuge als Zeuge des Gerichts, während er im Common Law als Zeuge einer Partei gilt, deren Rechtsanwalt durchaus mit „seinem" Zeugen die Aussage im Sinne der eigenen Partei eintrainieren kann, ein Vorgehen, das unter dem Zivilrecht geradezu untersagt ist. Die jeweiligen Rechtssysteme prägen eine jeweils eigene Rechtskultur, die niemand kompetent praktizieren kann, der nicht in ihr sozialisiert wurde.

Sind die Verfahrensunterschiede zwischen den genannten Rechtsbereichen in vieler Hinsicht kraß, so können sie auch innerhalb dieser Bereiche (z.B. zwischen einzelnen Schweizer Kantonen) erheblich sein. Rechtliche Fachausdrücke wie „Eigentum", „Vertrag", „Patent" etwa gewinnen ihren konkreten Gehalt erst im Kontext des jeweiligen Rechtssystems. Kulturunterschiede führen hier zu einer u.U. außerordentlichen Verkomplizierung der Kommunikation zwischen den Parteien.

Für die involvierten Parteien und ihre Anwälte ergeben sich also erhebliche Anforderungen und Schwierigkeiten, wenn sie vor Gerichten anderer Nationen agieren sollen. Auch die Frage, welches Gesetz Anwendung finden soll, ist kaum im Vorfeld zu beurteilen und zu entscheiden. Selbst die Umsetzung bzw. Anerkennung von in einem Land gefällten Urteilen in einem anderen Land ist nicht sicher. Eine Ausnahme bildet hier nur der Bereich der Unterzeichnerstaaten der Brüssel- und Lugano-Konvention.

Konflikte vor Gericht auszutragen ist also ein mit vielen Unwägbarkeiten belasteter Weg. Die damit involvierten hohen Kosten (nicht nur Gerichts-, sondern auch Transaktionskosten etwa für Auslandsaufenthalte und Dienstleistungen wie Beratung und Übersetzung) sowie der enorme Zeitansatz lassen ein solches Vorgehen nur als letztes mögliches Mittel zum Herbeiführen einer Entscheidung erscheinen. Für kleinere Unternehmen, die inzwischen in großer Zahl auch international tätig sind, ist ein Rechtsstreit ohnehin nicht finanzierbar. Viele Unternehmen gehen deshalb in den letzten Jahren mit gutem Grund immer häufiger den Weg der Schiedsgerichtsbarkeit für internationale Geschäftsauseinandersetzungen.

2.1.2 Internationale Schiedsgerichtsbarkeit

Das Schiedsgerichtsverfahren[3] teilt mit dem Gerichtsverfahren das Merkmal, daß es zu einem bindenden Beschluß durch eine von den Parteien unabhängige Instanz führt. Es unterscheidet sich vor allem darin, daß die Entscheidung von privaten, von den Parteien benannten, Individuen gefällt wird.

Formen des Schiedsgerichtsverfahrens gibt es seit dem 13. Jahrhundert, und nach dem 1. Weltkrieg wurde mit dem „Court of Arbitration of the International Chamber of Commerce" (ICC) mit Sitz in Paris zum ersten Mal eine solche Einrichtung mit globaler Reichweite etabliert. Durch die New York Convention von 1958 (bis 1995 von 105 Nationen unterzeichnet) ist die Frage der Anerkennung und Umsetzung von ausländischen Schiedsgerichtsentscheidungen weitgehend geklärt. Allerdings gibt es Lücken hinsichtlich der Beurteilung der Validität von Urteilen, für die nationale Gerichtshöfe wiederum eine Rolle spielen können. Im letzten Jahrhundert ist die Ausdehnung der Schiedsgerichtsbarkeit mit einer starken Prozeduralisierung einhergegangen, was sich auf Kosten, Schnelligkeit und Charakter des Verfahrens ausgewirkt hat.

Gegenüber dem Gerichtsstreit liegen die wichtigsten Vorteile der Schiedsgerichtsbarkeit in der Reduktion der mit der Gerichtsstandsuche verbundenen Gefahren, der erhöhten Verfahrensflexibilität sowie der gewährleisteten Vertraulichkeit. Ebenso kann mit der Benennung von mit den Geschäftspraktiken vertrauten Schiedsrichtern die Gefahr von sehr überraschenden Urteilen begrenzt werden. Der Umstand, daß die Beschlüsse nur in Extremfällen einer Revision zugänglich sind, kann als Vor-, aber auch als Nachteil bewertet werden.

Hinsichtlich Kosten und Schnelligkeit unterscheiden sich Schiedsgerichtsverfahren nicht wesentlich von Gerichtsverfahren. Ähnliches gilt für den Charakter des Verfahrens, wobei manchmal gewünschte einvernehmliche Beschlüsse nur in der Hälfte der Fälle erreicht werden. Schiedsrichter, die versuchen, einen einvernehmlichen Beschluß herbeizuführen, können sich dem Dilemma ausliefern, damit von einer Partei aus prozeduralen Gründen angegriffen werden zu können.[4] Auch in der Schiedsgerichtsbarkeit wirkt sich die durch die Schiedsrichter verkörperte Rechtskultur zwangsläufig auf das Verfahren aus.

Schiedsgerichtsbarkeit ist aufs Ganze gesehen aufgrund der besseren Flankierung durch internationale Regelungen einem Gerichtsstreit vor einem nationalen Gericht vorzuziehen, aber wie dieser bietet sie durch die inhärente Schwierigkeit, konsensuale Über-

---

3 Vgl. Bühring-Uhle (1998).

4 Vgl. Bühring-Uhle (1998, 214).

einkünfte herbeizuführen, für das internationale Geschäftsleben oft keinen empfehlenswerten Weg.

2.1.3 Gemeinsamkeiten von Gerichtsverfahren und Schiedsgerichtsbarkeit

Neben den hohen Kosten und dem erheblichen Zeitbedarf ist beiden Verfahren ein weiteres Merkmal gemeinsam: sie sind im wesentlichen vergangenheitsbezogen. Sie beinhalten, durch Beweiserhebung mittels eines bestimmten Verfahrens unter Rückgriff auf geltende Normen zu einem – im Sinne des jeweiligen Rechts- und Verfahrenskontextes – objektiven Beschluß zu gelangen, der durch den Vorsitzenden (Richter, Schiedsrichter) gefällt wird. Der Diskurs ist durch diese Konstruktion geprägt und wird von den Beteiligten – besonders in Gerichtsverfahren – in der einschlägigen Fachsprache und damit durch Rechtsfachleute geführt. Oft sind dadurch die wirklichen Träger der Auseinandersetzung, die Firmenrepräsentanten, in eine Nebenrolle gedrängt. Beweiserheblich sind vor allem schriftliche Dokumentationen, Verträge, Belege von erbrachten Leistungen etc. sowie Zeugenaussagen, die sich auf Abläufe in der Vergangenheit beziehen. Die Hauptfrage ist: wer hat Ansprüche auf was auf der Grundlage wovon. Beide Seiten sind gezwungen, parteiliche Positionen zu entwickeln und zu verteidigen, die im gegebenen rechtlichen Kontext den / die Vorsitzenden zu überzeugen versprechen. Unter solchen Bedingungen ist die gemeinsame Erarbeitung einer einvernehmlichen Lösung schwerlich möglich. Erwägungen, die sich auf die Interessen der Partner stützen und die Planung einer gemeinsamen geschäftlichen Zukunft beinhalten, sind in solchen adjudikativen Verfahren kaum möglich und in der Regel geradezu ausgeschlossen.

Subjektiv geprägte Überlegungen wie die Darlegung auch kulturell mitgeprägter Präferenzen und die Ausarbeitung von Lösungswegen, die für die beteiligten Geschäftspartner im Kontext ihrer jeweiligen Geschäfts- und Rechtskultur akzeptabel und für ihren Geschäftserfolg optimal sind, können nicht im Zentrum des Verfahrens stehen. Kultur wird hier weitgehend zu einer Störgröße, die nicht berücksichtigt wird.

2.2 Mediation als Alternative

In den USA, wo die Gerichtsverfahren stärker als etwa in Deutschland den Charakter eines Kampfes haben (das Verhalten der Parteien und deren Vertreter wird generell als „adversarial“ bezeichnet) und z.B. die Möglichkeit einer gütlichen Einigung auf Vorschlag des vorsitzenden Richters nicht vorgesehen ist, hat sich eine starke Bewegung entwickelt, die auf alternative Streitbeilegungsverfahren abzielt. Innerhalb dieser Bewegung der „Alternative Dispute Resolution“ (ADR) ist Mediation die radikalste Alternative zum Gerichtsverfahren. Neben den Faktoren Kosten und Zeit waren die stärksten Motive die der ökonomischen Unsinnigkeit und der desaströsen Auswirkungen auf die

Geschäftsbeziehungen durch herkömmliche Vorgehensweisen, insbesondere Gerichtsverfahren.

Mediation[5] beruht auf dem Gedanken des konstruktiven Verhandelns und ist im Grunde nichts anderes als das Führen von Verhandlungen unter Inanspruchnahme eines neutralen Dritten, der für die Gestaltung des Verfahrens verantwortlich ist. Formal kennzeichnend für das Verfahren ist die Freiwilligkeit der Teilnahme (jeder kann jederzeit aussteigen), die Vertraulichkeit (keine Weitergabe von Informationen durch die MediatorInnen, auch nicht für mögliche zukünftige Prozesse) und die Informalität des Vorgehens (es gibt keine komplizierten Verfahrensvorschriften). Die Entscheidungsgewalt bleibt ausschließlich bei den Parteien bzw. Geschäftspartnern.[6]

Hinsichtlich der Substanz zielt Mediation auf die Schaffung eines möglichst großen Nutzens für alle Beteiligten bei gleichzeitiger Stabilisierung und Verbesserung der Beziehungen zwischen den Partnern. Dieser Ansatz erlaubt nicht nur die sensible Handhabung von Kulturdifferenzen, sondern auch die Nutzung von kulturell geprägten unterschiedlichen Präferenzen für wechselseitigen Gewinn.

Ihre systematische Grundlage hat Mediation – jedenfalls in ihrer einflußreichsten Variante – im Harvard-Konzept der Verhandlung[7]. Dieses beinhaltet seinerseits eine radikale Abkehr von dem in den USA am weitesten verbreiteten – und damit kulturcharakterisierenden – Verhandlungsstil, der nämlich durch das Streben nach Sieg über den anderen gekennzeichnet ist.

Nachfolgend findet sich eine Darstellung von Mediation mit Beteiligten aus unterschiedlichen Kulturen[8] unter Bezugnahme auf die Verhandlungssystematik des Harvard-Modells. Mediation wird hier nicht nur als Verfahren in zugespitzten Konflikten aufgefaßt, sondern auch als attraktive Möglichkeit für Verhandlungspartner, die – motiviert durch die auch kulturbedingte Komplexität des Verhandlungsgegenstandes – die Dienste eines vertrauenswürdigen und kompetenten Dritten in Anspruch nehmen wollen.

5 Wichtigste Literatur: Goldberg et al. (1992), Singer (1994), Moore (1996).

6 Zum rechtlichen Rahmen von Mediation in Deutschland siehe Eidenmüller (2001) Darin auch Angaben zu rechtlichen Fragen von Mediation im internationalen Kontext wie auch zu Verfahrenskosten im Vergleich.

7 Grundlegend: Fisher et al. (1991). Die deutschsprachige Ausgabe „Sachgerecht verhandeln“ (mit 19 Auflagen) hat kaum zu einer angemessenen Rezeption des Harvard-Konzeptes beigetragen – ein Fall interkultureller (Miß-) Kommunikation.

8 Der Beitrag nimmt Mediation zwischen selbständigen Organisationen in den Blick, nicht die innerorganisatorische Mediation, für die allerdings viele der ausgeführten Aspekte auch von Belang sind.

2.2.1 Geschäftsmediation für Beteiligte aus unterschiedlichen Kulturen

Das Harvard-Konzept umfaßt sieben Elemente, die für sich genommen neutral und als Analyse- und Gestaltungsmittel auf alle Verhandlungen anwendbar sind:[9] Beziehungen, Kommunikation, Interessen, Optionen, Legitimität, Handlungsalternativen und Verpflichtungen. Erst durch das ernsthafte Befolgen der mit diesen Elementen verbundenen Prinzipien ergibt sich die konstruktive Qualität des Vorgehens. Diese Prinzipien gelten als Empfehlungen für alle Beteiligten, insbesondere bestimmen sie das Wirken des Mediators.[10] Sie sind kompatibel mit allen Kulturen, wobei die Wirksamkeit ihrer Anwendung eine – manchmal erhebliche – interkulturelle Kompetenz der Beteiligten bzw. des Mediators voraussetzt, wie die folgenden Ausführungen zeigen werden. Gleichzeitig erleichtert dieses Konzept vom Ansatz her auch die Gestaltung eines Prozesses, der für Beteiligte unterschiedlicher Kulturen fruchtbar ist. Die hier gebotene Reihenfolge der Prinzipien gibt auch eine grobe Orientierung für den Ablauf von Verhandlungen und Mediationen.[11]

1. **Eine gute Arbeitsbeziehung aufbauen, bedingungslos konstruktiv agieren, Sach- und Beziehungsprobleme voneinander trennen.**

   In Ländern wie den USA und auch Deutschland geschieht die Beziehungsgestaltung vornehmlich während der Verhandlungen über die Substanz. Viele andere Kulturen widmen diesem Aspekt besondere Aufmerksamkeit, was sich häufig darin ausdrückt, daß Beziehungsfragen im Vordergrund der ersten Verhandlungsphasen stehen und manchmal sogar die dominierende Frage der ganzen Verhandlung sind (z.B. in weiten Teilen Asiens). Es gehört zu den Aufgaben des Mediators, einen Prozeß zu planen, der diese kulturspezifisch unterschiedlichen Erwartungen und Herangehensweisen wechselseitig verständlich macht und koordiniert. Was beispielsweise in einer Kultur als akzeptabel im Sinne des Eintretens für die eigenen Belange verstanden wird, kann in einer anderen Kultur als eine beleidigende Form des Ausübens von Druck gesehen werden und die Beziehungen gefährden. Hier hat der Mediator die Funktion eines Übersetzers und Vermittlers zu spielen.

---

9 Sie sind in dem Sinne neutral, wie man etwa sagen würde, daß bestimmte Kategorien zur Beschreibung von Unternehmen neutral seien, z.B. Einkauf, Entwicklung, Produktion, Finanzen, Marketing etc. Kulturspezifische Unterschiede zeigen sich in der Art und Weise, wie solche Funktionen gehandhabt – manchmal außer acht gelassen – werden.

10 Zu interkulturellen Aspekten von Verhandlung siehe Adler (1997), Salacuse, (1991). Zu interkulturellen Aspekten von Mediation siehe Moore (1996) und Beer, Stief (1997). Zu interkulturellen Aspekten in der Mediation bei sozialen Konflikten siehe auch in mennonitischer Tradition Lederach (1995) und (1997).

11 Es existieren voneinander abweichende Vorstellungen der Phasen einer Mediation. In der Regel werden 5 bis 10 Phasen angesetzt. Siehe dazu die einschlägige Literatur.

2. Eine klare und wirksame Kommunikation fördern, die Perspektive der anderen Seite einnehmen.

Dieses Prinzip wendet sich gegen eine Kultur des Sagens und Argumentierens und empfiehlt eine solche des Zuhörens und der gegenseitigen Konsultation. Zu den Aufgaben des Mediators gehört es hier, die kulturbedingt oft sehr unterschiedlichen Wahrnehmungen kommunizierbar und verstehbar zu machen. Nach der Eröffnung der Mediation (Begrüßung, Erklärung des Ablaufs, ggf. Regeln) legt das gegenseitige Darstellen und Anhören der Sichtweisen den Grundstein für eine erfolgreiche Mediation. Bei Beteiligten aus unterschiedlichen Kulturen ist hierbei zu berücksichtigen: diese Phase kann u.U. sehr viel länger dauern als in monokulturellen Situationen, weil das gute Verstehen der Sicht der anderen Seite entsprechend aufwendiger ist. Kulturgebundene Kommunikationsmuster (z.B. sich-gegenseitig-ins-Wort-fallen) können ein Abweichen von üblichen Vorgaben nahelegen (in diesem Beispiel die Regel, den anderen ausreden zu lassen). Da viele Selbstverständlichkeiten einer gemeinsamen Kultur hier nicht gegeben sind, ist unter Umständen eine häufigere Rückkehr zu dieser Phase angezeigt. Um kulturbedingte Verzerrungen auf seiten der Mediatoren zu minimieren, können häufigere Unterbrechungen zum Zwecke der Reflexion bzw. Beratung (bei mehreren Mediatoren) angezeigt sein. Optimalerweise werden die Mediatoren die Sprachen der Klienten fließend beherrschen. In Verhandlungen übernehmen Übersetzer oft ohne Auftrag Mediatorenfunktion, wofür sie natürlich nicht vorbereitet sind.

3. Nach Interessen hinter den Standpunkten suchen und zur Grundlage der Verhandlung bzw. der Mediation machen.

Kernpunkt aller Verhandlung und Mediationen sind die Interessen und Bedürfnisse (und die jeweiligen Ressourcen) - die Rohstoffe konstruktiver Verhandlungen. In den meisten Kulturen wird mehr oder weniger standpunktorientiert verhandelt (d.h. es werden Forderungen aufgestellt, spezifische Lösungen vorgeschlagen etc.), ohne daß die zugrundliegenden Interessen verdeutlicht werden. Viele Darstellungen von Kulturunterschieden in Verhandlungen stellen im wesentlichen die unterschiedlichen Taktiken zur Durchsetzung der eigenen Position dar, die in bestimmten Kulturen besonders ausgeprägt sind.

Mit der Empfehlung, den Fokus auf die Interessen zu legen, statt auf Standpunkten zu beharren, schafft der Harvard-Ansatz wahrscheinlich den wichtigsten und grundlegendsten Unterschied zu traditionellen Verhandlungsansätzen. Es verwandelt Verhandlungen aus Kampf-, Angriffs- und Verteidigungsaktionen in eine Haltung des gegenseitigen Verstehens von Sorgen und Bedürfnissen und das gemeinsame Lösen von Problemen. Unter Interessen ist die ganze Palette dessen zu verstehen, was etwa in der Maslowschen Bedürfnispyramide angesprochen wird, also vor allem Grundbedürfnisse wie Sicherheit, wirtschaftliches Auskommen, Zugehörigkeitsgefühl,

Anerkanntsein und Selbstbestimmung. In interkulturellen Situationen müßte dem Umstand Rechnung getragen werden, daß viele Bedürfnisse nur auf dem Hintergrund der Kultur des anderen zu verstehen sind. Hier wiederum ist der Mediator gefordert. Für das Herausarbeiten und Offenlegen von Interessen und Bedürfnissen besonders bei geringem wechselseitigen Vertrauen (aufgrund von Konflikterfahrungen, wechselseitig geringer Kenntnis oder kultureller Fremdheit) wird er besondere Vorkehrungen, wie z.B. häufigere separate Sitzungen (Caucussing), treffen müssen.

4. Viele Lösungsmöglichkeiten entwickeln, gegenseitigen Gewinn maximieren.

Das vierte Prinzip wendet sich gegen die in den USA verbreitete Neigung, schnell zu Lösungen zu springen, statt sorgfältig alle Möglichkeiten und Ideen (hier hat Intuition ihren Platz) zu entwickeln und zu sortieren. Es wendet sich gegen das eingefleischte und nicht nur in den USA verbreitete Vorurteil, daß der Nutzen des einen zwangsläufig zu Lasten des anderen gehen müsse (Sieg-/Niederlage- oder Nullsummendenken). Die Grundlage für diesen Ansatz hat vor allem die Spiel- und Entscheidungstheorie geliefert, die zeigt, wie es in den meisten Fällen möglich ist, systematisch den Nutzen zugunsten von allen involvierten Verhandlungspartnern zu maximieren.[12]

In Nordamerika sind – im Unterschied zu vielen anderen Kulturen – vor allem Brainstorming und lineare Kreativitätstechniken verbreitet. Über chinesische Geschäftspartner wird oft gesagt, sie seien stark positionenorientiert. Zu den Anforderungen an einen geeigneten Mediator gehört demgemäß auch die Fähigkeit, Verfahrensschritte zu finden, die ein gemeinsames Entwickeln von Lösungen ermöglichen oder aber diesen Prozeß in getrennten Sitzungen zu organisieren. Ein kulturgebundener Gesichtspunkt ist hier, daß das unverbindliche Generieren von Lösungsmöglichkeiten als Gefahr verstanden werden kann, das Gesicht zu verlieren oder heikle Informationen preiszugeben.

5. Legitimität ins Spiel bringen, brauchbare Standards hinzuziehen.

Sinn dieser Empfehlung ist es, den Spielraum für Verteilungskämpfe möglichst auf ein Minimum zu reduzieren und Fairneß zu gewährleisten. Solche Legitimitätskriterien, die sich auf die Substanz der Verhandlung, aber auch auf das Verfahren beziehen können, sind natürlich nicht immer offensichtlich, sondern oft selbst kulturell geprägt. Es erleichtert aber vernünftiges Verhandeln, wenn die Partner ihre jeweils wichtigsten Kriterien offenlegen (möglicherweise nur gegenüber dem Mediator). Es mögen Gesichtspunkte eine Rolle spielen, die in einer anderen Kultur völlig unbekannt oder irrelevant sind.

---

12 Wichtigste umfassende Darstellung: Lax, Sebenius (1986).

6. **Testen der Handlungsalternative.**

Ist das Ergebnis, das sich in der Verhandlung/Mediation abzeichnet, wirklich besser als das, was man ansonsten tun könnte (alleine, mit einem anderen Partner, vor Gericht etc.)? Handlungsalternativen abzuchecken gehört zu dem Wichtigsten, was ein Mediator in separaten Sitzungen tun sollte, vor allem, wenn Partner geneigt sind, den Verhandlungs-/Mediationsprozeß zu verlassen. Ist das Abtesten von Handlungsalternativen schon für sich eine anspruchsvolle Aufgabe, so gilt dies um so mehr, wenn die Handlungsalternativen in fremden Kulturen bzw. weltweit (gibt es wirklich einen Partner vergleichbarer Güte für die angestrebte Kooperation?) überprüft werden müssen. Der Mediator muß in der Lage sein, kultur- und länderspezifisch harte, realitätsprüfende Fragen zu stellen. Das Abtesten der Handlungsalternative durch den Partner wird oft als bedrohlich empfunden, so daß dies besonders in interkulturellen Situationen dem Mediator überlassen bleiben sollte.

7. **Verpflichtungen erst am Ende eingehen, wenn alle Umstände bekannt, vielfältige Optionen entwickelt und die eigene Handlungsalternative mit der besten Option verglichen worden ist.**

Mit dieser Empfehlung ist das Element der Verpflichtung (Commitment) aus seiner alles dominierenden Rolle im traditionellen Verhandeln abgelöst, wo es nämlich üblich ist, von Anfang an Forderungen aufzustellen, Angebote zu unterbreiten, Konzessionen anzubieten und Verbesserungen zu verlangen, ggf. verbunden mit einschlägigen Taktiken zur Optimierung der Verteilungssituation zu eigenen Gunsten. Die spezifischen Ausgestaltungen solcher Vorgehensweisen – die übrigens in unterschiedlicher Dominanz in sehr vielen Kulturen vorkommen – prägen zu guten Teilen das, was gemeinhin als Kulturunterschiede in Verhandlungsstilen bezeichnet wird. Indem der Harvard-Ansatz von dieser Verpflichtungsfixierung abgeht und statt dessen einen die sieben Elemente umfassenden Prozeß empfiehlt, eröffnet er die Möglichkeit, Kulturunterschiede in ganz anderer Weise zu berücksichtigen.

Die Art der angestrebten Verpflichtung ist natürlich auch wiederum kulturell mitbestimmt. Die Spannweite liegt hier zwischen einem detaillierten, schriftlich fixierten Vertrag (aufgrund des Rechtssystems in den USA üblich) und einer lockeren mündlichen Übereinkunft, die nicht viel mehr enthält als die Vereinbarung einer Zusammenarbeit zu einem bestimmten Thema. Für deutsche Geschäftsleute sind schriftliche Verträge zwar auch wichtig, müssen aber nicht so detailliert sein, da im deutschen Rechtswesen Verträge vor Gericht immer noch nach Treu und Glauben ausgelegt werden – eine Rechtsfigur, über die das am Präzedenzfall orientierte Common Law nicht verfügt.

Gerade in komplizierten internationalen Geschäftsverhandlungen liegt es nahe, daß der Mediator die Aufgabe der Abfassung des Vertrages (zunächst eines Rahmens und dann der Details) im Sinne des Ein-Text-Verfahrens[13] vornimmt, der dann natürlich von den Parteien mit juristischer Expertise überprüft werden muß.

2.2.2 Weitere kulturspezifische Aspekte

Oben wurden wichtige kulturspezifische Faktoren in internationalen Verhandlungen und Mediationen gestreift. Sie sind bei weitem nicht vollständig. Weitere wichtige Faktoren[14] sind:

Die Person des Mediators: Er sollte über eine hohe Prozeßkompetenz auch für komplizierte Situationen sowie eine hohe Vertrautheit mit den involvierten Kulturen einschließlich der entsprechenden Sprachkenntnisse verfügen. Darüber hinaus hängt seine Akzeptanz auch von kulturgebundenen Einstellungen ab: sind für Vertreter einer Kultur ein hoher Status und ein gewisses Alter wichtig, so mögen andere eine Person mit umfangreichen Verhandlungs- und Mediationserfahrungen bevorzugen. Für wiederum andere mag nur ein Jurist in Frage kommen.

Rolle des Mediators: Hat der Mediator auch keine Entscheidungsbefugnis, so mögen Vertreter bestimmter Kulturen doch von ihm erwarten, die Entscheidungsfindung bis dahin zu beeinflussen, daß er die Ergebnisse mehr oder weniger vorgibt. Es gehört zum Geschick eines guten Mediators, ohne Ansehensverlust ein solches Drängen aufzufangen.

Zeitsensibilität: Sie ist in den unterschiedlichen Kulturen sehr verschieden, und auch die Art der zeitlichen Anordnung und Sequenzierung unterliegt stark unterschiedlichen kulturellen Präferenzen. Viele US-amerikanische und deutsche Geschäftsleute erwarten beispielsweise ein schnelles Abarbeiten der vereinbarten Punkte in einer festgelegten Reihenfolge (monochrome Orientierung), während Vertreter südlicher Länder gegenüber einem solchen für sie rigide und unkreativ – ja unmenschlich – wirkenden Vorgehen es oft bevorzugen, mehrere Diskussionsgegenstände und Aspekte parallel und von einem zum anderen springend zu behandeln (polychromes Vorgehen). Da letzteres für Vertreter der vorgenannten Orientierung geradezu unerträglich chaotisch wirken kann, ist die hohe Anforderung an den Mediator leicht zu erkennen.

Risikobereitschaft: Vertreter unterschiedlicher Kulturen haben tendenziell unterschiedliche Neigungen hinsichtlich des Eingehens von Risiko, die allerdings mit Hilfe eines kompetenten Mediators zu besonders attraktiven Ergebnissen genutzt werden können.[15]

---

13 Dargestellt in Fisher et al. (1991, 112 ff.).

14 Besonders wichtig hierzu: Weiss (1994) und Salacuse (1991).

15 Vgl. insbesondere Lax, Sebenius (1986, 99ff.).

Auswahl der Repräsentanten: Je nach Kultur sind unterschiedliche Profile akzeptabel (ähnlich wie bei der Person des Mediators). Gegebenenfalls muß der Mediator den Parteien helfen, wechselseitig akzeptable Verhandlungsteams zusammenzustellen.

Entscheidungsfindung in Gruppen: Gleichberechtigtes Auftreten von Gruppenmitgliedern, häufiges Sich-Zurückziehen des Teams zur Konsensfindung, Entscheidungen durch den Chef – hier gibt es eine große Palette möglicher Prozeduren, die je nach Herkunft der Beteiligten unterschiedlich verbreitet sind und die berücksichtigt und koordiniert sein wollen.

Förmlichkeit: Kulturgebunden variieren die Stile hier zwischen informellem, lockerem Vorgehen bis zu sehr förmlichem und gegebenenfalls ritualisiertem Auftreten.

Länderspezifische Gebräuche: Gehören Geschenke in einer Kultur zum üblichen, höflichen Auftreten gegenüber Geschäftspartnern, so kann dies in anderen Kulturen als Bestechungsversuch strikt untersagt sein.

Viele dieser Hürden lassen sich durch einen gut geplanten und gesteuerten Prozeß bewältigen. In internationalen Geschäftsverhandlungen und –mediationen ist es in der Regel notwendig, vor die eigentlichen Verhandlungen Vorverhandlungen zu schalten, in denen im wesentlichen über das geplante Vorgehen geredet und auch kulturspezifische Barrieren abgebaut werden. Schematisch läßt sich ein solcher Prozeß folgendermaßen darstellen:[16]

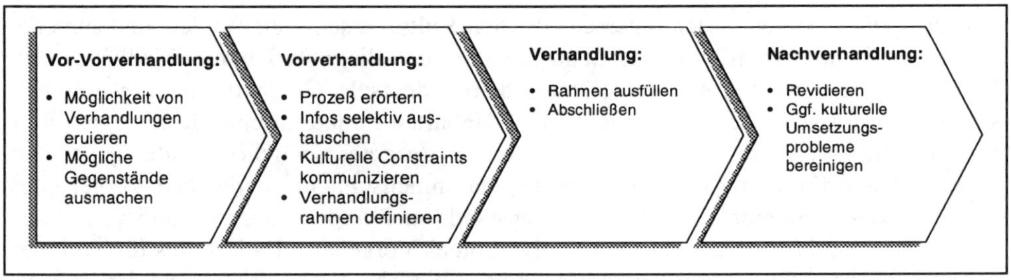

Abb. 1: Prozeß internationaler Geschäftsverhandlungen und -mediationen

Spätestens in den Vorverhandlungen kann ein interkulturell kompetenter Mediator unschätzbare Dienste leisten. Gerade in komplizierten internationalen Geschäftsverhandlungen hat sich gezeigt, daß es kaum mehr möglich ist, Verträge zu gestalten, die in ihren Details auf lange Sicht tragfähig sind. Deshalb sollten schon bei Vertragsabschluß

16 Dieses Schema stützt sich auf das viel differenziertere des Begründers von Spiel- und Entscheidungstheorie und die darauf gestützte Verhandlungsanalyse, vgl. Raiffa (1996).

Vorkehrungen getroffen sein, wie man mit auftretenden Differenzen umgehen will – am besten wiederum mit einem Mediationsprozeß. Gehen die Geschäftspartner den Weg der Mediation erst nach Eintreten des Konfliktfalles, erhöhen sich die Anforderungen an alle Beteiligte – insbesondere den Mediator – in einer für sich genommen schon anspruchsvollen Situation.

2.2.3 Kulturdifferenzen als Chancen

Kulturdifferenzen sind nicht nur als Barrieren zu sehen, sie können auch Chancen für besonders gute Ergebnisse bergen. Der Ansatz, den wechselseitigen Nutzen der Beteiligten zu optimieren, beruht zu guten Teilen auf der Einsicht, daß Unterschiede in den Präferenzen der Beteiligten die Grundlage für wechselseitigen Gewinn darstellen. Und diese Präferenzen können eben auch durch die Kultur der beteiligten Partner geprägt sein.

In einer Gemeinschaft, in der Menschen unterschiedlicher Religionen zusammenarbeiten, könnte sich die Verteilung der Arbeitszeit an den religiösen Feiertagen orientieren. So hätten Muslime Donnerstag und Freitag als arbeitsfreie Tage, Juden Freitag und Samstag und Christen Samstag und Sonntag. Was zunächst als unversöhnlicher Gegensatz zwischen Vertretern unterschiedlicher Religionen aussieht, birgt bei näherem Hinsehen die Grundlage für eine optimale, differenzierte Lösung, die allen ein Höchstmaß an Nutzen bringt: die anfallende Arbeit z.B. in Krankenhäusern oder auch Produktionsanlagen könnten auf die ganze Woche verteilt werden und den Auftraggebern könnten sogar die Feiertagszuschläge erspart bleiben.

Bei Verhandlungen über eine enge Unternehmenszusammenarbeit mag eine Seite den Posten des Marketingchefs höher bewerten als den des Leiters der F&E-Abteilung, während die andere Seite genau die inverse Bewertung der Posten hat, was sich auf die Vergabe derselben auswirkt.

Was hier offensichtlich erscheinen mag, ist es in vielen Konfliktsituationen nicht – besonders wenn die Vertrauensbasis nicht stark entwickelt ist. Es gibt viele Gründe, die eigenen Präferenzen und Erwartungen nicht klar zu kommunizieren. Die Befürchtung, daß die andere Seite dies ausnutzen könnte oder die Unklarheit darüber, wie wichtig solche Informationen für eine gute Vereinbarung sind, sind nur zwei Möglichkeiten. Ein interkulturell kompetenter Mediator – Adressat auch für heikle Informationen in separaten Sitzungen – wird einerseits diese Chancen eher sehen und anderseits kommunikative Mittel finden, dieselben auch zum Tragen zu bringen.

2.2.4 Wann Mediation im Vergleich mit Gerichtsverfahren und Schiedsgerichtsbarkeit vorteilhaft ist

Die erwähnten Kulturdifferenzen sind in Gerichts- und Schiedsgerichtsverfahren reine Störfaktoren, die zu adressieren kein Raum vorhanden ist. In einem Kampf um (Rechts-) Positionen und Ansprüche wirken sie dadurch um so stärker und führen in der Regel zu einer Verschärfung der Auseinandersetzung zwischen den Beteiligten.

In einer Mediation stehen hingegen die (durchaus auch kulturgeprägten) Interessen der Beteiligten und Wege der wechselseitigen Maximierung des Nutzens im Vordergrund. Das Gespräch wird optimalerweise weitgehend von den Geschäftsleuten um die Vorzüge und künftigen Chancen des Geschäfts geführt und nicht als Fachdiskurs von Rechtsfachleuten (Business Talk statt Legalese). Rechtsgesichtspunkte können und müssen von den entsprechenden Spezialisten als bedeutsame Randbedingungen eingebracht werden. Kulturdifferenzen – wenn tatsächlich wirkungsmächtig – können hier bewußt beachtet werden (zumindest vom Mediator) oder gar in das Gespräch einbezogen werden, um die Kommunikation zu optimieren und ggf. zusätzlichen Nutzen zu stiften. Damit kann es auch gelingen, die Beziehungen unter den Geschäftsleuten zu stabilisieren und zu verbessern. Mediation kann so auch zur Reduktion von Komplexität in solchen Auseinandersetzungen beitragen und erheblichen zusätzlichen Nutzen stiften.

Mediation kann dann ein empfehlenswerter Weg sein, wenn die Beteiligten eine Aufnahme bzw. Fortsetzung einer Geschäftsbeziehung grundsätzlich wünschen und wenn Chancen für die Stiftung wechselseitigen Nutzens gegeben sind. Sie ist eine attraktive Methode, wenn die Verhandlungen der Beteiligten aufgrund von Fehlkommunikation, Emotionalität, weit auseinandergehenden Sichtweisen und/oder unzureichender Information oder Analyse in der Gefahr des Scheiterns stehen oder schon in eine Sackgasse geraten sind. Sie ist ebenso zu empfehlen, wenn internationale Geschäftspartner nicht über eine hinreichend hohe Vertrautheit mit Sprache, Land und Kultur des jeweils anderen verfügen. Hier kann die Unterstützung durch interkulturell kompetente und für alle Beteiligte akzeptable Dritte[17] von großem Wert sein.

Die inhärenten Grenzen von Mediation: Wenn Partner gar kein Interesse an der Fortsetzung des gemeinsamen Geschäfts (vielleicht sogar Rachegedanken) haben, dann ist Mediation kein geeigneter Weg. Ebenso wird Mediation als eher schneller Prozeß zur Erreichung einer Übereinkunft dann zu kurz greifen, wenn die Probleme durch tiefgreifende Kulturdifferenzen geradezu geprägt sind.

---

17 Ein Hemmschuh für die Ausbreitung von internationaler Geschäftsmediation ist nicht nur der Umstand, daß erfolgreiche Fälle kaum öffentlich bekannt werden, sondern vermutlich auch das Fehlen eines Angebots an Mediatorenteams, die für die international agierenden Unternehmen interessant wären. In ihnen müßte eine Vielzahl von Qualitäten vereint sein: Juristische, ökonomische und interkulturelle Kompetenzen ebenso wie geeigneter Status und hohe mediationsgemäße Prozeßkompetenzen.

3. Dialog

Mediation ist dargestellt worden als vergleichsweise zeitökonomischer Prozeß, der Entscheidern mit der Unterstützung durch neutrale Dritte helfen soll, zu einem für beide Seiten optimalen Ergebnis zu gelangen. Interkulturelle Kompetenz wird zunächst für die MediatorInnen vorausgesetzt, und der Prozeß selbst kann dazu beitragen, interkulturelles Verstehen bei den Beteiligten zu fördern. Im Vordergrund dieses Prozesses steht aber das Erreichen einer Lösung, die sich in einer Übereinkunft niederschlägt.

In der politischen und sozialen Realität in mehreren Ländern haben sich jedoch Auseinandersetzungen entwickelt, in denen es gar nicht möglich war, in zielstrebiger Weise sachliche Problemlösung zu praktizieren und über Interessen, Optionen und Legitimitätskriterien zu reden. Die wechselseitige Sicht der anderen Seite, die Beziehungen zwischen den Parteien, verhinderten ein solches Vorgehen. Ähnliches hat sich auch in unternehmensinternen Auseinandersetzungen in den USA gezeigt – besonders bei schweren Firmenkrisen oder in Abteilungen, die weit hinter den in sie gesetzten Erwartungen zurückblieben. In solchen Auseinandersetzungen ist in den letzten Jahren zunehmend ein als Dialog bezeichnetes Verfahren zum Einsatz gekommen.

Das Dialogverfahren[18] wurde vor dem Hintergrund des folgenden Befundes entwickelt: Viele Gespräche, sei es zwischen einzelnen oder in Gruppen, tragen nicht zum gegenseitigen Verstehen bzw. zum gemeinsamen Verständnis des gewählten Themas bei. Sie nehmen die Gestalt des Argumentierens für oder Verteidigens von Standpunkten an. Es sind Diskussionen, Debatten (der Etymologie nach Vorgänge des Zerstörens und Zerschlagens), die den möglichst vollständigen Sieg der eigenen Seite zum Ziel haben. Je absurder man den Standpunkt der anderen Seite darstellen kann, desto besser. Je mehr logische und sachliche Fehler man – aus eigener Sicht – der anderen Seite nachweisen kann, desto erfolgreicher kann man sich fühlen.

Ähnlich wie der Harvard-Ansatz für Verhandlung und Mediation (gemeinsame Entscheidungsfindung) konfrontiert der Dialogansatz viele eingeschliffene Grundzüge und Gewohnheiten der Gesprächsführung in den USA und andernorts[19]. Dieses unproduktive Herangehen an Gespräche ist in vielen Kulturen verbreitet, kulturdifferenzierend sind eher die speziellen Formen, die für Debatte und Diskussion gepflegt werden.

Kern des Dialogprozesses – in der Regel ein Verfahren für Gruppen mit bis zu 40 Teilnehmern – ist es, durch eine bestimmte Gesprächsführung zu einem gemeinsamen und

18 Zur Diagnose siehe Tannen (1998). Wichtige Inspirationsquelle für den Dialog ist Buber. Auf ihn bezog sich Bohm (1998). Wichtigste Quellen: Isaacs (1999) und Saunders (1999) (Untersuchung von Fällen sozialer interkultureller Konflikte).

19 Hartkemeyer, Dhority (1998) bieten eine sehr gelungene Einführung und führen Dialogpraktiken aus mehreren Bereichen und Kulturen an.

gegenseitigen Verstehen und zur Stiftung von gemeinsamem Sinn zu kommen. In einer Entwicklungsabteilung kann es dabei um ein gemeinsames Verständnis von dem angestrebten Produkt und den Prozeß der gemeinsamen Arbeit gehen. Es kann auch darum gehen, die Sichtweisen und kulturbedingten Werthaltungen von Vertretern unterschiedlicher Volksgruppen (Beispiele aus Tadschikistan und Israel/Palästina liegen vor)[20] wechselseitig verstehbar zu machen.

Eine Grundidee des Dialogs ist der „Container", der in einem solchen Gesprächsprozeß geschaffen werden soll und es erlaubt, auch äußerst weitreichende und tiefe Differenzen auszuhalten und anzunehmen. Er geht geradezu von der Differenz aus, die ihren Ausdruck finden soll. Und diese Differenzen können extrem auseinanderliegende und augenscheinlich sich unversöhnlich gegenüberstehende Werthaltungen bzw. Grundannahmen betreffen wie z.B. die zwischen Anhängern und Gegnern der legalen Abtreibung oder der Todesstrafe, aber auch Gegensätze, die auf volksgruppen-, unternehmens- oder nationenbezogenen Kulturunterschieden beruhen. Angestrebt wird in diesem Prozeß eine Haltung absoluten Respekts auch und gerade gegenüber Menschen, deren Handlungen wir gegebenenfalls aufgrund unserer kulturgebundenen Moralvorstellungen ablehnen. Dies ist der Kern des Dialoges.

Die Empfehlung, die dem jeweiligen individuellen Denkprozeß zugrundeliegenden Annahmen offenzulegen oder zu erfragen, zielt direkt auf die Beschäftigung mit kulturgeprägten Verhaltensmustern. Der Prozeß des Dialogs kann hier zur Verflüssigung dieser Muster durch systematische Bewußtmachung führen. Er trägt damit dazu bei, daß eine Gruppe von Menschen unterschiedlicher kultureller Herkunft neue Formen des Umgangs miteinander finden können, die nicht mehr an die Grundmuster einer bestimmten Kultur gebunden sind.

Gerade in internationalen Teams hochqualifizierter Mitarbeiter scheinen verkrustete defensive Kommunikationsroutinen des öfteren eine erhebliche Behinderung der gemeinsamen Arbeit darzustellen. Dies ist insbesondere dann der Fall, wenn diese Mitarbeiter nicht vor Beginn ihrer Zusammenarbeit durch entsprechende Trainingsmaßnahmen eine hinreichende interkulturelle Kompetenz erlangt haben, die es ihnen erlaubte, kulturbedingte andere Herangehensweisen zu akzeptieren. In einigen Fällen ist zu beobachten, daß die nationalen Untergruppen solcher Teams – die oft untereinander noch nicht einmal persönlichen Kontakt haben, weil sie über große Entfernungen per Multimedia verbunden sind (virtuelle Teams) – manchmal eine Einstellung tiefgreifender Ablehnung gegenüber den anderen Nationalitäten haben. In solchen Fällen können interkulturelle Trainings, die vor allem kognitives Wissen vermitteln, kontraproduktiv sein. Sie mögen dann nämlich die Differenzen, die zur ablehnenden Haltung beigetragen haben, negativ verstärken, statt zu einem konstruktiveren Umgang miteinander und Lösungsansätzen zu führen.

20 Vgl. Saunders (1999).

Das Dialogverfahren verspricht hier einen geeigneteren Weg, u.a. weil mögliche Kulturunterschiede Gegenstand der gemeinsamen Erkundung sind. Dabei können unternehmensspezifische[21] wie auch nationenorientierte kulturelle Prägungen thematisiert werden. Die Funktion eines „wissenden" Trainers ist hier weniger gefragt als die eines Facilitators, der die Gruppe dabei unterstützen kann, die entsprechenden schwierigen und manchmal schmerzlichen Prozesse zu organisieren. Der Dialog vermag hier eine Chance des gemeinsamen und gerade auch interkulturellen Lernens zu eröffnen, das zur Entwicklung von qualitativ besseren und befriedigenderen Kommunikations- und Umgangsformen insbesondere auch in internationalen Teams führen kann.[22]

Der Dialog ist hier als vornehmlich verstehens- und damit einhergehend als beziehungsorientiertes Verfahren dargestellt worden. Darin unterscheidet er sich von der Mediation, die durch die Verbesserung der Kommunikation und Beziehungen im Ansatz die Erzielung eines substantiellen Ergebnisses immer mitbeinhaltet. Die Erfahrung mit Dialogprozessen zeigt jedoch auch, daß sich aus ihm oft überraschende Lösungen in anhängigen Konflikten oder auch für Sachprobleme ergeben oder entwickeln.[23]

4. Mediation und Dialog im Vergleich

Die wiedergegebenen Grundzüge von Mediation und Dialog lassen diese Methoden im interkulturellen Kontext für unterschiedliche Situationen geeignet erscheinen. Die Charakteristika werden in der nachstehenden Abbildung 2 zusammengefaßt sowie an einzelnen Punkten erweitert und präzisiert.

---

21 Verfahrensvorschläge zur Identifikation von Unternehmenskulturen finden sich bei Schein (1992) und (1999).

22 In Deutschland beschäftigt sich vor allem Dr. Kazuma Matoba von der Universität Witten/Herdecke mit dem Dialog im interkulturellen Kontext, auch im Hinblick auf „lernende Organisationen".

23 Zu dieser Thematik siehe Heimannsberg, Schmidt-Lellek (Hrsg., 2000) und Huang-Nissen (1999).

	Mediation	**Dialog**
Teilnehmer	Entscheider od. Beauftragte incl. Rechtsbeistände, Fachleute; Zahl begrenzt	Gruppen bis zu 40 Menschen; für das Thema wichtige Personen
Leiter	MediatorInnen zur Prozeßsteuerung	Facilitators unterstützen Prozeß-Steuerung
Fokus	Beziehungen, Kommunikation, Interessen, Substanz – Nutzen optimieren	Beziehungen, Kommunikation, Werthaltungen, zugrundeliegende Annahmen; Prozeß – Verstehen verbessern, herbeiführen
Aufgabe d. Teilnehmer	Entwicklung der Substanz einer Übereinkunft	Untersuchung der eigenen Gruppenprozesse; zunehmend eigene Steuerung
Dauer	Eher kurz, wenige Sitzungen	Eher längerer Prozeß, u.U. über Monate, aber auch als kurzfristig wirksame Intervention einsetzbar
Sitzungsform	Gemeinsame und separate Sitzungen	Grundsätzlich gemeinsame Sitzungen
Interkulturelle Kompetenz	Vorauszusetzen bei MediatorInnen; ggf. als zusätzliche Maßnahme für Teilnehmer	Soll sich im Prozeß entwickeln; als Voraussetzung günstig für Facilitators und Teilnehmer

Abb. 2: Vergleich von Mediation und Dialog

5. Ausblick

Mediation wird gerade in der internationalen Unternehmenszusammenarbeit zunehmende Bedeutung erlangen als effiziente Methode zur Gestaltung von Verträgen zwischen selbständigen Organisationen, aber auch für die Vermittlung in Konflikten zwischen einzelnen Personen und Verantwortungsträgern innerhalb von Unternehmen. Einige Großunternehmen in Deutschland engagieren sich bereits in der Ausbildung von innerbetrieblichen MediatorInnen zur Verbesserung des konstruktiven Umgangs mit internen Konflikten. Dialog ist ein zukunftsweisender Weg für Gruppen, auch mit unterschiedlichem kulturellen Hintergrund, die innerhalb von Unternehmen zusammenarbeiten wollen.

Literaturhinweise

ADLER, N. (1997): International Dimensions of Organizational Behavior, 3. Aufl., Cincinnati 1997 (South-Western College Publishing).

ALTMANN, G., FIEBINGER, H., MÜLLER, R. (1999): Mediation: Konfliktmanagement für moderne Unternehmen, Weinheim 1999 (Beltz).

BEER, J., STIEF, E. (1997): The Mediator's Handbook, 3. Aufl., Gabriola Island 1997 (New Society Publishers).

BOHM, D. (1998): Der Dialog, Stuttgart 1998 (Klett-Cotta).

BÜHRING-UHLE, C. (1998): Arbitration and Mediation in International Business, 1st Reprint, The Hague 1998 (Kluwer Law International).

EIDENMÜLLER, H. (2001): Vertrags- und Verfahrensrecht der Wirtschaftsmediation, Köln 2001 (Dr. Otto Schmidt).

FISHER, R., URY, W., PATTON, B. (1991): Getting to Yes, 2. Aufl., New York 1991 (Penguin Books).

GOLDBERG, S., SANDER, F., ROGERS, N. (1992): Dispute Resolution, Boston 1992 (Little, Brown and Company).

HARTKEMEYER, M., DHORITY, F. (1998): Miteinander Denken. Das Geheimnis des Dialogs, Stuttgart 1998 (Klett-Cotta).

HEIMANNSBERG, B., SCHMIDT-LELLEK, C. J. (HRSG., 2000): Interkulturelle Beratung und Mediation, Köln 2000 (EHP – Edition Humanistische Psychologie).

HUANG-NISSEN, S. (1999).: Dialogue Groups. A Practical Guide to Facilitate Diversity Conversation, Blue Hill/Maine 1999.

ISAACS, W. (1999): Dialogue and the Art of Thinking Together, New York 1999 (Doubleday).

LAX, D.A., SEBENIUS, J. K. (1986): The Manager as Negotiator, New York 1986 (The Free Press).

LEDERACH, J. (1995): Preparing for Peace. Conflict Transformation Across Cultures, Syracuse 1995 (Syracuse University Press).

LEDERACH, J. (1997): Building Peace. Sustainable Reconciliation in Divided Societies, Washington 1997 (United States Institute of Peace Press).

MATOBA, K. (2000): Dialogkompetenz in der transkulturellen Kommunikation, in: S. Caspary, K. Matoba (Hrsg.): Transkultureller Dialog, Marburg 2000 (Metropolis).

MATOBA, K. (2001): Dialogkompetenz für transkulturelle Kommunikation, in: S. Nakagawa (Hrsg.): Deutsch als Fremdsprache in Japan, Bd. 1, Wien 2001(im Druck).

MOORE, C. (1996): The Mediation Process, 2. Aufl., San Francisco 1996 (Jossey-Bass).

RAIFFA, H. (1996): Lectures on Negotiation Analysis, Cambridge 1996 (PON Books – The Programm on Negotiation at Harvard Law School).

SALACUSE, J. (1991): Making Global Deals, New York 1991 (Time Books).

SAUNDERS, H. (1999): A Public Peace Process, New York 1999 (St. Martin's Press).

SCHEIN, E. H. (1992): Organizational Culture and Leadership, 2. Aufl., San Francisco 1992 (Jossey-Bass).

SCHEIN, E. H. (1999): The Corporate Culture Survival Guide, San Francisco 1999 (Jossey-Bass).

SINGER, L. (1994): Settling Disputes, 2. Aufl., Boulder 1994 (Westview Press).

TANNEN, D. (1998): The Argument Culture, New York 1998 (Virago Press).

WEISS, S. (1994): Negotiating with Romans, in: Sloan Management Review, Nr. 5/1994.

Angela Zhang

Interkulturelle Brücke zwischen Asien und Europa – das Beispiel Lufthansa

1. Einleitung

Eine interkulturelle Brücke zwischen Asien und Europa, was ist das? Wozu dient sie und wer könnte eine solche Brückenfunktion übernehmen? Um all diese Fragen exemplarisch zu beantworten, möchte ich etwas von mir erzählen. Denn die persönliche Erfahrung, daß solche Brücken zwischen den zwei fremden Welten heute nahezu unverzichtbar geworden sind, brachte mich dazu, diesen Beitrag zu schreiben.

Als ich 1981 zum ersten Mal im Leben Europäer sah, erschienen sie mir wie Außerirdische: ihre Größe, ihre vielfarbigen Haare, die fremden Blicke aus ihren hellen Augen! Es waren keine europäischen Touristen, sondern Lehrer des Goethe-Institutes, die mir und anderen innerhalb eines Jahres die deutsche Sprache beibringen sollten, als Vorbereitung auf ein Studium in Deutschland. Sie sprachen kein Chinesisch, wir dafür ausschließlich Chinesisch! Von interkulturellen Kenntnissen war natürlich keine Rede.

Ich wußte immerhin, daß es zwei verschiedene deutsche Staaten gab, und wir sollten in den angeblich besseren, die BRD, geschickt werden. Mein Klassenlehrer hatte rote, lockige Haare und grüne Augen – ich dachte bis dahin, daß alle Europäer blauäugig seien. Er wirkte auf mich wie ein Löwe mit einer langen roten Mähne – der immer brüllte, wenn ich seine Frage nicht richtig beantwortet hatte.

Der wirkliche Kulturschock aber kam erst beim Studium in Deutschland: chaotische Vorlesungen, keinerlei Respekt vor den Professoren, neugierige Fragen und Blicke, turtelnde Paare – und FKK! Indoktriniert mit dem kulturellen Anti-Wissen aus der Zeit der Kulturrevolution, brauchte ich jahrelange vorsichtige Kontakte mit anderen Studenten, um zu entdecken, daß Angehörige anderer Nationen ebenso menschliche Wesen sind wie Chinesen, mit den gleichen Wünschen und Gefühlen. Nur durch ihre unterschiedliche Kultur zeigen sie ein anderes Verhalten! Von diesem Zeitpunkt an versuchte ich, die kulturellen Hintergründe zu verstehen – auch um vermitteln zu können, wenn es in meiner Umgebung interkulturelle Mißverständnisse gab. Später hatte ich durch mein Berufs- und Privatleben Gelegenheit, diese Erfahrungen und Kenntnisse noch viel weiter zu entwickeln.

Heute, nach ebenso vielen Jahren in Deutschland wie in China, nach ungezählten Reisen zwischen den Kontinenten, kenne und verstehe ich Europäer und Asiaten gleich gut. Ich wechsle mühelos von einer Welt zur anderen – und ich kann mit meinem Wissen und meiner Erfahrung auch für andere Menschen eine Brücke zu einer anderen Kultur sein.

2. Warum interkulturelles Management?

„Wozu soll das gut sein, interkulturelles Management? Früher ging es doch auch ohne!" Ja, früher – das war, bevor die Globalisierung jedes Unternehmen einem weltweiten Wettbewerb aussetzte; bevor Verflechtungen über Kontinente hinweg zum Geschäftsalltag wurden. Heute muß sich jedes Unternehmen auf einem internationalen Markt bewähren – und das will gelernt sein. Nur wer sich dieser Herausforderung offensiv stellt, kann zu den Gewinnern gehören. Und es verhält sich so wie mit allen anderen Fähigkeiten: Man bekommt sie nicht geschenkt, aber man kann sie erlernen.

Um zu verstehen, warum man ohne interkulturelles Management heute nicht mehr auskommt, muß man zunächst wissen, wozu es dient. Nach unserer Erfahrung ist das interkulturelle Management in folgenden Kategorien für die Praxis besonders relevant:

- Gegenseitiges Verständnis,
- Vermeiden von Unsicherheiten,
- Vermeiden von Fauxpas, die Geschäfte gefährden,
- Aufbau der notwendigen Netzwerke,
- Joint-Ventures, Allianzen, Mergers and Acquisitions.

2.1 Gegenseitiges Verständnis

Interkulturelles Management bedeutet nicht, den anderen besser auszutricksen, es heißt: ihn besser zu verstehen – zum beiderseitigen Vorteil. Es gibt viele Bereiche, in denen und mit deren Hilfe sich das gegenseitige Verständnis verbessern läßt:

a) Sprache: ist das fundamentale Mittel der Kommunikation. Englische Sprachkenntnisse sind zwar im internationalen Geschäftsleben ein Muß – aber wer die Landessprache beherrscht und auch geschickt benutzen kann, hat es anderen gegenüber erheblich leichter, Freundschaft und Vertrauen schnell zu gewinnen. Wenn manche asiatischen Sprachen wie Chinesisch und Japanisch für erwachsene Europäer nahezu unmöglich vollständig zu erlernen sind, so haben Menschen aus diesen Sprachkreisen genauso große Hürden, europäische Sprachen wie Englisch und Deutsch zu erlernen. Sprache ist aber Anfang und Grundlage des Verständnisses – wer sich Mühe gibt, kann schon mit rudimentären Sprachkenntnissen einen ersten Kontakt aufbauen.

b) Geschichte: Jeder Mensch, jede Gesellschaft lebt aus der historischen Entwicklung heraus – dazu gehört in Asien etwa der Einfluß der 5000 Jahre langen chinesischen Geschichte, der europäischen Kolonien, der USA nach dem zweiten Weltkrieg. Wer sie kennt, wird vieles besser verstehen.

c) Zu **Kultur** gehören außer Sprache und Geschichte beispielsweise auch Religion / Philosophie, Tradition und Mentalität. Wer die Kultur der Verhandlungspartner kennt und sich darin sicher fühlt, kann Gespräche etwa durch Humor auflockern und steuern, vor allem aber Mißverständnisse vermeiden. Kultur prägt uns und unsere Geschäftspartner, ohne daß wir es merken. Und damit prägt sie auch unsere Geschäftsbeziehungen. Wer sich dessen bewußt ist und damit umgehen kann, verschafft sich einen Vorteil. In der Asien-Pazifik-Region – und fast überall in der Welt – leben viele Chinesen und spielen insbesondere in der asiatischen Wirtschaft eine große Rolle, daher sollte man den Einfluß der chinesischen Kultur nicht außer Acht lassen!

d) Religion / Philosophie: Man muß sich nicht selbst für gläubig halten – dennoch hat man Ideen und Bilder im Kopf, die aus der Glaubens- und Überzeugungswelt des jeweiligen Kulturkreises stammen. Noch wichtiger ist es, mit den Glaubensgrundsätzen des anderen richtig umgehen zu können. Dazu sollte man die groben Thesen der wichtigsten Religionen / Philosophien aus Europa und Asien wie z. B. Christentum, Ethik, Buddhismus, Shintoismus, Konfuzianismus, Moslem, Islam und Hinduismus kennen. Nur so kann das verschiedene Denken und dadurch auch die Wirkung kulturell bedingter Wertvorstellungen verstanden werden.

e) Tradition: Die jüngeren Generationen der Welt halten sich auf jeden Fall für modern und aufgeschlossen, doch kann keiner seine Wurzeln verleugnen, von denen er nicht lassen will: besser sie zu kennen, und auch die des Gegenübers. Anerkennung und Bewunderung von Traditionen, wie z.B. Feng Shui, Qi Gong und Tai Ji Quan aus der chinesischen Teezeremonie, Sumo-Ringen aus der japanischen Kultur, welche überall in der Welt bekannt sind – können zudem schnell Sympathien verschaffen.

f) Mentalität: Manche denken, daß Amerikaner oberflächlich, Briten steif, Asiaten undurchschaubar sind. Aber daß Chinesen und Briten ähnliche Mentalitäten / Verhaltensweisen haben – beide können nie „nein“ sagen und sind immer sehr bescheiden – wissen die meisten wahrscheinlich nicht! Wer versteht, was wirklich hinter den Vorurteilen steckt, kann besser damit umgehen.

g) Gegenwärtige Situation: Wer die eigene wirtschaftliche, politische und persönliche Situation und besonders die der Geschäftspartner kennt, kann gezielt agieren, die Reaktionen des anderen besser verstehen und sie richtig beantworten.

2.2 Vermeiden von Unsicherheiten

Wie kann man in heiklen geschäftlichen Angelegenheiten Unsicherheiten vermeiden? Dazu dient eine gute Vorbereitung mit folgenden Elementen:

a) Information: Bücher, Zeitschriften, das Internet und persönliche Gespräche sind erste Quellen.

b) Beratung: Informationen sind allgemein, ergänzt werden müssen sie durch Elemente, die auf die spezifische Situation zugeschnitten sind. Das leistet eine individuelle Beratung.

c) Klare Zielsetzung: Nur wer sein Ziel kennt, kann es erreichen. Gerade bei Kontakten mit einer anderen Kultur ist es unumgänglich, sich selbst klare Vorgaben zu machen.

d) Lösungsalternativen: Nie führt nur ein Weg zum Ziel – und nicht immer ist der verlockendste Weg auch der erfolgversprechendste! Wer sich nicht unbedacht in ein Abenteuer stürzen will, verschafft sich ein Gesamtbild der möglichen Vorgehensweisen.

e) Kompromißbereitschaft: Interkulturelle Kompetenz bedeutet: sich auf andere Ansichten und Vorstellungen einlassen, sie zulassen, damit umgehen können. Keine Seite will oder soll sich selbst verleugnen, aber beide müssen sich bewegen, wenn man sich treffen will. In Asien sind Harmonie und Gruppenzufriedenheit sehr geschätzte Entscheidungskriterien, deshalb sollte man nie nur auf eigenen Interessen bestehen, sondern den Grund des Gegenvorschlages herausfinden und einen Kompromiß bilden.

f) Wettbewerbssituation: Man ist nicht allein auf einem fremden Markt – es gibt immer andere, die gleiche Ideen haben. Was verschafft den entscheidenden Vorsprung oder Nachteile?

g) Win-Win-Strategie: Ein Geschäft kommt nur zustande, wenn beide Seiten einen Vorteil darin sehen. Im internationalen Geschäftsbereich, wo Schwellen von Sprachen, Traditionen, Mentalitäten, Logistik und Bürokratien zu überwinden sind, gilt das um so mehr. Wenn manche europäische Geschäftsleute in Asien eher Win-Loose-Strategien erleben, liegt das eben daran, daß gegenseitiges Verständnis und Vertrauen nicht hergestellt werden konnten. Dann versucht man schließlich aus Unsicherheit, den anderen auszutricksen und Vorteile für sich zu erzielen.

2.3 Vermeiden von Faux-Pas, die Geschäfte gefährden

Die Verhandlung läuft gut, die Atmosphäre ist prächtig, doch mitten im lockeren Gespräch friert das Lächeln auf dem Gesicht des Gegenübers plötzlich ein. Noch auf dem Rückflug, mit dem gescheiterten Vertrag in der Tasche, fragt man sich, was eigentlich schiefgegangen ist. Die unsichtbaren Fettnäpfchen sind oft die tiefsten.

a) Geschenke: Was soll man schenken, was darf man schenken? Das heikle Thema ist ohne fachkundige Beratung praktisch nicht zu bewältigen, da die verschiedenen Kulturen in diesem Bereich völlig unterschiedliche Erwartungen und Konventionen entwickelt haben. In China etwa verschenkt man keine Uhren, da „Uhr schenken“ auf Chinesisch “Song Zhong“ gesprochen wird – genauso wie „in den Tod schicken“! Ausnahme sind Armbanduhren, da es für sie ein eigenes Wort gibt. Doch selbst wenn man weiß, was das richtige Geschenk ist, lauern noch viele Fallen! Nur allzu leicht schenkt man die richtige Sache

- **an die falsche Person:** die z. B. nicht der Entscheidungsträger ist, und der „Richtige“ wird dadurch beleidigt und hat sein Gesicht verloren,
- **in der falschen Situation:** zu wertvolle Geschenke in der Anfangsphase des Kontaktes werden als Druckmittel gesehen und führen manchmal sogar zu einem zurückgezogenen Kontaktverhalten,
- **am falschen Ort:** ein großes Geschenk nur für den Entscheider in der Öffentlichkeit ist eine Schande und führt zu noch größerem Gesichtsverlust und dadurch zum Ende des Kontaktes.

b) Ablehnung einer Gefälligkeit: Welche Unterstützung, die mir mein Gesprächs- oder Geschäftspartner anbietet, darf ich annehmen, welche muß ich annehmen? Wann aber schlägt er nur aus höflicher Verpflichtung vor, mir zu helfen, und wäre vor den Kopf gestoßen, wenn ich das Angebot annehmen würde? Die Regeln, die im heimischen Kulturkreis gelten, haben wir so sehr verinnerlicht, daß wir uns ihrer gar nicht mehr bewußt sind. In Asien bedeutet eine Ablehnung von **persönlichen Gefälligkeiten** oft das Ende der Freundschaft und dadurch zwangsläufig auch der Geschäftsbeziehung!

c) Beleidigung der Familien: Niemals, möchte man ausrufen, würde ich etwas Beleidigendes über meinen Gesprächspartner oder seine Familie sagen! Doch in vielen asiatischen Ländern sind z. B. Komplimente an die Ehefrau eines Geschäftspartners eine peinliche Sache für die Frau und zugleich eine große Beleidigung für ihren Ehemann! Deshalb: Nur wer weiß, was der andere als Beleidigung empfinden könnte, kann es auch vermeiden.

d) Gesichtsverlust / Respekt / Status: Jede Kultur hat ihre eigenen Vorstellungen davon, was ein hoher Status bedeutet, wie man ihn erlangt und wie er sich ausdrückt. Schnell zu erkennen, wie bei meinen Partnern die Rangordnung aussieht, kann für die Geschäftsbeziehung lebenswichtig sein. Was ist wichtig: Alter, Hierarchie, Ruhm, Vermögen, Kompetenz, Geschlecht? Wie wird Erfolg gelebt und den anderen gegenüber präsentiert? Die Antworten können in jedem Land unterschiedlich ausfallen, insbesondere in verschiedenen Generationen des gleichen Landes. In Asien sind die jungen „Neureichen“ beispielsweise nicht mehr so bescheiden wie ihre Elterngeneration, sie sind stark US-amerikanisch orientiert und wollen Erfolg und Westlichkeit zeigen. Aber dennoch ist ein direktes „Nein“ als Antwort auf eine Anfrage ein Gesichtsverlust für den Anfragenden.

2.4 Aufbau der notwendigen Netzwerke

a) Langfristige Freundschaft ermöglichen: In manchen Kulturen ist es kein Problem, private und geschäftliche Beziehungen völlig zu trennen: “Egal, ob ich meinen Geschäftspartner mag, Hauptsache wir verdienen dabei beide Geld.“ Gerade in den östlichen Kulturkreisen sieht das ganz anders aus: Erst, wenn die freundschaftliche Beziehung aufgebaut und auf Dauer begründet wurde, kommt man auch ins Geschäft. Man handelt also beziehungsorientiert und nicht wie im Westen ergebnisorientiert!

b) Vertrauen gewinnen: Keiner will bei einem Geschäft übervorteilt werden, darum geht es – bei allen schriftlichen Abmachungen und Absicherungen – am Ende nicht ohne die Basis gegenseitigen Vertrauens. Wie man sie wo aufbauen kann, gehört zur Kunst des interkulturellen Managements. In Asien ist es insbesondere wichtig, Berater mit asiatischem Aussehen und Verständnis für die europäische Kultur zu haben.

c) Insider-Informationen bekommen: Wissen ist Macht, und manches Wissen ist kriegsentscheidend. Wie und wo baut man eine Beziehung so auf, daß man auch die informellen Informationen rechtzeitig bekommt? Diese Frage wird in Kapitel 4 genauer behandelt.

d) In die Netzwerke aufgenommen werden: Familien, Freundschaften, Beziehungen: In Asien sind sie die Basis allen Geschäftsverkehrs. Aber wie kommt man in die richtigen Netzwerke hinein? Auch dies ist eine der wichtigsten Funktionen der später beschriebenen „interkulturellen Brücken“.

2.5 Joint-Ventures, Allianzen, Mergers and Acquisitions

a) **Verständnis füreinander**: Im Rahmen der Globalisierung müssen alle Beteiligten die Interessen und Pläne der anderen verstehen lernen. Das ist auch ein kulturelles Problem, und zugleich ein unabdingbarer Baustein des Erfolges.

b) **Gemeinsame Ziele identifizieren**: Eine Zusammenarbeit oder gar ein Zusammenschluß macht nur Sinn, wenn die Ziele die gleichen sind. Ziele aber beruhen auch auf Gegebenheiten des Marktes und des sonstigen Umfeldes, etwa sozial und politisch. Diese Fakten wollen erst erlernt sein.

c) **Marktnetz erweitern**: Nur mit Hilfe interkultureller Netzwerke können neue Märkte für Produkte oder Dienstleistungen aufgebaut werden.

d) **Synergien nutzen** ist heute in aller Munde. Hier bedeutet es: Nur wer Gemeinsamkeiten und Überschneidungen gezielt identifiziert, wird die Potentiale ausschöpfen.

e) **Unternehmenserfolg steigern** ist das Ziel, das über allem steht und das manchmal so schwer zu erreichen ist. Bei internationalen Geschäften trägt interkulturelles Management wesentlich dazu bei, dieses Ziel zu erreichen.

3. Wie ist das interkulturelle Management bei Lufthansa?

Als multinationales Unternehmen ist die Lufthansa AG mit vielen Mitarbeitern im interkulturellen Kontakt: Mit fliegendem Personal und Bodenpersonal in verschiedensten Bereichen und Ländern, das noch dazu auf einem Markt agiert, der durch immer stärkere interkontinentale Verflechtungen bestimmt ist, mußte sich Lufthansa frühzeitig mit der Frage der interkulturellen Weiterbildung befassen. Jahrzehntelange Erfahrung hat gelehrt, welche Wege die richtigen sind, um aus gefährlichen Reibungen fruchtbare Kontraste zu schaffen.

3.1 Kurse und Workshops über interkulturelles Bewußtsein und Management-Skills

Über die Jahre hat die Deutsche Lufthansa ein breites Programm bewährter Kursangebote aufgebaut: Für Asien gibt es z.B. die von der Autorin gehaltenen Kurse „Cultural Awareness – The Asians" und „Interkulturelles Management Training – Erfolgreiche Geschäftskontakte mit Chinesen". Außerdem finden regelmäßig Veranstaltungen über interkulturelle Kompetenz statt, wobei erfahrene Fachleute wie Psychologen mit Schwerpunkt kulturvergleichende Psychologie und hochrangige Manager der Star Alliance referieren. Der Schwerpunkt liegt dabei auf der Vermittlung hilfreicher Informationen und dem gezielten Training für kritische Situationen.

a) Landeskenntnisse: Wenn mir mein Gegenüber erzählt, aus welcher Millionenstadt er kommt, ist es besser, ich habe ihren Namen schon einmal gehört. Ein paar einfache Grundlagen genügen schon, um sich ausreichend zu orientieren und mitreden zu können. Dazu gehören **Geographie, Bevölkerung, Religion, Geschichte** und **Politik**: Kenne ich den geschichtlichen Hintergrund des anderen, verstehe ich nicht nur seine Wünsche und Motive besser. Ich weiß auch, welches die Reizthemen sind, bei denen Vorsicht angebracht ist. Darf man z.B. nach Mao Zedong fragen? Nach Deng Xiao Ping? Nach dem Platz des Himmlischen Friedens? Darf ich über die japanische und thailändische Monarchenfamilie reden? Ist Menschenrecht und Gleichberechtigung überall in Asien ein offenes Thema? Sind alle Frauen in Asien als brave Hausfrauen zu sehen? Welche Rollen spielen die chinesischen Kulturen und Einwanderer in Asien? All dieses Basiswissen und seine Veränderungen werden in Form von Kursen und Workshops vermittelt. Schon im deutschen Kulturkreis wirken sich politische Entscheidungen stark auf wirtschaftliche Belange aus. In manchen Ländern kann ein Federstrich der Regierung ganze Branchen vom Tisch fegen oder in den Himmel heben. Wer die Zusammenhänge kennt, kann die richtigen Themen zum Small Talk geschickt auswählen und dadurch Beziehungen aufbauen.

b) Kulturkenntnisse: Kultur mag für viele eine Nebensache sein, aber sie hat Signalwirkung: Ein paar wichtige Informationen können schon einen Seitenpfad öffnen, auf dem sich eine Beziehung einleiten oder festigen läßt. Kultur wird geformt und verändert durch Geschichte, Sprache, Religion, Philosophie (z. B. Yin und Yang), Politik, Ausbildungs- und Sozialsysteme. Zu jeder Kultur gehören bestimmte Mentalitäten, Traditionen, Sitten und Gebräuche. Nur wenn man sie erfährt, hat man auch eine Chance, Menschen aus verschiedenen Kulturen zu verstehen oder zumindest zu akzeptieren.

c) Kenntnisse über individuelle Werte und Glauben: Man muß den Feind kennen, um ihn zu schlagen, sagte Mao Zedong. Aber man muß auch seine Partner kennen, um optimal auf sie einzugehen. Wenn man weiß, was den anderen bewegt, wie er „tickt", kommt man weiter als die Konkurrenz. Mit Wissen über landesallgemeine und individuelle Voraussetzungen – welche durch die sozialen und kulturellen Veränderungen über Generationen beeinflußt und verfolgt werden müssen, kann man die andere Seite besser verstehen und einschätzen. Insbesondere zu beachten sind die „mehrfachen Rollen" jedes Individuums: man bewegt sich in verschiedenen Kreisen, in denen unterschiedliche Erwartungen, Verpflichtungen und Wertvorstellungen herrschen, und verhält sich jeweils entsprechend.

d) Richtlinien für die Praxis: Nach dem Erwerb nützlichen Wissens kommt die Frage: Wie wende ich es an? Erfahrene Berater stehen bereit, um die richtigen Prinzipien für das eigene Verhalten zu vermitteln.

e) Interkulturelle Simulation: Noch so viele Informationen können nicht das praktische Einüben des richtigen Verhaltens ersetzen. Dies aber erfordert eine genaue Planung geeigneter Szenarien und Vorgehensweisen, sonst wird das gut gemeinte Rollenspiel leicht zur Farce. **Teamwork in einer multikulturellen Umgebung,** die aus Mitgliedern verschiedener Kulturkreise zusammengesetzt wird, ist im Zeitalter der globalen Luftfahrt-Allianzen gang und gäbe. Im Rahmen der „Star Alliance" wächst die Zahl interkontinental zusammengesetzter Projektgruppen. Das eröffnet neue Chancen, wird aber auch neue Probleme aufwerfen, wenn die Mitarbeiter nicht von vornherein eine gezielte Vorbereitung bekommen. Ein Europäer führt anders als ein Südamerikaner, ein US-Amerikaner anders als ein Asiate. Was darf mein Verhandlungspartner entscheiden, wo muß er rückfragen? Verwirrung und Mißverständnisse durch **verschiedene Managementstile** lassen sich durch Training minimieren. **Synergieeffekte** erlebt man durch die gute Vorbereitung der Zusammenarbeit in internationalen und interkulturellen Projektteams.

3.2 Individuelle Vorbereitung

Jede Verhandlung, jedes Projekt, jeder Partner ist anders. Eine spezifische Unterstützung in jedem Einzelfall ist daher von großer Bedeutung – doch kann sie nur geleistet werden, wenn Trainer und Berater mit langjähriger Erfahrung im interkulturellen Bereich zur Verfügung stehen. Diese Erfahrungen können über ein gut organisiertes und auch gelebtes **Wissensmanagementsystem via Intranet** weltweit zugreifbar gemacht werden. Dazu gehören neben einer gesunden Unternehmenskultur und hoher Management-Attention vor allem die Bereitschaft zum freiwilligen Austausch von wertvollen Erfahrungen und Wissen.

Pre-Departure Coaching: Vor Beginn des jeweiligen Kontaktes werden Aufgabenstellung, Ziele und mögliche Probleme mit erfahrenen interkulturellen Beratern durchgesprochen. Hier können entscheidende Hinweise zum Gelingen der interkulturellen Begegnung gegeben werden.

a) Verständnis für die kulturellen Charakteristika: Nicht Anweisungen sind das Ziel, nach denen man sich dann zu richten hat. Dies würde der Komplexität des Problems nicht gerecht. Vielmehr geht es darum, soviel Verständnis für die Lebens- und Denkwelt des anderen zu wecken, daß auch in unerwarteten Situationen eine angemessene Reaktion möglich ist.

b) Verminderung des Kulturschocks: Nicht nur geht es darum, beim Geschäfts- oder Gesprächspartner richtig „anzukommen", auch der eigene Mitarbeiter muß vor Schwierigkeiten bewahrt werden. Sich ins kalte Wasser geworfen zu finden, kann nicht nur beruflich, sondern auch persönlich belasten.

c) Verkürzung der unproduktiven Anpassungsphase: Sich in einer fremden Umgebung erst zu akklimatisieren ist unumgänglich, um souverän agieren zu können. Die dafür nötige Zeit fällt aber kürzer und zugleich effektiver aus, wenn sie durch gezielte Vorbereitung mit einer gesunden Basis versehen wurde.

d) Vorbereitung der Familie: Die Schwierigkeiten, die der Mitarbeiter hat, betreffen bei einem längeren Auslandsaufenthalt auch seine Familie. Oft ist es für den Partner noch schlimmer, weil er nicht mit einer klaren Zielsetzung und Aufgabe in der fremden Umgebung ist. Mit Kindern stellen sich etwa im Bereich Kindergarten/Schule Aufgaben, mit denen der Mitarbeiter nicht allein gelassen werden darf.

3.3 Lokale Vertretung durch gemischtes Team und effektive Zusammenarbeit

Den Anforderungen der Arbeit für ein deutsches Unternehmen auf einem anderen Kontinent wird weder ein rein europäisches noch ein rein lokales Team gerecht. Bei Lufthansa hat es sich bewährt, auf eine Mischung aus beidem zu setzen. An die Mitglieder der Teams sind dabei aber Anforderungen zu stellen, die über das normale Stellenprofil hinausgehen.

a) Europäische Mitarbeiter müssen mitbringen:

- Sprachkenntnisse (Deutsch/Englisch, im Optimalfall auch die lokale Sprache),
- interkulturelle Management-Skills,
- Erfahrungen mit langjährigem Auslandsaufenthalt.

b) Von den lokalen Mitarbeitern fordert man:

- Sprachkenntnisse (Englisch/Deutsch und lokale Sprache),
- Erfahrung mit „Ausländern" (d.h. Europäern) und ausländischen Unternehmen.

3.4 Teams in Frankfurt als „interkulturelle Brücken"

In Frankfurt wurden spezielle Teams gebildet, die Einsätze und Verhandlungen in fremden Kulturkreisen optimal vorbereiten. Insbesondere handelt es sich um den aufstrebenden asiatischen Markt, der ebenso vielversprechend wie schwierig ist. Innerhalb mehrerer Jahre wurden Mitarbeiter zusammengestellt, die als „Wanderer zwischen den Welten" kompetenten Rat auch in schwierigen Situationen geben können. Es handelt sich um Mitarbeiter

- von internationaler Herkunft,
- mit langjährigem Deutschland- und Asienaufenthalt,
- mit interkulturellen Lebenserfahrungen als „Asian European".

3.5 Kontinuierliche Beratung durch „Intercultural Business Consultants"

Interkulturelle Kompetenz und interkulturelles Management sind keine statischen Dinge, die einmal erlernt werden und dann festgefügt sind. Die Situation und die Anschauungen in Europa verändern sich, noch viel stärker aber ist das in einer dynamischen Region wie Asien der Fall. Darum muß eine international tätige Firma, um auf Dauer erfolgreich zu sein, ihre Strategien und Ausbildungsinhalte immer wieder überprüfen und anpassen. Man sollte daher einen „Regelkreis", z. B. in Form eines „Intercultural Round Table" und natürlich unbedingt im Wissensmanagementsystem via Intranet, etablieren, durch den neue Erfahrungen immer wieder in das interkulturelle Training und die zugehörige Beratung zurückfließen: So wie zu jedem Einsatz eine Vorbereitung gehört, gibt es auch immer eine Nachbereitung, bei der aktuelle Veränderungen diskutiert und aufgenommen werden.

4. Notwendigkeit und Funktion einer „interkulturellen Brücke“ zwischen Asien und Europa

Die Funktion einer Brücke kennt jedes Kind, aber was ist eine „interkulturelle Brücke zwischen Asien und Europa“? Antwort: Menschen, die in beiden Kulturkreisen aufgewachsen sind, leben, arbeiten und insbesondere beide Kulturen gleich schätzen und lieben. Sie müssen die Fähigkeit zu logisch-analytischem Vorgehen haben – also die erkannten Ursache-/Wirkungszusammenhänge in bewußte Wirkungsprozesse umsetzen – und als „Filter/Puffer“ von den Menschen beider Kulturwelten akzeptiert und respektiert werden. Denn auf einer solchen Brücke darf kein Einbahnverkehr herrschen! In Asien kann eine solche Brückenfunktion fast nur von asiatisch aussehenden Menschen wahrgenommen werden, da die fremdartig Aussehenden nur sehr schwer von den Asiaten als Insider anerkannt werden. Zwischen europäisch und asiatisch aussehenden Personen steht immer eine „unsichtbare Wand“, welche die Brückenfunktion für Asiaten verhindert! Außerdem leben die nach Asien entsandten europäischen Managers eher in ihren abgeschlossenen sozialen Gruppen – Ghetto Societies – und haben keine wirklichen privaten, sozialen Kontakte mit den Menschen im Gastland. Dies liegt meist eben daran, daß die Europäer aufgrund fehlender interkultureller Kenntnisse – aber auch aus Mangel an Zeit und Interesse! – keinen Zugang und keine Bindung zu dem Gastland und seinen Menschen finden, was ein Fehlverhalten und eine falsche Einstellung ist.

Nachdem wir bereits die Notwendigkeit des interkulturellen Managementes verstanden und die Vorbereitungen sorgfältig getroffen haben, könnten wir uns fragen, wozu braucht man noch diese “interkulturelle Brücke”? Wozu diese dient, was ihre Funktionen und Voraussetzungen sind, wird im Folgenden beantwortet.

4.1 Schneller Beziehungs- und Vertrauensaufbau

Um in internationalen Geschäften, insbesondere in Asien, erfolgreich zu werden, muß man schon bei kurzen Kontakten vertrauensvolle Beziehungen aufbauen können. Dies ist in Asien nur möglich, wenn man vom anderen verstanden, akzeptiert und schließlich als Freund **im privaten Kreis** betrachtet wird. Die wichtigsten Faktoren, die dazu beitragen, sind:

a) Aussehen und physische Erscheinung: Natürlich muß mein Gesprächspartner mir sympathisch sein. Das spüre ich zuerst durch seine physische Erscheinung – wie sieht er aus: vertraut oder fremd? **Hat er jemanden bei sich, der aus meinem Kulturkreis stammt, mein Aussehen hat?** Ist er ordentlich und passend gekleidet? Ist er gepflegt, oder riecht er nach Schweiß – was für Asiaten äußerst unangenehm ist –, Bier, Zigaretten oder Knoblauch? Hat er eine passende Frisur? Wie verhält er sich den anderen gegenüber? Hat er ein angenehmes Lachen, lacht er überhaupt? All diese Eindrücke werden innerhalb weniger Minuten aufgefaßt und begründen eine erste Meinung dem Fremden gegenüber. Wenn der gute Eindruck gelingt, kann er in der folgenden vorsichtigen Kommunikation verfestigt werden.

b) Kommunikationsgeschick: Schnell Vertrauen bei Menschen zu gewinnen und eine freundschaftliche, persönliche Beziehung aufzubauen, die man zum ersten Mal trifft, ist wirklich eine Kunst. Das asiatische Aussehen allein reicht selbst in Asien nicht aus, und in Europa kann es sogar ein Nachteil sein, wenn man nicht die übliche „Langnase" sondern „Mandelaugen" hat! Besonders in Nicht-Einwanderungsländern wie Deutschland hat man wegen seines Aussehens eher Probleme, auf den ersten Blick Vertrauen zu gewinnen. Aber sobald man fließend die Landessprache spricht und sich auch wie die Einheimischen verhält – also die gleiche Kultur in sich hat – hat man schon die Blockade durchbrochen. Kompetenz sowohl in den fachlichen als auch in den interkulturellen Aspekten Geschick zu zeigen, ohne dabei arrogant zu wirken, ist im Geschäftsleben sowohl mit Asiaten als auch mit Europäern ein entscheidender Faktor, um akzeptiert zu werden und überhaupt zu einer persönlichen Beziehung zu kommen. Dazu gehört auch eine tiefgreifende und reflektierende Erfahrung im Umgang mit Menschen aus verschiedenen Kulturkreisen.

4.2 Zugang zu den wichtigen informellen Informationen

Informationen, besonders die informellen und dabei oft entscheidenden, sind im heutigen Zeitalter fast das Wichtigste, um im internationalen Wettbewerb dauerhaft zu überleben. Je schneller man zu den relevanten Informationen gelangt, desto wettbewerbsfähiger ist man. Dazu braucht man überall auf der Welt und in jeder Branche Insider! Den Insider-Effekt gewinnt man am einfachsten, wenn man in Aussehen, Sprache und Verhalten den Erwartungen entspricht, Verständnis für Situationen und Menschen zeigt und schließlich auch vertraut mit den relevanten Sachhalten ist. Deshalb setzen viele europäische Unternehmen in Asien Insider als Berater und Agenten ein.

4.3 Ideale Gestaltung von Unternehmensmanagement

Mit Hilfe der „interkulturellen Brücken“ kann ein Unternehmen seine komplette Managementorganisation international ideal strukturieren. Dazu gehören z.B. :

a) Strategien, die sowohl kurzfristig als auch langfristig global definiert werden müssen.

b) Personal ist einer der wichtigsten Erfolgsfaktoren eines Unternehmens. Von Personalauswahl, Personalentwicklung bis hin zur Personalführung sind interkulturelles Know-how und Erfahrung unverzichtbar.

c) Im Bereich von internationalem **Marketing und Vertrieb** dient die „interkulturelle Brücke“ besonderes dazu, die Marktchancen durch realistische Einschätzungen zu erkennen und danach die effektiven Vertriebskanäle aufzubauen.

d) Ohne **Kooperation** mit verschiedenen Geschäftspartnern ist der Erfolg angesichts der heutigen Marktglobalisierung undenkbar. Um die gemeinsamen Ziele zu identifizieren, Synergien der Partner effizient zu nutzen und schließlich gemeinsam im internationalen Wettbewerb zu gewinnen, braucht es vielc Faktoren, mit denen die Führungskräfte umgehen müssen. Wer gezielt „interkulturelle Brücken“ aufbaut und nutzt, kann die globalen Kooperationen langfristig halten und erweitern.

e) Der Kunde ist König: wer **Service und Kundenzufriedenheit** nicht zu schätzen weiß, wird nicht lange im Geschäft sein. Insbesondere in einer serviceorientierten Region wie Asien werden viele Leistungen als selbstverständlich erwartet – selbst die Erfüllung persönlicher Wünsche, die nach dem Verständnis von Europäern gar nichts mit dem laufenden Geschäft zu tun haben. Solche Wünsche werden aber nur Freunden gegenüber geäußert – und die Erfüllung wird von dem Kunden als Bonuspunkt notiert und bei der nächsten Geschäftsverhandlung ausgeglichen. All dies geschieht, ohne darüber gesprochen zu haben, ist aber transparent für den, der in der fremden Kultur zu Hause ist!

4.4 Herstellung von Harmonien und Vermeidung von Mißverständnissen

Sich in der gemeinsamen Fremdsprache Englisch – nicht nur sprachlich, sondern auch inhaltlich – zu verständigen und dabei richtig verstanden zu werden, ist eine Kunst. **Sprache ist der Spiegel der Kultur**, da ihr Inhalt sich an dem orientiert, was in der jeweiligen Kultur für wichtig gehalten wird. Deshalb setzt das volle Verständnis einer Sprache die Kenntnis der jeweiligen Kultur voraus. Beispiele: Während Chinesen sich begrüßen mit "Hallo, hast du schon gegessen?" – unabhängig von der Tageszeit! – grüßen die Deutschen sich auch in einer Frage, aber mit "Na, alles in Ordnung?". Daraus erkennt man die Prioritäten und jeweiligen Denkmodelle der beiden Kulturen: Chinesen legen großen Wert auf Essen, deshalb gibt es überall in der Welt China-Restaurants, Deutsche auf Ordnung, daher gibt es in Deutschland so viele Ordnungsämter! Vokabeln stellen nicht nur Bezeichnungen dar, sondern weitergehend Denkmodelle und Erfassung bestimmter Realitätsausschnitte. Die Übersetzungsmöglichkeit zwischen Sprachen sehr unterschiedlicher Kulturen – wie die Asiatische und die Europäische – bleibt begrenzt, weil bei unterschiedlicher Akzentsetzung in der Kultur Wörter gleichartigen Inhaltes schwer zu finden sind.

Bei **der Verwendung einer Fremdsprache** hat man oft das Gefühl, sich nicht so ausdrücken zu können, wie man es in seiner Muttersprache ohne weiteres tut. Worte zwischen den Zeilen, die Mehrdeutigkeit von Ausdrücken und insbesondere Humor werden in Meetings nicht richtig verstanden und führen vielleicht sogar zu geschäftlichen Katastrophen. Das zweite Problem ist, wie gut die englischen Sprachkenntnisse der Gesprächspartner sind. Wer zur eigenen Vorbereitung und Verhandlung noch eine „interkulturelle Brücke" einsetzt – die sich in beiden Kultur- und Sprachwelten bewegt – kann sich sicher fühlen und Mißverständnisse vermeiden.

Zur gelungenen Kommunikation gehört aber nicht nur die verbale, sondern auch die nonverbale Formulierung: etwa **die Körpersprache**. Sie ist im Vergleich zur verbalen Formulierung in der menschlichen Natur begründet und wird nahezu weltweit verstanden. Aber für Ausländer ergeben sich hierbei manchmal nicht nur Möglichkeiten des Nichtverstehens, sondern vor allem – im Hinblick auf das begrenzte Repertoire des Menschen – der Mißdeutung, wenn z. B. Kopf-Wiegen des Inders eine Zustimmung bedeutet, welches zum Verwechseln dem verneinenden Kopfschütteln der Chinesen und Europäer ähnelt. „Kopfnicken" von Japanern deutet nicht auf eine Zustimmung hin, nicht einmal auf Verstehen, sondern ist lediglich eine höfliche Geste, daß man dem Sprechenden zuhört – selbst, wenn man ihn wegen der Sprache gar nicht wirklich versteht! In verschiedenen Kulturen werden Gefühle unterschiedlich ausgedrückt, etwa in Blick, Gestik, Körperhaltung und Art des Lächelns. In der chinesischen Sprache gibt es allein für die Arten des Lächelns viele verschiedene Wörter wie neutral sanftes Lächeln, schüchternes Lächeln, gleichgültiges Lächeln, hochnäsiges Lächeln, mißachtendes Lächeln, hinterhältiges Lächeln usw. Wer langjährige landesspezifische Erfahrung vorzuweisen hat, kann selbst schnell die Bedeutung der Körpersprache erkennen, entsprechend darauf reagieren und auf diese subtile Weise Harmonie herstellen.

4.5 Erhöhung von Geschäftschancen

Wie kann ein Unternehmen im internationalen Wettbewerb seine Geschäftschancen erhöhen und seine Position festigen? Dazu muß man unter anderem:

- Marktpotentiale schnell erkennen,
- mit der Bürokratie geschickt umgehen,
- kompetente Verhandlungsteams haben,
- transparentes Verhandlungsverhalten zeigen,
- die Verhandlungsdauer verkürzen,
- rasch Zuständigkeiten identifizieren,
- schnelle Entscheidungsprozesse gewährleisten.

Dies wird durch eine kompetente interkulturelle Brückenfunktion z.B. in Form von Beraterteams mit hoher Management-Attention gesteuert und ermöglicht.

4.6 Schnelle und einfache Problemlösungen

In der Praxis zeigt sich oft, daß man mit **traditionellen Management-Skills,** wie berufliche Qualifikation, Position und Netzwerk in der Organisation, allein die Probleme in einem internationalen Unternehmen nicht mehr zuverlässig lösen kann. Schon deshalb, weil Probleme in unterschiedlichen Kulturen anders aufgefaßt werden und die Beteiligten auch unterschiedliche Erwartung an die Problemlösung haben. So wird in Asien etwa mit ganz anderen Methoden als in Europa mit Problemen umgegangen. Es muß zuerst eine emotionale Nähe und Harmonie zwischen den Konfliktparteien geschaffen werden, damit diese wie Freunde über Lösungen verhandeln können: kompromißbereit und fair. Nur mit zusätzlichen **interkulturellen Management-Skills** und Hilfe der „interkulturellen Brückenfunktion" wird man Probleme auf diese Art lösen können – und manchen Rechtsstreit um Wörter in Verträgen vermeiden.

4.7 Schnelles Erkennen und Vermeiden von Risiken

Um Risiken schnell zu erkennen und zu vermeiden, sollte auf folgende Punkte geachtet werden:

- eine realistische Marktanalyse,
- aktuelle Wettbewerbsinformationen,
- vertrauenswürdige Kooperationspartner,
- loyales, motiviertes Personal,
- gute politische Beziehungen,
- vorteilhafte Investitionsgesetze.

Kultur beeinflußt das Arbeits-, Führungs- und Konsumverhalten. Für Unternehmen aus Europa ist dies ohne „interkulturelle Brücken“ in asiatischen Märkten – in denen die soziale Beziehung und Bindung eine fundamentale Rolle spielen – kaum zu erreichen.

5. Fazit

Wozu dient also ein interkultureller Berater in seiner Brückenfunktion? An dieser Stelle sollen die „Messages“ dieses Beitrages in vier Punkten zusammengefaßt werden. Mit der „interkulturellen Brückenfunktion“ wird:

- interkulturelles Management erleichtert, verbessert und optimiert,
- der direkte Zugang zu Märkten ermöglicht,
- häufig ein Problem oder Risiko vermieden – oder zumindest schnell erkannt und beseitigt.

Und dadurch das Ziel eines jeden internationalen Unternehmens erreichbar gemacht:

- **den Unternehmenserfolg global zu steigern und zu sichern!**

Teil II

Interkulturelles Management in der Unternehmensberatung

Christine Fussinger

Gestaltungsdimensionen der Unternehmensberatung in einem fremdkulturellen Kontext – dargestellt am Beispiel Südostasiens

1. Einfluß nationaler Kulturprofile auf die Organisationskultur des Klientenunternehmens

Allein in der Begrüßung „Hallo, wie geht es?“ und „Haben Sie schon gegessen?“ zeigen sich unterschiedliche Werte und Prioritäten der westlichen versus asiatischen Kultur. Diese machen sich im privaten Alltag, im Berufsleben und speziell im Beratungsgeschäft bemerkbar. Es ist wesentlich, die Besonderheiten einer Kultur zu kennen, um adäquat, das heißt nicht überheblich oder angepaßt, mit den entsprechenden Personen in Interaktion zu treten. In diesem Beitrag werden Spezifika der südostasiatischen Kultur angerissen, Auswirkungen in Bezug auf Organisationskultur dargestellt sowie Erwartungen an den Unternehmensberater dargelegt. Anschließend werden ausgewählte Gestaltungsdimensionen aufgeführt, welche entsprechend dem kulturellen Kontext zu gestalten und ggf. modifizieren sind.

Unternehmensberatung zielt häufig darauf, Unternehmen zu unterstützen, im Wettbewerb erfolgreicher zu bestehen. In diesem Sinne unterscheidet sich die Beratung in einem anderen kulturellen Umfeld nicht von der im „Heimatland“. Jedoch müssen kulturelle Einflüsse wahrgenommen und eventuell sogar zwischen den beteiligten Parteien bzw. Kulturen besprochen und akzeptiert werden, um zu einem gemeinsamen Verständnis und damit einer tragfähigen Basis für eine Zusammenarbeit zu kommen. Ansonsten kann in einem sehr frühen Stadium die Beziehung zwischen potentiellem Klienten und Berater, eventuell nur aus kulturellen Mißverständnissen heraus, abgebrochen werden.

Zum Einen ist die nationale Kultur eines Klientenunternehmens von Relevanz und zum Anderen die Auswirkungen derselben auf das Management des Unternehmens und die gelebte Organisationskultur, da sich hier die Umsetzung der eher theoretischen Werte im Unternehmensalltag zeigt.

Die Gegensätze der asiatischen und westlichen Kultur sind in vielen Studien empirisch belegt. Zur einführenden Verdeutlichung der unterschiedlichen Wertvorstellungen dient die nachfolgende Abbildung.

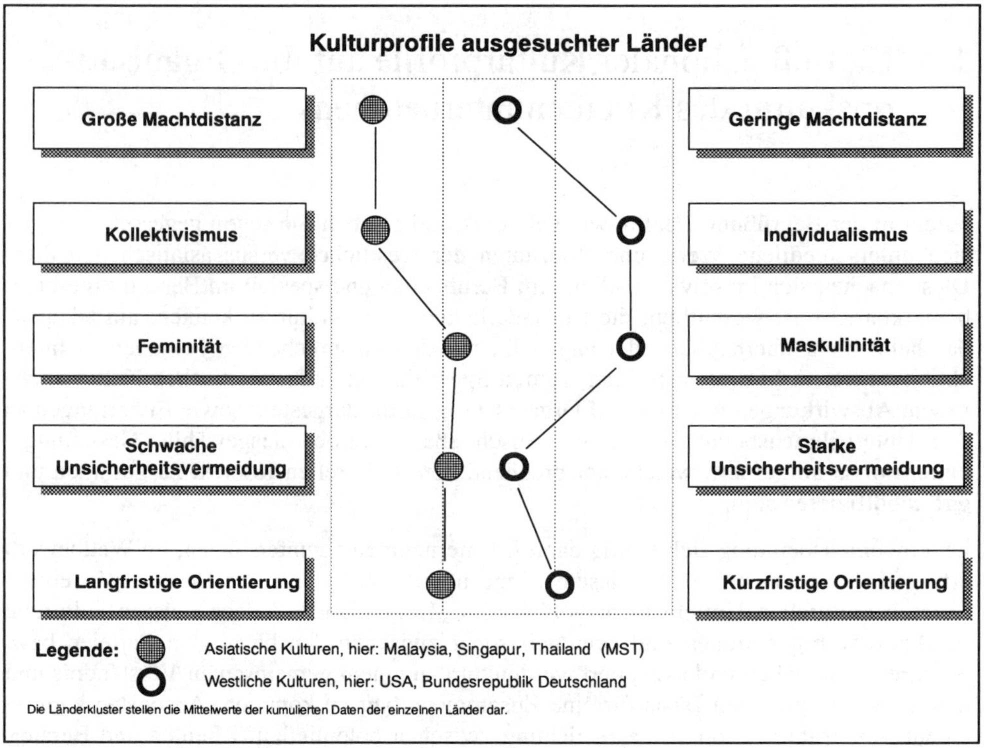

Abb. 1: Kulturprofile ausgesuchter Länder (Quelle: auf Basis der Daten von Hofstede (1991))

Aus den unterschiedlichen Positionen der westlichen und südostasiatischen Kulturen, ergeben sich sichtbare Auswirkungen für den Arbeits- bzw. den Beratungsalltag. Die kulturell teilweise stark divergierenden Vorstellungen sind bei dem Umgang mit asiatischen Kulturen zu berücksichtigen. Eine Bewußtmachung der Unterschiedlichkeit zu den westlichen Vorstellungen und Verhaltensweisen ist wesentlich für einen respektvollen Umgang mit den Geschäftspartnern sowie eine erfolgreiche Beratungstätigkeit. Die Umsetzung in der Praxis erfordert auf vielen Ebenen ein Überdenken, bzw. eine Anpassung an die „fremde" Kultur.

Durch vielfältige Erfahrungen und dem Verfügen über Querbezüge zu anderen Klienten und damit anderen unternehmerischen und kulturellen Gegebenheiten können Unternehmensberater bewußt Veränderungs- und Entwicklungsprozesse in Unternehmen steuern. Sie können damit eine verantwortungsbewußte Rolle einnehmen, wenn sie nicht nur ihre eigenen Vorstellungen und Modelle in eine andere Kultur transportieren wollen, sondern aus Elementen beider Kulturen und unter Einbezug von fremdkulturellen Mitarbeitern eine (interkulturelle) Lösung gemeinsam erarbeiten. Somit kann im Sinne eines Synergieeffektes ein Beratungsergebnis auf einem höheren Niveau erreicht werden.

Die vorgenannten kulturspezifischen Positionen spiegeln sich im potentiellen Klientenunternehmen auf der Ebene der Organisationskultur wider. Die folgenden Werte und Normen[1] müssen daher von Unternehmensberatern vor dem Hintergrund des kulturellen Kontextes beurteilt und im Beratungskonzept entsprechend berücksichtigt werden:

- Unternehmensleitbild und –image,
- Seniorität und Autorität,
- Bedeutung und Relationen von Management-Positionen und –funktionen,
- Umgang mit Mitarbeitern (Bezahlung, Motivation, Weiterbildung, Gleichstellung),
- Arbeitsorganisation und –disziplin,
- Management- bzw. Führungsstil,
- Informationspolitik,
- Entscheidungsprozesse,
- Kommunikationsregeln oder –muster,
- Sozialisationsmuster,
- Konfliktlösungsverhalten,
- Leistungsbeurteilung,
- Identifikation der Mitarbeiter mit dem Unternehmen.

2. Kulturspezifische Gestaltung der Unternehmensberatung

Unternehmenskultur, und diese wird letztlich tangiert, wenn es um Unternehmensberatung und Veränderung im Unternehmen geht, ist immer beeinflußt durch die sie umgebende Makrokultur. Diese ist als kultureller Kontext gegeben und stellt somit eine fixe Größe dar, woraus sich auch die Einstellung gegenüber Unternehmensberatern ableitet. Als variable, beeinflußbare Größen können Gestaltungsdimensionen der Unternehmensberatung definiert werden, welche entsprechend dem kulturellen Kontext anzupassen sind, um eine kultur- und somit auch klientenorientierte Beratungsleistung zu erbringen.

1 Vgl. hierzu Kubr (1996, 109).

2.1 Einstellung südostasiatischer Klienten gegenüber Unternehmensberatern

Die konzernartigen, d.h. großen Unternehmen in Asien arbeiten vielfach bereits zu unterschiedlichen Fragestellungen mit Unternehmensberatern zusammen. Die internationale Ausrichtung führt zu einer Auseinandersetzung bzw. Konfrontation mit westlichen Werten, Arbeitsweisen und auch Managementpraktiken und damit verbunden zu einer besseren Einschätzung von Unternehmensberatungsleistungen. Generell kann man in Asien mit zunehmender Unternehmensgröße aber auch von einer steigenden Offenheit gegenüber externer Hilfe und damit dem Einsatz von Unternehmensberatern ausgehen. Unter anderem durch die Wirtschaftskrise in Südostasien und die Wandlung vom Verkäufer- zum Käufer-Markt war permanent die Anpassungsbereitschaft der Unternehmer gefordert. Damit einher geht auch deren Erkenntnis, daß Lernen und Veränderung, oft durch externe Hilfe initiiert oder beschleunigt, zwingend erforderlich ist, um den Herausforderungen eines technologiegetriebenen, globalen Marktes gerecht zu werden.

Handelt es sich allerdings um ethnische Unternehmertypen, wie z.B. chinesische Familienunternehmen[2], sind die Erfahrungswerte mit Unternehmensberatern nicht sehr umfassend bzw. teilweise gar nicht vorhanden. Der Unternehmer, vom Typ patriarchalischer Autokrat, hat eine eher zurückhaltende Einstellung gegenüber Beratern und war es in der Vergangenheit gewohnt, unternehmerische Entscheidungen und Probleme überwiegend alleine zu lösen, unter Zuhilfenahme der Informationen aus dem engeren Familienkreis. Dienstleistungen, worunter auch interne Serviceabteilungen (wie z.B. die Personalabteilung) verstanden werden können, sind für ihn eine unnötige Einrichtung, deren Wert nicht direkt eingeschätzt werden kann.

Grundhaltung von Unternehmern (mittlerer Unternehmensgröße) gegenüber Unternehmensberatung:

- „Kauf“ von Experten-Know-How,
- Geringe Erfahrung, bzw. Unsicherheit im Umgang mit Unternehmensberatern,
- Geringe Wertschätzung für Dienstleistungen,
- Generelle Verschlossenheit gegenüber „Outsidern“,
- Anstreben eines größtmöglichen Nutzens („good deal / discount / extension of deliverables“),
- Ergebnisproduktion sehr relevant,
- Zu hoher Einflußgrad des Beraters nicht erwünscht,
- Erwartung eines überdurchschnittlichen Engagements (unabhängig von Arbeitszeit und Budget).

2 Nähere Ausführungen zu den Besonderheiten dieses Unternehmertypes vgl. Chen (1995).

Die Anforderungen an Unternehmensberater (siehe hierzu Abbildung 2) unterscheiden sich nicht zwingend von denen westlicher Klienten, jedoch erfolgt eine andere Priorisierung der einzelnen Aspekte. Der Schwerpunkt wird, unabhängig von der fachlichen Kompetenz, wesentlich deutlicher auf die Person des Beraters gelegt. Die Erwartung bzw. das Verhältnis zu dem jeweiligen Unternehmensberater ist entscheidender als die Frage der Beratungsgesellschaft, da er letztendlich den Kontakt knüpft bzw. auch für die Pflege und Aufrechterhaltung der Kundenbeziehung steht. Ohne ein persönliches Vertrauensverhältnis zu der entsprechenden Schlüsselperson ist Unternehmensberatung in Südostasien, insbesondere in inhabergeführten Unternehmen, nicht denkbar. Hier greift wiederum die Bedeutung persönlicher Kontakte, Beziehungen und der Philosophie des „sich gegenseitig Gefallen erweisen", welche in dieser „Networked Society" unabdingbar für die Anbahnung von Geschäften sind. Networking wird auch als langfristige Beziehung verstanden, weshalb zur Erzielung einer gewissen Glaubwürdigkeit und Verläßlichkeit bei den potentiellen Klienten ein gewisses Commitment des Beraters zu Südostasien unerläßlich ist.

Erwartungen / Anforderungen südostasiatischer Klienten	
Unternehmensberater:	
Persönliche Fähigkeiten	Ehrlichkeit, Vertrauenswürdigkeit, Offenheit, Fähigkeit zum „Networking", Seniorität, Bodenständigkeit
Kulturelles Verständnis	Sprachliches Verstehen, kulturelle Sensitivität, Verbindlichkeit / Verpflichtung gegenüber der Region
Professionelle Fähigkeiten	Spezialistenwissen, Ergebnisorientierung, Marktkenntnisse, Erfahrung in der Branche des Klienten, Kenntnisse westlicher Management-Praktiken, Professionelles Vorgehen, Implementierungskompetenz
Unternehmensberatungsgesellschaft:	Große Beratungsfirmen: Globale Präsenz, internationale Erfahrung und Know-How Kleine Beratungsfirmen: Nischenpositionierung mit Spezialistenwissen Größenunabhängig: Kompatible Unternehmenskultur und –ethik

Abb. 2: Klienten-Erwartungen an einen Unternehmensberater

2.2 Interkulturelle Gestaltungsdimensionen der Unternehmensberatung

Unabhängig von dem gegebenen kulturellen Umfeld existieren verschiedene Parameter, welche bei jedem Beratungsauftrag in irgendeiner Weise fixiert bzw. geplant werden müssen. Die Vorgehensweise wird mit dem Klienten abgestimmt (Beratungsprozeß), worauf sich die Planung, Steuerung und Kontrolle (Projektmanagement) des gesamten Beratungsprojektes stützt. Die zu untersuchenden Fragestellungen bzw. zu erarbeitenden Problemlösungen (Beratungsinhalt) sind Teil des Beratungsvertrages, welcher durch die aktive Projektarbeit unter Anwendung eines bestimmten Beratungsansatzes ausgefüllt wird.

Je spezifischer, d.h. je kunden- und somit auch kulturorientierter diese Gestaltungsdimensionen ausgefüllt werden, um so größer werden die Synergie-Effekte und der für Klienten und Berater erzielte Erfolg. Das erfolgreiche Umsetzen von Verbesserungen in und für Unternehmen ist wahrscheinlicher, wenn Widerstände, Reibungsverluste und (kulturelle) Eigenheiten bekannt sind bzw. beachtet werden. Dieser Umstand ist bei der Beratung in fremden Kulturen durch die Anpassung der Gestaltungsdimensionen zu berücksichtigen.

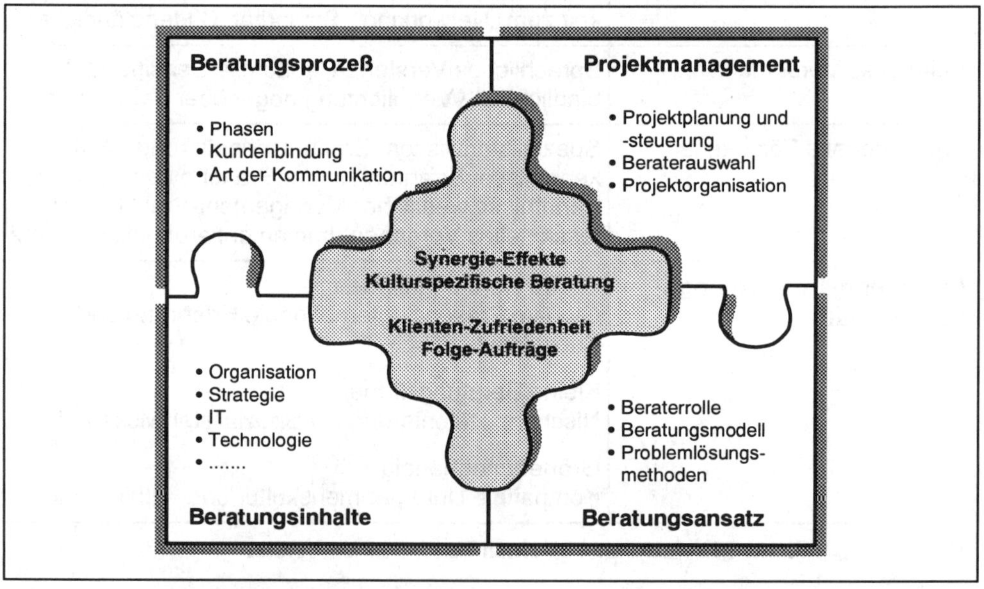

Abb. 3: Interkulturelle Gestaltungsdimensionen der Unternehmensberatung im fremdkulturellen Kontext

3. Ausprägung der Gestaltungsdimensionen im südostasiatischen Kontext

Unternehmensberatung folgt auch in Asien einer eher logisch-geprägten und durch eine gewisse Problemlösungssequenz vorgegebenen Abfolge von Phasen bzw. Einzelschritten. Allerdings ist entsprechend der „High-Context-Gesellschaft“[3] in Asien und deren eher impliziter Ausrichtung eine andere Interpretation bzw. Umgang mit dem Kunden und dessen Fragestellung erforderlich.

Nachfolgend werden die Gestaltungsdimensionen hinsichtlich ihrer Ausprägung im südostasiatischen Kontext dargelegt.

3.1 Beratungsprozeß

Bezogen auf den gesamten Beratungsprozeß sind wesentliche Unterschiede zu dem standardisierten Vorgehen nach westlichem Verständnis in Abbildung 3 dargestellt. Hier wird unmittelbar sichtbar, daß die Anwendbarkeit der „westlichen“ Phasen eines Beratungsprozesses in Südostasien grundsätzlich möglich erscheint, die Länge und die Bedeutung aber variieren. Unter Berücksichtigung der Besonderheiten der Zielgruppe ist in einigen Detailpunkten die Anpassung des Beratungsprozesses und damit des Vorgehens innerhalb des Beratungsprojektes zwingend angeraten.

Die nachfolgenden Ausführungen beziehen sich überwiegend auf empirische Ergebnisse einer Studie, durchgeführt mit chinesischen Familienunternehmen in Südostasien.[4] Sollten Aussagen für bestimmte Unternehmenstypen oder –größen nicht zutreffen, so wird explizit darauf hingewiesen.

---

3 Eine genauere Darstellung ist zu finden bei Hall (1959) und (1976).

4 Für eine detailliertere Information vgl. Fussinger (1998).

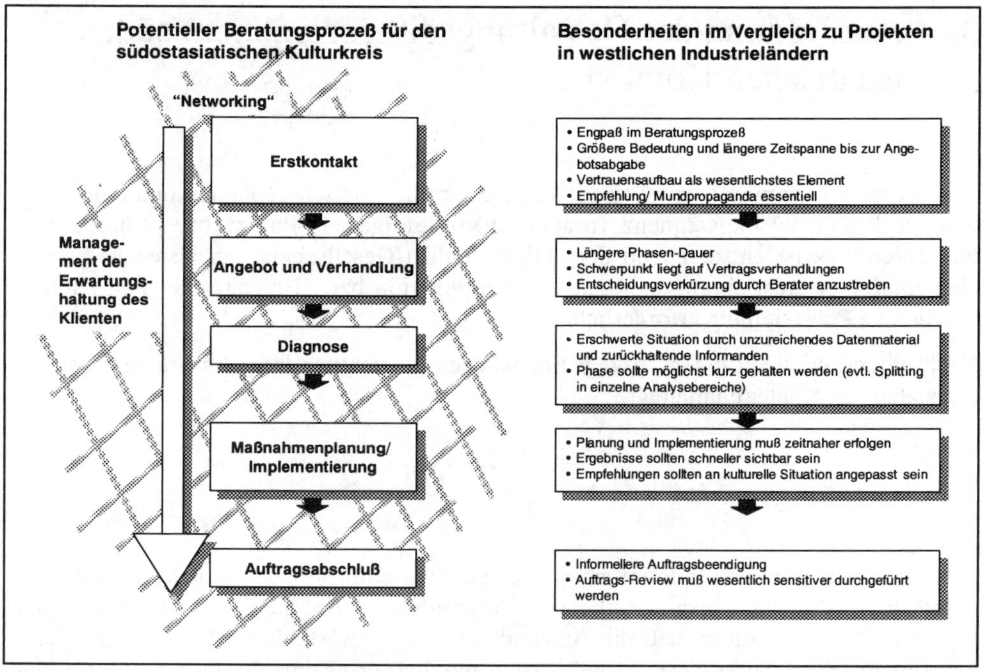

Abb. 3: Design und Besonderheiten eines Beratungsprozesses für den südostasiatischen Kontext (Quelle: in Anlehnung an Kubr (1996))

Die Bedeutung von Networking als Erfolgsfaktor während des gesamten Beratungsprozesses ist durch die Einbettung desselben in ein Netz gegenseitiger Beziehungen gekennzeichnet. Das wesentliche Verständnis des Begriffes Networking unterscheidet sich stark von der in Asien vorherrschenden Grundhaltung. Es handelt sich hier um eine Philosophie gegenseitigen Helfens und die Etablierung informeller Kontakte. Die Pflege und Aufrechterhaltung derselben, als kontinuierlicher Prozeß, steht dabei im Vordergrund. Ein wesentlicher Aspekt dabei ist die Gegenseitigkeit: Wenn ein Geschäftspartner oder „Bekannter" einem anderen einen Gefallen getan hat, steht der andere in dessen Schuld und wird sie (irgendwann) auch einlösen. Dieses "eine Hand wäscht die andere"-Prinzip ist nicht zwingend an einen Geschäftsabschluß gebunden, es können auch Informationen oder Kontakte vermittelt werden. Indikatoren für ein gutes Networking sind das „gute Kennen", erbrachte Kompetenzbeweise, ggf. bereits durchgeführte Beratungsaufträge, Kontakte zu Insidern und damit auch die Reife, weiter empfohlen zu werden.

Angesichts dieser Wichtigkeit des Networking hat die Akquisitionsphase eines Beratungsprozesses in Südostasien einen völlig anderen Charakter und dauert sehr viel länger im Vergleich zum Westen. Bis zum Abschluß eines Vertrages muß ein persönliches Vertrauensverhältnis aufgebaut sein. Der Unternehmensberater oder Kontakter muß persönlich glaubwürdig und zuverlässig sein. Er muß durch Insider oder Familienangehörige eingeführt werden und diesen Status durch eine längere Kontakt-Phase beweisen bzw. stärken. Ohne diese Vor-Phase werden keine Verträge geschlossen. Über das Vertrauen hinaus ist aber auch ein Kompetenzbeweis erforderlich, um den potentiellen Klienten von dem Nutzen einer Zusammenarbeit zu überzeugen.

Die stärkere Gewichtung von Beziehungsaufbau in Asien macht „schnelle und eher anonyme" Akquisitionsmaßnahmen, wie z.B. „Direct Sale" und Telefonakquise durch Call Center unmöglich. Der Zeitfaktor ist außerdem zu berücksichtigen, wenn ein Beratungsunternehmen den Markteintritt in Südostasien plant, hier ist ein wesentlich längerer Vorlauf als im Westen erforderlich.

In der südostasiatischen Kultur ist in einem ganz besonderen Maße „Erwartungsmanagement" während des gesamten Prozesses zu realisieren. Auch wenn, wie unter 2.1 dargestellt, der Schwerpunkt der Erwartungen in der Person des Beraters selbst zu suchen ist und eher implizite Aspekte bevorzugt werden, so scheinen die Klienten doch sehr kompromißlos, wenn Ihre Anforderungen, persönlicher oder fachlicher Art, nicht erfüllt werden. Daher sollten die Erwartungen und „Hidden Assumptions" des Klienten, durch kontinuierliche Kommunikation und Kontaktpflege, rechtzeitig identifiziert und gehandhabt werden, um Fehlentwicklungen entgegenzuwirken.

Die Art, Form und Häufigkeit der Kommunikation vor und während des Beratungsauftrages unterscheiden sich wesentlich von denen im Westen. Die Art der Kommunikation ist deutlich impliziter, direkte Fragen sind unangebracht und verärgern den Gesprächspartner mehr (Gefahr des „Gesichtsverlust") als daß sie zum gewünschten Ergebnis führen.

So sind z.B. im Rahmen der Datenerhebung das strukturierte Interview und die explizite Diskussion von Problembereichen innerhalb des Unternehmens aus kulturellen Gründen nicht geeignet. Oft führt die geduldige und taktvolle Beobachtung von Sachverhalten und Personen eher zum Ziel als die Befragung involvierter Personen.

Die persönliche Kommunikation ist bedeutend geeigneter für den asiatischen Kontext als die schriftliche, was ebenfalls in der impliziten Kultur begründet liegt. Insbesondere die Art der Kommunikation und die Wortwahl sind im asiatischen Kontext mit Bedacht zu wählen und eher neutral bis positiv zu gestalten, hier sollte nicht zu sehr in Problemen bzw. Schwachstellen formuliert werden. Darüber hinaus ist Sensibilität und Verständnis für den fremdkulturellen Kontext und die damit verbundenen Besonderheiten des Klientenunternehmens sehr wichtig.

Die Häufigkeit der Kommunikation scheint im Vergleich zum Westen auch zu differieren. Asiaten erwarten eine kontinuierliche Information über die Vorgänge innerhalb des Projektes. Wobei dies häufig als einseitige Kommunikation von seiten des Beraters zu betrachten ist. Es kann nicht mit einer direkten Reaktion oder Äußerung des asiatischen Managers gerechnet werden, da dieser die sofortige Wertung des Gehörten meist unterläßt und erst zu einem späteren Zeitpunkt Ergebnisse, Maßnahmen und auch Empfehlungen kommentiert.

Bei der in Asien länger andauernden Phase “Angebot und Verhandlung” ist der Schwerpunkt eindeutig auf die Vertragsverhandlungen zu legen, welche den eigentlichen Start eines Beratungsprojektes markieren. Das Bedürfnis der Klienten nach überschaubaren, abgegrenzten Inhalten und damit auch kalkulierbaren Kosten und Ergebnissen muß im Angebot bzw. Beratungsvertrag entsprechend aufgegriffen werden. Der Berater sollte während der Vertragsverhandlungen versuchen, den Entscheidungsprozeß durch Argumente und durch Einräumung von speziellen Zahlungsvereinbarungen und Sonderkonditionen zu beeinflussen, jedoch keineswegs zum “Hard Selling” übergehen. Bei der Verhandlung mit einem Klienten in Südostasien sind nicht nur dessen Bedürfnisse und Ziele, sondern vielmehr auch die kulturellen Werte und Rahmenbedingungen bei der Formulierung und Gestaltung des Angebotes zu berücksichtigen. So ist ein asiatischer Verhandlungspartner zwar immer auf einen „Good Deal“ aus, dabei sollte aber noch stärker als im Westen auf einen integrativen Verhandlungsstil geachtet werden, im Sinne einer Win-Win-Situation: Nutzenstiftung für beide Seiten. Ein einmal geschlossener Vertrag wird nicht in jedem Punkt buchstabengetreu umgesetzt. In der Zielregion gilt es als selbstverständlich, daß Verträge „lebendig“ sind und bei Bedarf „weiterentwickelt“ werden. Die Erzielung von Klarheit über vorliegende sowie benötigte Daten und erwartete Ergebnisse von Seiten des Klienten sind daher unbedingt erforderlich. Es ist empfehlenswert, insbesondere die Erwartungen hinsichtlich Art und Umfang der Implementierung zwischen Berater und Klient im Zusammenhang mit dcn Vertragsverhandlungen zu definieren.

Eine umfassende Ist-Analyse und zeitintensive Datenerhebung steht in Südostasien teilweise konträr zu der Grundhaltung der Auftraggeber. Es wird auch hier eine kurze Diagnose, basierend auf den gegebenen Informationen, vorausgesetzt.

Die Phasen Maßnahmenplanung und Implementierung sind im asiatischen Kontext idealerweise zu kombinieren, da aufgrund der extremen Ergebnisorientierung der Klienten die theoretische Planungsphase kein „richtiges“ Beratungsergebnis darstellt. Dies trifft allerdings hauptsächlich auf mittelständische Unternehmer zu und ist nicht zwingend auf anspruchsvollere Projekte zu beziehen.

Implementierungskompetenz scheint im asiatischen Kulturkreis einen starken Wettbewerbsvorteil für ein Beratungsunternehmen darzustellen, da hierin viele Klienten den Engpaß sehen. Die ausschließliche Konzepterstellung genügt nicht mehr, vielmehr ist die Ratgeberfunktion auch in der Implementierungsphase gefragt, wenngleich der Grad der Einbindung der Berater geringer ist als im Westen. „Simultaneous Implementation“, eine möglichst frühzeitig im Prozeß beginnende und wiederholte Implementierung, sowie die dadurch gewährleistete schnelle und kontinuierliche Ergebnisproduktion kommt der asiatischen Erwartung am nächsten. Die geschilderte Bedeutung der Implementierung entspringt der überwiegend gering ausgeprägten Erfahrung mit Unternehmensberatern sowie der Scheu vor dieser „unbekannten, schlecht einschätzbaren“ Dienstleistung.

Bei der Beratung von mittelständischen Unternehmen existiert gewöhnlich kein formaler Aufragsabschluß bzw. Evaluierung desselben. Die eher informelle Auftragsbeendigung, sichtbar durch das Klienten-Verhalten und mögliche weitere Beratungsaufträge, ist hier gängiger. In großen bzw. international agierenden Unternehmen hingegen ist ein professionelles Projekt-Review Usus, wenngleich die Art und Weise des Review als bedeutend sensitiver und auf die kulturellen Eigenheiten Rücksicht nehmend zu charakterisieren ist.

3.2 Projektmanagement

Für ein zielgruppengerechtes Design von Beratungsprojekten in Südostasien ist die bereits erwähnte Strukturierung in überschaubare, modular zu beauftragende Projektphasen bzw. Arbeitspakete wichtig. Allerdings ist eine zu detaillierte Projektplanung mit genau terminierten Meilensteinen zu vermeiden, um den Klienten nicht zu irritieren und um eine ausreichende Flexibilität im Beratungsprozeß zu besitzen. Nach Angebotsabgabe bekannt werdende Umweltfaktoren können somit ebenfalls noch berücksichtigt werden, was insbesondere vor dem Hintergrund eventueller Unwägbarkeiten des fremdkulturellen Kontextes nicht zu unterschätzen ist.

Im Rahmen der Diagnose-Phase ist ein größerer Zeitaufwand für die Datenerhebung einzuplanen. Häufig liegt nur unzureichendes Datenmaterials vor, welches nicht den gewohnten westlichen Standard aufweist oder die Daten sind anders zu interpretieren. Die kulturell bedingte grundsätzlich restriktive Weitergabe von Unternehmensinformationen stellt ein weiteres Handicap bei der Datengewinnung dar.

Bei der personellen Besetzung des Projektteams ist zu berücksichtigen, daß generell männliche Seniorberater, aufgrund des herrschenden Senioritätsprinzips, den höchsten Akzeptanzgrad in der asiatischen Kultur haben. Das heißt, diese kommen primär für den Lead-Kontakt mit dem Entscheider oder als Projektleiter in Frage. Ein Juniorberater wird z.B. nicht als adäquater Gesprächspartner für einen Firmeninhaber akzeptiert, wohingegen Berater mit einer geringeren Lebens- und Berufserfahrung grundsätzlich selbstverständlich als Projektmitarbeiter einsetzbar sind.

Die Frage der Bevorzugung von Beratern aus dem selben Kulturkreis ist schwer zu beantworten und ist mit Sicherheit stark vom jeweiligen Klienten abhängig. Letztlich erleichtert ein Berater, welcher als kultureller Mittler fungieren kann, die Zusammenarbeit und trägt dazu bei, kulturspezifische Dinge, wie z.B. idiomatische Redewendungen der Auslandschinesen in Südostasien, besser zu verstehen oder aber Vorurteile gegenüber westlichen Unternehmensberatern abzufangen. Wohingegen Berater mit westlichem Erfahrungs- und Managementhintergrund neue Ideen und Managementpraktiken einbringen können. Aus Vorgenanntem läßt sich ableiten, daß die Mischung lokaler und westlicher Berater sinnvoll erscheint. Die Beraterauswahl sollte sowohl vor dem Hintergrund der fachlichen Kompetenz als auch der menschlichen Kompatibilität zu dem Klientenunternehmen getroffen werden. Bei der Zusammenstellung eines gemischten Teams wird sehr wahrscheinlich von seiten der Klienten-Mitarbeiter eine Leitungsfunktion der Berater erwartet, was sich wiederum aus der Kultur ableiten läßt. Wichtig ist in diesem Zusammenhang die klare Definition von Aufgaben und Rollen der beteiligten Personen. Tendenziell werden westlichen Beratern eher die Aufgaben des fachlichen

Inputs sowie der Entwicklung der Methodik zugeordnet. Lokale Berater spielen eine größere Rolle bei der Projektkommunikation und der Beurteilung von Methoden der Implementierung bzw. Implementierungsunterstützung, d.h. Mobilisierung der Mitarbeiter.

Bei der Gestaltung der Projektorganisation ist darauf zu achten, daß Gremien, wie z.B. das Steering Committee, aus Vertretern gleicher Hierarchie-Ebenen von Seiten des Klienten wie auch des Beratungs-Unternehmens zusammengesetzt sind, um eine gleichberechtigte Kommunikation zu ermöglichen. Die Projektorgane treffen sich im südostasiatischen Kulturkreis in der Regel wesentlich häufiger als im Westen, um die vielfach zitierte Beziehungspflege zu gewährleisten.

Aufwendige Präsentationen und umfangreiche Projektdokumentationen werden eher als überflüssig angesehen, daher sollten sich Ergebnisdokumentationen auf das Wesentliche konzentrieren. Die erarbeiteten Empfehlungen sind mit dem Entscheidungsträger sinnvollerweise zeitnah und im Vorfeld größerer Meetings durchzusprechen. Denn je nach Unternehmen und Beratungsprojekt ist die Bereitschaft zur Implementierung der empfohlenen Maßnahmen nicht durch ein Dokument, sondern eher durch die persönliche Überzeugung des Klienten zu erzielen.

3.3 Beratungsinhalte

In Abhängigkeit von der Unternehmensgröße variieren auch die Beratungsinhalte. Je kleiner das Klientenunternehmen, um so geringer ist die Bereitschaft mehrere Unternehmensbereiche, betreffende Beratungsaufträge zu erteilen. Dies spricht dort für kleinere Fachprojekte und eher gegen umfassende Reorganisationsprojekte bzw. Projekte mit dem Ziel der strategischen Neuausrichtung. In Großunternehmen hingegen wird in strategischen Fragestellungen und eher ganzheitlichen Projekten mit Beratern zusammengearbeitet. Die Kulturunterschiede in den verschiedenen Unternehmensgrößen werden hierin deutlich. Je größer das Unternehmen, um so eher sind westliche Praktiken einsetzbar, Erfahrungen mit Beratern vorhanden und somit ist eine größere Offenheit gegenüber Beratung zu konstatieren. Dies wiederum läßt ein größeres Spektrum an Beratungsinhalten und auch Beratungsansätzen zu.

Grundsätzlich stellen alle Managementthemen in Asien ein potentielles Beratungsfeld für Unternehmensberater dar. In Abhängigkeit von der unternehmerischen Ausgangslage und vorgenannten Aspekten wird aber bereits durch den Auftraggeber eine Vor-Selektion der Beratungsinhalte stattfinden. So sind zum Beispiel Technologie- und IT-Beratung aufgrund ihrer geringeren Kulturgebundenheit im Vergleich zu Strategieprojekten, aber auch durch den in Südostasien gegebenen Nachholbedarf (zum weltweiten Wettbewerb), Beratungsfelder, welche grundsätzlich häufig und gerne beauftragt werden. Aber auch die Konsolidierung des Finanzmanagements oder die Entwicklung von Internationalisierungsstrategien stellen relevante Beratungsinhalte für die unter Kostendruck stehenden und zunehmend globaler agierenden Unternehmen in Südostasien dar.

Die in vielen mittleren Unternehmen noch gegebene soziale Mitverantwortung für langjährige Mitarbeiter spricht gegen Beratungsprojekte, welche hauptsächlich die Freisetzung von Mitarbeitern zum Ziel haben. In diesem Fall wäre dann die Flexibilität und Kreativität des Unternehmensberaters gefragt, um z.B. geeignete Arbeitsfelder für diese weniger qualifizierten Mitarbeiter zu finden und somit für das Unternehmen eine Produktivitäts- und auch Qualitätssteigerung durch neue, qualifiziertere Mitarbeiter zu erzielen. Empfehlungen, welche hierarchische und damit auch Machtkonstellationen innerhalb des Unternehmens und der involvierten Familie außer Acht lassen, sind ebenfalls eher schwer umzusetzen. Aus Gründen der Besitzstandswahrung können diese abgelehnt werden, auch wenn dies oft nicht rational begründet ist, denn in asiatischen, eher femininen Kulturen, gelten Beziehungen und spezieller Status oft mehr als organisatorische Effizienz und die objektive Bewertung von Fakten.

Nur durch Langzeitbeziehungen und Vertrauen ist die Durchführung von Strategieberatung möglich. Strategische Fragestellungen und Inhalte werden eher als „intimer“ Bereich angesehen und es fällt asiatischen Unternehmern schwer, hierzu externen Rat anzunehmen. Um in die Strategieberatung vorzudringen, kann ein Vorprojekt, eventuell auch mit stärker operativem Fokus, eine sinnvolle Maßnahme zur Generierung von Vertrauen darstellen, woraus sich zukünftige Geschäftschancen für andere, evtl. auch stärker strategie-orientierte Bereiche herauskristallisieren können. Die größeren Unternehmen sind generell eher empfänglich für Strategie-Projekte, wählen allerdings dann die großen Namen der Beratungsbranche mit entsprechender Reputation und Know-How aus.

Die Kombination von Beratungsaufträgen mit Trainingsaspekten ist zu empfehlen, da die steigende Qualifikation der Mitarbeiter zum Aufbau von Know-How und Kompetenz im Unternehmen führt. Dies stellt in vielen südostasiatischen Unternehmen einen Engpaß und damit ein weiteres Argument gegenüber dem Entscheidungsträger für den Einsatz von Unternehmensberatern dar.

3.4 Beratungsansatz

Die Fachberatung, d.h. branchen- oder funktionsorientierte Beratungsansätze, sind in Südostasien zur Zeit noch vorherrschend. Hier liegt der Schwerpunkt eindeutig auf der Problemanalyse und der Maßnahmenempfehlung. Die Klienten sehen den Berater als „Dr.Instant-Fix-It“[5]: Analyse der Situation und Ableitung der Diagnose, verbunden mit schneller Ergebnisproduktion. Der Berater wird im südostasiatischen Kontext als Experte hinsichtlich Wissen und Methode gesehen. Sein Hauptaugenmerk sollte demnach auf der inhaltlichen Problemlösung und nicht auf organisatorischen oder sogar psychologischen Aspekten ruhen. Diese Erwartungshaltung der Klienten legen eine Mischung der beiden Modelle von Schein (1988) nahe. Zum Einen das Vorgehen nach dem Arzt-Patienten-Modell[6] und zum Anderen nach dem Experten-Modell[7]. Klienten in Südostasien scheinen mit Abschluß eines Beratervertrages das Problem weiterhin selbst kontrollieren und beeinflussen zu wollen, der Berater dient lediglich als „Lieferant“ von Expertenwissen. Die Umsetzung seiner Empfehlung ist unter Umständen trotz verbalem Einverständnis in vielen Fällen fraglich.

Die stärker auf Partizipation und Unterstützung des Klienten angewiesene Prozeßberatung ist in Südostasien nur in Einzelfällen durchführbar. Dies liegt einerseits in der stärkeren Fokussierung auf organisatorische und psychologische Aspekte, was wiederum konträr zu der impliziten Kultur steht. Andererseits aber auch in der stärkeren Einbindung des Managements, was ebenfalls häufig nicht gewünscht wird und kulturell bedingt nicht üblich ist. Manager in Südostasien lassen sich informieren, treffen Entscheidungen, sehen ihren Part aber viel weniger in der aktiven Unterstützung des Beraters als im Westen. Auch die Mitarbeiter sind grundsätzlich nicht gewohnt, in einer offenen Diskussion oder einem Workshop ihre Ansichten zu äußern, was u.a. auf den streng hierarchischen Strukturen und dem zu geringen Selbstbewußtsein der Mitarbeiter beruht. Das heißt, daß beispielsweise bei der Datenerhebung immer der Vorgesetzte oder Firmeninhaber informiert werden muß. Initiative von Mitarbeiterseite, für bestimmte Beratungsinhalte und -tools essentiell, wird somit eher verhindert, was sich kontraproduktiv auf den Beratungserfolg auswirken kann. Daher sind Kreativitätstechniken und Methoden wie Brainstorming eher unübliche Tools im Beratungsalltag.

Eine, nach westlichem Verständnis sinnvolle, partizipative Vorgehensweise ist zum derzeitigen Zeitpunkt in der Mehrzahl der Unternehmen mittlerer Größe nicht anwendbar,

5 Wörtliches Zitat eines Unternehmers aus Malaysia, welches die Erwartung einer schnellen Lösung und Problembeseitigung verdeutlicht (vgl. Fussinger (1998)).

6 Die psychologische Botschaft hinter diesem Modell ist die Unsicherheit des Klienten bezüglich des Problems und eine gewisse Abhängigkeit vom Unternehmensberater.

7 Hauptannahme für dieses Modell ist die Identifikation des richtigen Problems durch den Klienten und die Problementwicklung und –lösung durch den Unternehmensberater. Falls der Klient jedoch in der Diagnose irrt, ist der gesamte Beratungsprozeß und dessen Ergebnis in Frage gestellt.

sondern nur in einigen großen, international agierenden Unternehmen bzw. Konzernen. Ein Grund liegt in der großen Zurückhaltung der Asiaten hinsichtlich Informationsweitergabe an Externe. Außerdem ist in der von großer Machtdistanz geprägten asiatischen Gesellschaft die Rolle des Beraters als Moderator und ggf. als Coach eher mit Schwäche belegt und ist nicht dem Bild eines Experten vereinbar. Auch gilt zu bedenken, daß die Kulturgebundenheit bei partizipativen Ansätzen und Projekten der Organisationsentwicklung wesentlich stärker gegeben ist, als im Rahmen einer reinen Fachberatung.

Auch in der interkulturellen Praxis kommen die Reinformen der Fach- oder Prozeßberatung wahrscheinlich seltener vor als die Mischung aus beiden Formen. Die Einstellung des Kunden und auch die zu lösende Aufgabe stellen hier ebenso die Grundlage für die Wahl und Gestaltung des Beratungsansatzes dar. Zukünftig wird die Bereitschaft zu einer „offeneren" und partizipativen Vorgehensweise sicherlich steigen, allerdings stellt die Zeitintensität dieser Methode immer noch einen zu behandelnden Punkt dar. Die Wahl bzw. Ausübung der Beraterrolle und damit auch die Gestaltung des Beratungsansatzes hängt sehr stark von dem Reifegrad des Unternehmens ab. Je reifer ein Unternehmen diesbezüglich ist, um so größer ist die Vielfalt der möglichen Beraterrollen und um so realisierbarer wird ein Rollenwechsel. Hinzu kommt die Frage des Timing: wenn durch Hard-Facts-orientierte Beratung Vertrauen gewonnen wurde, können coachende Ansätze bzw. Methoden des Change Managements eher akzeptiert werden.

4. Fazit

Gemäß dem Kontingenzprinzip[8] ist Flexibilität gegenüber dem jeweiligen Klienten und seinem spezifischen Problem und damit auch gegenüber dem angewandten Beratungsansatz unabdingbar. Dies ist gerade bei Unternehmensberatung im fremdkulturellen Kontext um so wichtiger, da letztlich nicht die Instrumente und Methoden eine erfolgreiche Zusammenarbeit mit dem Klienten ermöglichen, sondern die Akteure in der konkreten interkulturellen Situation. Die Unternehmensberater müssen fähig sein, eine interkulturelle Beratungssituation auf ihren Problemgehalt und ihr Lösungspotential hin zutreffend zu analysieren und die den spezifischen kulturellen Gegebenheiten angemessenen Entscheidungen herbeizuführen und auch umzusetzen. Wesentlich dabei ist allerdings auch, daß der Berater als Person authentisch bleibt.

---

8 Das Kontingenzprinzip besagt, daß Managementmethoden an die organisationsspezifischen Umstände angepaßt werden sollten (vgl. Blunt (1995)).

Die dargestellten Gestaltungsdimensionen bieten eine Hilfestellung bezüglich der in fremdkulturellem Kontext steuerbarer Größen. Sie sind entsprechend den interkulturellen Gegebenheiten auf die jeweilige nationale Kultur sowie Organisationskultur und spezifisch auf das Klientenunternehmen abgestimmt anzupassen. Nur so können Sie als Erfolgsfaktoren wirken und die gewünschten Beratungsergebnisse und auch Synergieeffekte auf Klienten- und Beraterseite herbeiführen.

Literaturhinweise

BLUNT, P. (1995): Die kulturellen Grenzen der prozeßbegleitenden Beratung in der Entwicklungszusammenarbeit, in: R.-D. Reineke, R. Sülzer, (Hrsg.): Organisationsberatung in Entwicklungsländern, Konzepte und Fallstudien, Wiesbaden 1995 (Gabler), S. 49 – 67.

CHEN, M. (1995): "Overseas Chinese Family Businesses: a Case Study (in Thailand)" in: East Asian Executive Reports, 17. Jg., Nr. 11/1995, S. 8 – 16.

FUSSINGER, C. (1998): Consulting Overseas Chinese Family Businesses in Southeast Asia – An Investigation into Approaches of International Consulting Companies. MBA-Dissertation, Fachhochschule Ludwigshafen / University of Lincolnshire and Humberside, Hull/GB 1998.

HALL, E. T. (1959): The Silent Language, Garden City/NY 1959 (Anchor Press, Doubleday).

HALL, E. T. (1976): Beyond Culture, Garden City/NY 1976 (Anchor Press, Doubleday).

HOFSTEDE, G. (1991): Cultures and Organizations: Software of the Mind, Berkshire/GB, 1991 (McGraw-Hill).

KUBR, M. (HRSG., 1996): Management Consulting: A Guide to the Profession, 3. Aufl., Genf 1996 (International Labour Office).

REDDING, G. (1990): The Spirit of Chinese Capitalism, Berlin, New York 1990 (De Gruyter).

SCHEIN, E. (1988): Process Consultation, Vol. I: Its Role in Organizational Development, 2. Aufl., Reading/MA 1998 (Addison Wesley).

Andreas J. Harbig, Thomas J. Möller

Interkulturelles Management in einem global tätigen Dienstleistungsunternehmen

1. Interkulturelles Management

Eine erste Welle in puncto interkulturelles Management war bereits vor mehr als zwanzig Jahren im Zusammenhang mit der Öffnung und damit stärkeren Internationalisierung und Liberalisierung der Märkte (erste Ansätze von Privatisierung großer Staatsbetriebe; GATT - General Agreement on Tarifs and Trade - und WTO) zu verzeichnen.

Mit dem Fortschreiten der Globalisierung und einer zunehmend technologiebasierten Vernetzung der Ökonomien ist eine zweite Welle bezüglich interkultureller Managementkompetenz beobachtbar. Während diese in den vergangenen Jahren eher als eine Option für unternehmerisches Handeln gesehen wurde, so ist sie heute Voraussetzung für effektive internationale und interkulturelle Zusammenarbeit im öffentlichen und privaten Sektor. Im Kontext globaler Wettbewerbsfähigkeit sind grenzübergreifende Arbeitseffizienz und Arbeitsteilung erfolgskritisch und lassen somit keine größeren interkulturellen oder kommunikativen Reibungsverluste zu.

Als weltweit größtes Dienstleistungsunternehmen ist sich PricewaterhouseCoopers (PwC) dieser Entwicklung bewußt und reduziert Interaktions- und Kompatibilitätsprobleme durch eine globale Unternehmenskultur, die, basierend auf einer geteilten Wertegrundlage, bewußt multikulturelle Vielfalt und Unterschiede zuläßt und fördert.

Die Werte von PricewaterhouseCoopers sind darauf ausgerichtet, bei Mitarbeitern eine entsprechende Sensibilität für unterschiedliche kulturelle Dispositionen zu erzeugen, eine damit verbundene Reflektionsfähigkeit über den eigenen kulturellen Kontext hinaus zu fördern und sollen dazu beitragen, kulturelle Unterschiedlichkeiten als Fundus für unternehmerische Handlungs- und Entscheidungsoptionen zu entdecken.

2. Die Entstehung der Wertebasis von PricewaterhouseCoopers

Das Unternehmen PricewaterhouseCoopers ist im Jahr 1998 durch den weltweiten Zusammenschluß von Pricewaterhouse und Coopers & Lybrand entstanden. Diese Fusion hat 140.000 Menschen in 180 Ländern zusammengebracht und stellt eine zuvor nie dagewesene Kultur- und Erfahrungsfusion dar. PwC ist durch diese Fusion zum weltweit führenden professionellen Dienstleistungsunternehmen geworden, welches für Mitarbeiter und Kunden einzigartige Perspektiven eröffnet. PwC verfügt über eine weltweite

Marktpräsenz, eine äußerst breit gefächerte Fachkompetenz und eine enorme Vielfalt an Wissen und Erfahrung.

In dieser multinationalen und multikulturellen „Global Service Firm" sind die Unternehmenswerte eine Orientierungsgröße und geben Auskunft darüber, welches Verhalten unterstützt wird und welches nicht.

Die Unternehmenswerte sind damit auch ein Kommunikations- und Führungsinstrument und balancieren kontextadäquat das Mitarbeiter- und Führungsverhalten über nationale Grenzen hinweg.

Die Entstehung der Werte von PricewaterhouseCoopers war ein intensiver Prozeß, der sowohl die Werthaltungen der Vorgängergesellschaften als auch länderspezifische und kulturelle Gegebenheiten berücksichtigt hat. Eine Arbeitsgruppe mit mehr als 200 Mitarbeitern aus 34 Ländern, sozusagen ein Mikrokosmos des Gesamtunternehmens, hat dieses Wertegerüst entsprechend weiterentwickelt. Hier sind die Erfahrungen und Einsichten unterschiedlicher Mitarbeitergruppen eingeflossen und zu einem neuen Ganzen verdichtet worden. Die heute kommunizierten Werte sind Dialogplattform und Anker zugleich; sie sollen zur Leistung anspornen, Gestaltungsspielraum zulassen und interkulturelles Lernen zwischen PwC-Mitarbeitern, Kunden und anderen Anspruchsgruppen weltweit initiieren und fördern.

Das globale Ziel von PwC wird gerade durch ein solches handlungsleitendes Wertesystem unterstützt und lautet:

„Als weltweit führendes professionelles Dienstleistungsunternehmen bieten wir unseren Mandanten in globalen, nationalen und lokalen Märkten intelligente und zukunftsgerichtete Lösungen zur Bewältigung ihrer komplexen unternehmerischen Herausforderungen."

3. Die Werte von PricewaterhouseCoopers

Die PwC-Werte sollen helfen, dieses Ziel zu erreichen. Viele dieser Werte waren und sind Bestandteile der Organisation. Andere setzen neue Akzente, weisen in die Zukunft und beschreiben, wer und wie PricewaterhouseCoopers sein will. Auf diese Weise wird eine gewisse innere Veränderungsbereitschaft der Menschen und ihrer Organisation erzeugt.

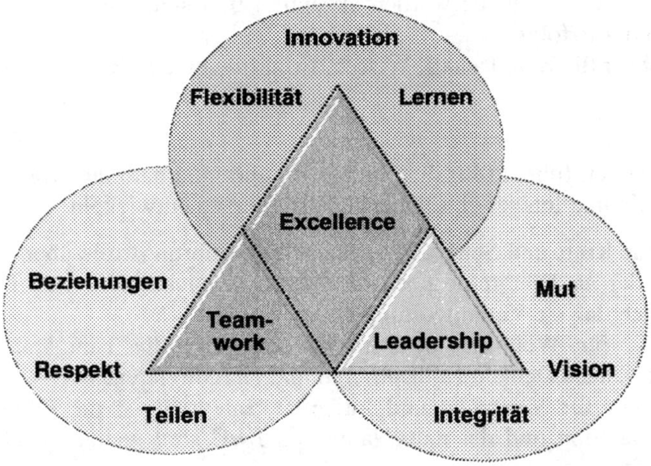

Abb. 1: Die Werte von PricewaterhouseCoopers

Drei Kernwerte bilden die Grundlage für das Handeln von PwC: Excellence, Teamwork und Leadership.

Excellence beinhaltet, daß Leistungsversprechen eingehalten und Erwartungen übertroffen werden. Excellence steht für Innovation, kontinuierliches Lernen und Flexibilität.

- Innovation bedeutet Entwicklung und Umsetzung kreativer und intelligenter Lösungen.
- Lernen steht für die kontinuierliche Weiterentwicklung des Wissens und der Kompetenz der Mitarbeiter.
- Flexibilität steht für die Fähigkeit, schnell und effektiv auf Marktveränderungen reagieren zu können.

Teamwork bedeutet, daß nur in Zusammenarbeit mit Kollegen und Kunden intelligente und zukunftsweisende Lösungen entstehen können. Effiziente Teamarbeit erfordert stabile Beziehungen, Respekt und die Bereitschaft, Wissen zu teilen.

- Beziehungen steht für den Aufbau produktiver und stabiler Beziehungen zu Mandanten und Kollegen.
- Respekt bedeutet, daß unterschiedliche Kulturen, Gemeinschaften und Ansichten geschätzt und vereint werden. Unterschiedliche Bedürfnisse werden berücksichtigt und außerdem legt PwC Wert auf ein ausgeglichenes Berufs- und Privatleben. Andersartigkeit ist kein Grund für Distanz oder Geringschätzung, sondern im Gegenteil eine

Bereicherung. Unterschiede werden akzeptiert und sind Quelle der Inspiration, der Freude und des Erfolgs.

- Teilen steht für die Bereitschaft, Wissen, Erfahrungen und Ressourcen bereitwillig zu teilen.

Leadership bedeutet, führend für die Mandanten und innerhalb der Organisation zu sein, ideenreich, mutig und integer zu sein sowie Visionen zu entwickeln.

- Mut steht für Kraft und Stärke. Jeder kann eine Führungsrolle übernehmen. Leadership ist weder an Hierarchie noch an Dienstalter gebunden. Von Führungskräften wird erwartet, daß sie Verantwortung übernehmen.
- Vision steht für Weitblick, Zielformulierung und die Fähigkeit, andere durch zukunftsweisendes Denken zu inspirieren und zu motivieren.
- Integrität steht für Vertrauen und Integrität. Integrität ist die Grundlage des Geschäfts. Reputation und der gute Name von PwC sind weitaus wichtiger als kurzfristige Profite.

4. Six Forces - Wirkungsgrößen, die zukünftiges Handeln bestimmen

PwC hat sechs Wirkungsgrößen („Six Forces") identifiziert, die das globale Wirtschaftsleben nachhaltig beeinflussen werden. Die Auseinandersetzung mit diesen Wirkungsgrößen aktiviert das Wertesystem von PwC und ist somit komplementär handlungsleitend. Konsequenterweise wird hierdurch ein verstärkter interkultureller Austausch sowie ein umfassender ökonomischer und soziokultureller Dialog für Mitarbeiter, Kunden und andere Stakeholder initiiert. Das Ergebnis ist eine Neudefinition von Wertschöpfung, welche alle relevanten Einflußgrößen berücksichtigt und im Sinne des Balanced Scorecard - Prinzips bilanziert. Dies hat eine fundamentale Revision existenter Geschäftsprozesse und Wertschöpfungsmodelle zur Folge.

Für PwC bedeutet dies eine Herausforderung in zweierlei Hinsicht:

- Die im Unternehmen weltweit existenten Kompetenzen und Erfahrungen zu identifizieren, auszutauschen und zielgerichtet einzusetzen.
- Zusammen mit Mandanten/Kunden diese fundamentalen Veränderungsprozesse professionell zu steuern.

4.1 Industriekonvergenz

Mit der Geschwindigkeit technologischer Neuerungen und Veränderungen, wie z.B. Internet und neue Kundenbedürfnisse, verwischen die Grenzen zwischen den klassischen Industriezweigen. Dadurch entstehen in vielen Bereichen wie z.B. in der Telekommunikation und im Finanzdienstleistungssektor völlig neue Rahmenbedingungen und Handlungsfelder. So kooperieren beispielsweise klassische Kreditinstitute mit Internetunternehmen, um auf diese Weise schnell auf sich verändernde Kundenbedürfnisse einzugehen - Tankstellen sind heute „Supermarkt, Bäckerei und Reisebüro mit Benzinzapfsäulen".

4.2 E-Business

E-Business verstärkt den technologischen Veränderungsdruck. Die Freiheit und Vielfalt der Kunden und Mandanten weltweit bestimmen zunehmend die Parameter des unternehmerischen Handelns. Die Adaption der technischen Möglichkeiten finden sich in unterschiedlichen Wirtschaftsbereichen; bestehende Geschäftsprozesse werden auf eine elektronische Plattformen gestellt. Heute schon reicht die Bandbreite von E-Procurement bis E-Learning. Die weiterhin ungebrochen rasante technologische Entwicklung und die damit verbundenen Möglichkeiten (z.B. UMTS) werden E-Business zum *Normal Business* machen.

4.3 Wissensgesellschaft (Knowledge Society/Economy)

Wissen wird zunehmend zu einer bestimmenden wirtschaftlichen Größe. In einer Knowledge-Organisation wie PwC, in der das Wissen eines jeden einzelnen Mitarbeiters sowohl Geschäftsgrundlage bildet als auch den langfristigen Erfolg des Unternehmens sicherstellt, werden große Anstrengungen unternommen, vorhandenes Wissen zu identifizieren, zu dokumentieren und durch intelligente Wissensteilung über kulturelle Grenzen hinweg zur Verfügung zu stellen und dadurch zu vermehren.

Wissen allein ist unwirksam. Deshalb verlangt Wissen nach Vernetzung und Anwendung - nur so ist Wissen nachhaltig wertschöpfend!

4.4 Proaktive Controlling-Systeme (Corporate Controlling)

Während es einerseits schon seit geraumer Zeit einen relativ gut funktionierenden globalen Kapitalmarkt gibt, so ist andererseits festzustellen, daß für die globalen Investoren notwendige Bilanzierungs- und Bewertungsstandards derzeit unzureichend transparent und vergleichbar sind. Die Herausforderung für ein zukunftsfähiges Corporate Reporting geht über die Harmonisierung der heutigen weltweiten Bilanzierungsstandards hinaus. PricewaterhouseCoopers hat hierzu das Value-Reporting-Konzept entwickelt. Dieses bewertet stärker das Zukunftspotential als die vergangene Leistung eines Unternehmens und berücksichtigt zusätzlich immaterielle Wertansätze wie z.B. Innovationsfähigkeit, Veränderungsbereitschaft und Managementkompetenz.

4.5 Wettbewerb der Unternehmen um die besten Mitarbeiter

Heute findet der intensivste Wettbewerb in der globalen Wirtschaft nicht um Kapital, Technologie oder Marktanteile statt, sondern um die besten Mitarbeiter. In einer dienstleistungsbasierten Wissensökonomie werden die Firmen erfolgreich sein, welche fähig sind, die beste Mischung geeigneter Mitarbeiter aufzubauen.

Als weltweit agierendes professionelles Dienstleistungsunternehmen bietet PwC seinen Mitarbeitern enorme Entwicklungs- und Einsatzmöglichkeiten über kulturelle Grenzen hinweg. Dieser „Pool" kulturell unterschiedlicher Leistungsträger hat das Potential, qualitativ hochwertige Lösungs- und Handlungsvorschläge zu erarbeiten und diese erfolgreich bei unseren Kunden/Mandanten zu implementieren - „if well managed".

4.6 Neues Europa (Wirtschaftsintegration/Deregulierung)

Europa ist der größte Wirtschaftsraum der Welt und befindet sich in einem fundamentalen Veränderungsprozeß. Die Währungsunion sowie die Liberalisierung der meisten Märkte ist Realität geworden; darüber hinaus gibt es viele andere bedeutende Faktoren, die für ein gemeinsames europäisches Handeln notwendig wären, deren Realisierung aber noch aussteht. Diese sind: Nachhaltige ökonomische Stabilität, politischer Konsens, definitive Liberalisierung der Märkte, integrierte Infrastruktur, geteiltes ökologisches Bewußtsein sowie bildungspolitische Chancengleichheit. Das Gestalten eines neuen Europa bietet enorme Möglichkeiten für die Unternehmen und Mitarbeiter, die sich auf diese Veränderungen und Herausforderungen entsprechend gut vorbereiten. Nur eine konstruktive Auseinandersetzung mit den unterschiedlichen Kulturen in Europa schafft die Grundlage für eine nachhaltige europäische Integration.

Diese hier skizzierten Wirkungskräfte und Bewegungen werden die Zukunft von PwC und seinen Kunden/Mandanten entscheidend prägen. In dem gerade beschriebenen Kontext sind Komplexität, Dynamik und Veränderung stets wiederkehrende Elemente, die von Menschen verstanden und bewältigt werden müssen. Dabei soll im Bewußtsein bleiben, daß die Menschen – Mitarbeiter, Kunden oder andere Anspruchsgruppen – diesen Prozeß tragen und zum Erfolg führen.

5. Strategisches Personalmanagement als zentrale Größe für nachhaltigen Unternehmenserfolg

Die Verbundenheit des Unternehmens und der Mitarbeiter gegenüber den gemeinsamen Werten sowie die Annahme und Auseinandersetzung mit den Six Forces sind kritische Erfolgsfaktoren für PwC.

Aufgabe des strategischen Personalmanagements (SPM) ist es, die bestehende Geschäftsstrategie mit- und weiterzuentwickeln und daraus eine schlüssige und wertschöpfende Personalstrategie abzuleiten. Gerade in einem globalen Dienstleistungsunternehmen wird deutlich, daß nachhaltige Wertschöpfung nur durch Menschen entsteht. Wie schon erwähnt, geht es im weltweiten Wettbewerb heute nicht mehr um Kapital, bessere Technologie oder Marktanteile, sondern vielmehr um menschliche Talente, die fähig sind, über ihre Gewohnheiten (auch im Sinne von kultureller Prägung) und geografische Grenzen hinweg zusammenzuarbeiten.

In diesem Kontext ist es Aufgabe des strategische Personalmanagements, die Unternehmens- und Personalstrategie über Personalprogramme und -systeme schlüssig zusammenzuführen.

Auf der Wirkungsebene löst dies bei Mitarbeitern und Führungskräften wertschöpfende Aktivitäten für PwC und seine Kunden/Mandanten aus.

5.1 Die Wertschöpfungsdimensionen Clients, People, Firm

Die Übertragung und Wirksamwerdung der Unternehmenswerte und der Six Forces geschieht über die drei Wertschöpfungsdimensionen: Clients, People, Firm.

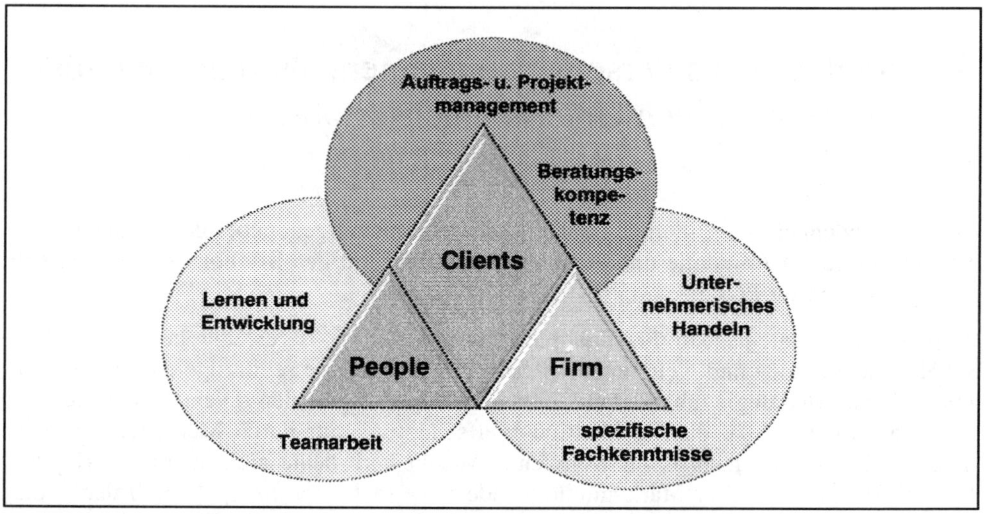

Abb. 2: Die Wertschöpfungsdimension Clients, People, Firm

In diesen Bereichen werden konkrete für das Unternehmen meßbare Wertschöpfungsbeiträge erzielt. Menschen mit ihren Kompetenzen sind die Grundlage dieser Wertschöpfung. PwC hat daher ein weltweit und über alle Karriere- und Entwicklungsstufen gültiges Kompetenzmodell entwickelt und dem PwC Performance Management System hinterlegt. Die Schlüsselanforderungen entlang der drei Wertschöpfungsdimensionen sind wie folgt beschrieben.

Clients: Auftrags- und Projektmanagement sowie Beratungskompetenz beim Kunden.

People: Teamarbeit sowie Lernen und Entwicklung mit Kollegen und innerhalb der eigenen Organisation.

Firm: Unternehmerisches Handeln sowie spezifische Fachkenntnisse.

5.2 Die Übertragung der Wertschöpfungsdimensionen auf die Wirkungsebene

Die Wertschöpfungsdimensionen und die dahinter liegenden Schlüsselkompetenzen dienen sowohl als interner Maßstab sowie als Orientierungsgrundlage für Mitarbeiter, Führungskräfte und Partner. Ausgewählte konkrete Anwendungen auf der Wirkungsebene sind:

- *Assessment Center* für Hochschulabsolventen: Diese Nachwuchsgruppe wird gezielt auf ihre Eignung nach den PwC-Schlüsselkompetenzen ausgewählt. Auch die Image- und Hochschulkampagne arbeitet mit den PwC-Werten, um qualifizierte und „passende“ Bewerber anzuziehen.

- *Performance Management System (PMS):* Zielvereinbarungen werden über die drei Dimensionen Clients, People, Firm abgeschlossen und regelmäßig überprüft. Hier werden auch die persönlichen Lernfelder identifiziert sowie individuelle Entwicklungsmaßnahmen abgeleitet. Das PMS übersetzt die – heute gültigen wie künftig wichtigen - Mandantenanforderungen in klare, transparente Leistungsanforderungen für jeden einzelnen Mitarbeiter. Es verbindet damit die Anforderungen der Mandanten/Kunden mit den Perspektiven eines jeden einzelnen Mitarbeiters. Gleichzeitig sorgt es für die notwendige Balance zwischen den unterschiedlichen Kenntnissen und Fähigkeiten, über die jeder einzelne Mitarbeiter und das Unternehmen als Ganzes verfügen muß, um dauerhaft erfolgreich zu sein.

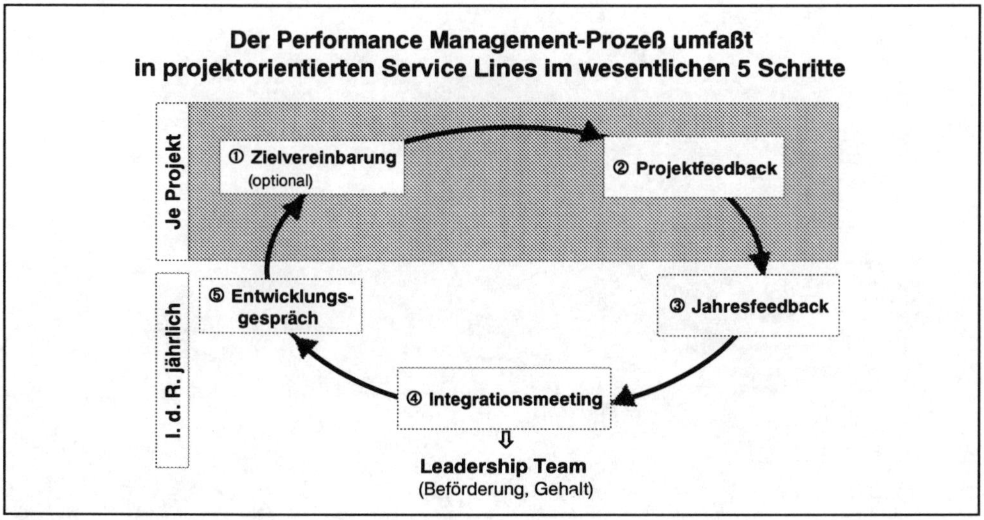

Abb. 3: Der Performance Management-Prozeß

- *Trainings und Seminare* werden komplementär entwickelt und *Management-diagnostik-Tools* und individuelle Entwicklungspläne passen sich entsprechend ein.

- Die alle zwei Jahre stattfindende *Mitarbeiterbefragung* unterliegt der gleichen Systematik. Ihre Ergebnisse werden genau analysiert und führen zu *Organisationsentwicklungsmaßnahme*n vor Ort wie z.B. Teambuilding oder 180 Grad-Feedback Instrumenten.

Der Erfolg dieser Instrumente hängt maßgeblich von der Bereitschaft und dem Engagement aller Beteiligten ab. Dabei sind Offenheit für neue Ideen und das ständige Entdecken von kultureller Vielfalt als kreativer Fundus für unternehmerisches Handeln unabdingbar.

Nur wenn alle, vom Berufsanfänger bis zur oberen Führungskraft, Verantwortung übernehmen für den Austausch von Wissen und die persönliche Entwicklung, kann nachhaltiger Erfolg sichergestellt werden – für die Mitarbeiter und das Unternehmen.

Ute Clement, Bettina Nemeczek

Systemisch interkulturell beraten – Internationale Fahrzeugprojekte in der DaimlerChrysler AG

1. Fahrzeugprojekte in der DaimlerChrysler AG

Fahrzeugprojekte in der DaimlerChrysler AG setzen ein mit der Entstehung eines neuen Fahrzeuges zur Stunde „Null“. Sie dauern von der ersten Idee über die Entwicklung, die Produktgestaltung hin zum ersten Anlauf des Produktes. Im Durchschnitt erstreckt sich dieser Prozeß über einen Zeitraum von sieben Jahren. Als Arbeitsform wird meist eine Projektorganisation gewählt, in der alle relevanten Funktionen aus den klassischen Linienbereichen integriert sind: Entwicklung, Produktion, Einkauf, Controlling und der Vertrieb. Was erreicht werden soll, ist eine möglichst ganzheitliche Entwicklung der neuen Fahrzeuge.

Ein internationales Fahrzeugprojekt erstreckt sich über drei Standorte und zwei Kulturen, nämlich Deutschland und Spanien. Die Projektsprache ist Deutsch. Das Projekt startete 1997 und wird voraussichtlich gegen Ende 2003 beendet sein; dann erscheint das neue Produkt auf dem Markt.

Auch dieses Fahrzeugprojekt wird im Rahmen einer spezifischen Projektorganisation entwickelt, der sogenannten Matrixorganisation. Das Zusammenwirken der Linien-Kompetenz-Center wie beispielsweise der Produktionsleistungszentren mit den einzelnen Teams im Projekt bestimmt den Erfolg des Fahrzeugprojektes. Direkte Berührung zwischen Projekt und Linie gibt es in den speziell eingerichteten Simultaneous Engineering (SE-) Teams. Sie umfassen alle relevanten Funktionen von Entwicklung bis Vertrieb und steuern so nach Kosten, Termin, Qualität und Funktion die Arbeitsteams in der Linie. Während die Leiter der SE-Teams zum Großteil zu hundert Prozent für die Projektarbeit freigestellt sind, arbeiten die anderen Projektmitarbeiter parallel in weiteren Fahrzeugprojekten oder gehen ihrer „normalen“ Linienaufgabe nach. Das gesamte Fahrzeugprojekt wird gesteuert und koordiniert von einem Projektleitungsteam, das ebenfalls interdisziplinär besetzt ist. Die gesamte Projektorganisation besteht aus rund 120 Projektmitarbeitern.

Ziel dieses internationalen Fahrzeugprojektes ist es, durch die gewählte Projektorganisation und die Nutzung der unterschiedlichen Standortvorteile das geplante Fahrzeug schneller und billiger zu produzieren als dies bei rein nationalen Fertigungen möglich ist.

2. Die Beratung des Projektes

2.1 Auftrag und Ziele der Projektberatung

Der Bereich Executive Management Development / Management Consulting erhielt im Rahmen seiner Beratung des betreffenden Geschäftsbereiches den Auftrag, den ernannten Projektleiter von der Stunde „Null“ an mit einem Beraternetz zu beraten.

Übergeordnetes Ziel der Projektberatung war die Herstellung und Sicherung der Arbeitsfähigkeit des Leitungsteams, der SE-Teams sowie des betreffenden Gesamtsystems. Im wesentlichen ging es dabei um die Gestaltung der Zusammenarbeit und der Kommunikation im Projekt. Wichtige Themen sollten kanalisiert und „ans Licht gebracht“ werden. Reflexionsschleifen sollten eingeleitet und die daraus abgeleiteten Ergebnisse den Entscheidern zugeführt werden. Weiter galt es, Plattformen zu gestalten, die eine Vernetzung des Projektes sowohl nach innen als auch nach außen ermöglichen sollten.

Als Gegenpol zu dem, in der gewählten Matrixorganisation latent vorhandenen, Konfliktpotential war das Beraternetz aufgefordert, mit seinen geplanten Interventionen integrativ auf das Gesamtsystem zu wirken. Bei erforderlichen Qualifizierungen und Coaching-Anfragen war der Koordinator des Beraternetzes autorisiert, weitere Beratungsleistungen hinzuzuholen. Wichtig für die Qualität und Ganzheitlichkeit der Projektberatung war die vom Auftraggeber gewünschte Systemführerschaft des beauftragten Netzes, das heißt weitere Beratungsleistungen wurden ausschließlich über das beauftragte Beraternetz angefragt und dort in das Gesamtangebot integriert.

2.2 Das Beraternetz

Das Projekt durch ein Beraternetz unterstützen zu lassen, entspricht der Komplexität des Fahrzeugprojektes: die Matrixorganisation zwischen Projekt und Linie, die sechs SE-Teams, drei unterschiedliche Standorte und zwei Kulturen.

Die Idee des Beraternetzes war, das Fahrzeugprojekt durch ein Netz aus internen und externen Beratern mit unterschiedlichen Erfahrungshintergründen und in flexibler Rollenverteilung zu unterstützen. Alle ausgewählten Berater und Beraterinnen waren dem systemischen Beratungsansatz verpflichtet und verfügten über interkulturelles Know-How sowie persönliche Erfahrungen in unterschiedlichen Kulturkreisen.

Ansprechpartner für den strategischen Produktprojektleiter ist der Koordinator des Beraternetzes. Er pflegt den regelmäßigen Austausch zum Leitungsteam und erhält so die relevanten Kontextinformationen für die Gestaltung der Beratungsleistung. Im Beraternetz werden diese Informationen ausgewertet und ein entsprechendes Angebot formuliert. In der Regel wird das Angebot für den Zeitraum eines Jahres ausgestaltet und dann mit dem Projektleiter verhandelt. Nach der Auftragsklärung wird die Beratungsleistung beauftragt, wesentliche Termine werden in den Masterplan des Projektes integriert. Im Laufe des Jahres werden die einzelnen Aktionen prozessual angepaßt und konkretisiert.

Die weitere Rollenverteilung im Beraternetz ist flexibel gestaltet. Jeder Berater ist entsprechend seiner persönlichen Kompetenzen auf den unterschiedlichen Ebenen des Projektes eingesetzt. Anlaßbezogen und in regelmäßigen Abständen treffen sich alle Berater, um die Erfahrungen und Informationen aus den unterschiedlichen Teilsystemen zu einer Gesamtdiagnose des Projektes zusammenzuführen. Dies geschieht in der klassischen Abfolge des Beratungsprozesses: Sammlung von Kontextinformationen, Hypothesenbildung und daraus abgeleitet die Gestaltung der weiteren Interventionen.

Durch diese Arbeitsweise ist jeder Berater im Netz stets mit den aktuellsten Informationen ausgestattet. In der gemeinsamen Hypothesenbildung entsteht eine ganzheitliche Sicht auf den Stand des Projektes in seiner Vielschichtigkeit. Die einzelnen Aktionen auf den unterschiedlichen Ebenen entstehen somit aus einem „Guß“. Dies erhöht nicht nur die Wirksamkeit der einzelnen Beratungsleistungen. Auch die Weiterentwicklung des Gesamtprojektes wird auf diese Weise ganzheitlich unterstützt, da die geplanten Interventionen stets auf das gesamte System und den jeweils aktuellen Kontext ausgerichtet sind.

2.3 Ebenen der Beratung

Wie bereits erwähnt, sollte die Beratung des Projektes die unterschiedlichen Teams im Projekt sowie das Gesamtsystem in seiner Vernetzung nach innen und außen umschließen. Entsprechend der Darstellung in Abbildung 1 wurde demzufolge das Beratungsangebot auf diese unterschiedlichen Ebenen zugeschnitten. Die einzelnen Beratungselemente wurden im zeitlichen Verlauf aufeinander abgestimmt und an relevanten Stellen und Zeitpunkten im Projekt auch miteinander vernetzt. In der Strategieklausur des Leitungsteams zu Jahresbeginn werden beispielsweise Konsequenzen aus der Jahrestagung des Gesamtprojektes vom Jahresende gezogen. Ergebnisse aus den Lieferantenforen beeinflussen wiederum die Aktivitäten auf der Ebene der SE-Teams, die in direktem Kontakt zu den Lieferanten stehen.

Neben dem speziellen Coaching des Projektleiters erfuhr das durchweg mit deutschen Führungskräften besetzte Leitungsteam im wesentlichen Unterstützung durch Strategieklausuren und Teamentwicklungen. Die gemischt kulturellen SE-Teams wurden hauptsächlich in der Startphase des Projektes begleitet. Im weiteren Verlauf wurden die Teams auf Anfrage mit Teamentwicklungen sowie Coaching und Qualifizierung der Teamleiter unterstützt. Für das Gesamtsystem, in dem alle drei Standorte, die deutsche und die spanische Kultur sowie die komplette Bandbreite der unterschiedlichen Funktionen zum Tragen kamen, gestaltete das Beraternetz regelmäßige Bilanz- und Planungsklausuren. Diese dienten dem Projekt zusätzlich zum produktgetriebenen Masterplan als „Kulturmeilensteine".

So wird in der Jahrestagung des Gesamtprojektes jeweils am Ende eines Jahres Bilanz gezogen zum Stand der technischen und wirtschaftlichen Zielerreichung im Projekt. Die Beteiligten werden über die aktuellen Entscheidungen aus den diversen Gremien informiert und wesentliche Fachthemen wie beispielsweise das Qualitätsmanagement werden von den jeweiligen Fachexperten vorgetragen oder in Form eines interaktivem Marktplatzes für den Dialog zur Verfügung gestellt. Wichtig an diesen zentralen Projektveranstaltungen ist, daß das Projekt und seine Beteiligten persönlich sichtbar werden: das Leitungsteam, die SE-Teams und die einzelnen Fachexperten. Erfolge, Schwierigkeiten, Rückblick und Ausblick finden hier ihren Platz. Die direkte face-to-face Information, der Austausch und Dialog über wesentliche Ereignisse und Fachthemen tragen zur Formierung des Projektes als Gesamtheit bei und fördern die strategische Kommunikation zwischen den Beteiligten.

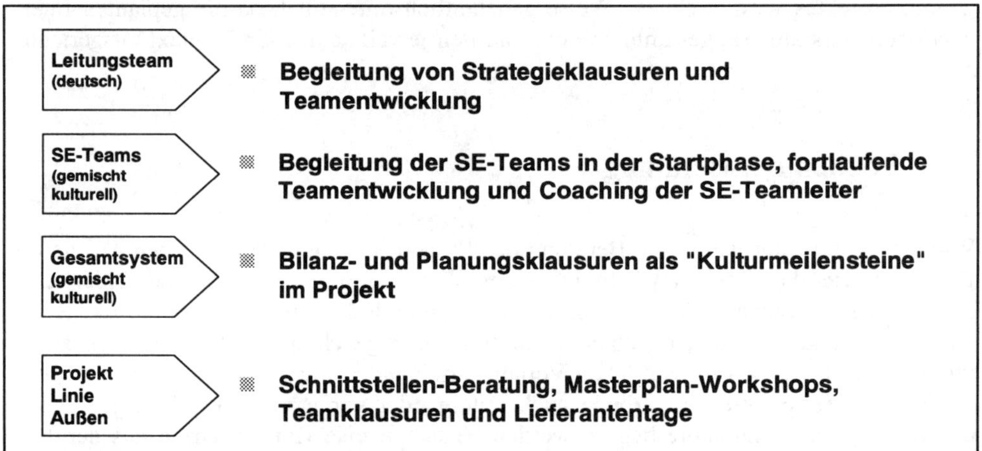

Abb. 1: Ebenen der Beratung

Ein besonderer Fokus lag auf der Schnittstellen-Beratung im Projekt. In den unterschiedlichen Phasen des Projektes „wanderten" diese Schnittstellen an unterschiedliche Stellen des Systems. Betrachtet man rein die direkt am Projekt beteiligten Personen, so müssen zunächst die unterschiedlichen Teams formiert werden. Diese sind wiederum über bestimmte Schnittstellen miteinander verbunden und teilweise auch im Arbeitsprozeß voneinander abhängig. Während zu Beginn der Beratung die Integration der SE-Teams im Vordergrund stand, galt es im weiteren Verlauf die einzelnen Arbeitsteams mit den SE-Teams zu vernetzen.

Neben der Formierung und Vernetzung von Teams gibt es eine weitere, interne Schnittstelle, nämlich die zwischen den unterschiedlichen Koordinatoren und Leitungsfunktionen. Hier gilt es zum Einen, die Kommunikation zwischen Projektleiter und SE-Teamleiter zu gestalten, und zum Anderen den Austausch mit den Koordinatoren der einzelnen Arbeitsteams im Verantwortungsbereich der jeweiligen SE-Teamleiter. Dreh- und Angelpunkt in diesem Schnittstellenmanagement ist die Tatsache, daß diese Kommunikations- und zum großen Teil auch Steuerungsbeziehungen nicht auf hierarchischen Instrumenten basieren. Sowohl der Projektleiter als auch die SE-Teamleiter führen ohne Weisungsmacht. Die Mitarbeiter sind ihnen größtenteils nicht hierarchisch unterstellt. Einfluß auf die persönlichen Zielvereinbarungen und damit auf das Jahresgehalt hat der entsprechende Linienvorgesetzte. Projektleiter können lediglich Empfehlungen aussprechen und über das Projekt spezifische Incentives verteilen.

Identisch gestaltet sich das Schnittstellenmanagement zwischen Projekt und Linie. Auch in der Kommunikation mit den Leitern der Kompetenz-Center gilt es, die unterschiedlichen Interessen zwischen den Parteien auszuhandeln. Ebenfalls wichtig, von Beginn des Projektes an, war die Integration der Lieferanten für das neue Fahrzeug. Hier liegt die Schnittstelle an der Grenze der Organisation zur Außenwelt.

3. Phasen im Projekt – ein Überblick

Entsprechend der unterschiedlichen Phasen dieses internationalen Fahrzeugprojekts veränderten sich auch die Inhalte der Beratung. Einen Überblick über die Phasen und die Themen der Beratung bietet die Abbildung 2.

Bis heute lassen sich drei markante Projektphasen unterscheiden.

Erstens: die Phase der Erstellung des Rahmenheftes. Hier werden grobe Richtlinien für die Entwicklung des neuen Fahrzeuges festgelegt.

Zweitens: die Phase der Erstellung des Lastenheftes, in der diese Angaben konkretisiert werden und für die weitere Fahrzeugentwicklung verbindlich werden.

Drittens: die Phase der Produktgestaltung, in der sich das Projekt aktuell befindet. Sie läutet ungefähr die Halbzeit des Projektes ein.

Phasen	Rahmenheft	Lastenheft	Produktgestaltung
Themen in der Beratung	▪ Kennenlernen ▪ Menschen zusammenbringen ▪ Unterschiede wahrnehmen	▪ Zusammenarbeiten ▪ Konflikte lösen (Kapazitäten, Reiserichtlinien) ▪ Rollen klären ▪ Arbeitsfähigkeit herstellen	▪ Umzug des Projektes ▪ Schnittstellen klären ▪ Leben und arbeiten in Spanien ▪ Relevantes Umfeld einbinden

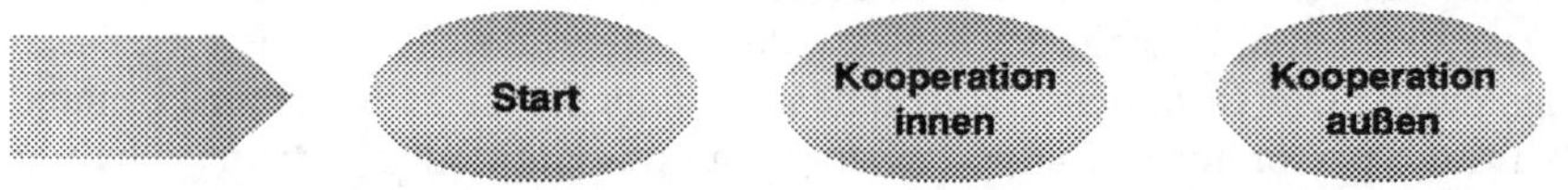

Abb. 2: Phasen im Projekt – ein Überblick

3.1 Phase 1: Erstellung des Rahmenheftes

In der Startphase des Projektes waren die zentralen Themen in der Beratung das Kennenlernen und das Zusammenbringen der unterschiedlichen Menschen im Projekt.

In Anbetracht der anstehenden Kooperation zwischen spanischen und deutschen Mitarbeitern wäre ein interkulturelles Training für alle multikulturell „betroffenen" Projektmitarbeiter ein möglicher Start in die Projektarbeit gewesen. Ganz nach dem Motto: Sag mir, wie der Spanier bzw. der Deutsche „tickt", und ich weiß, was ich in der Kooperation in den nächsten Jahren zu beachten habe.

Aus Sicht der Autorinnen wäre diese Intervention zu Beginn des Projektes jedoch völlig unpassend gewesen. In der Startphase des Projektes ging es zunächst darum, überhaupt eine Zusammengehörigkeit, eine Identität innerhalb des Projektes herzustellen. Fokus der Beratung war daher, das Kennenlernen der Projektmitarbeiter zu organisieren, Kommunikationsstrukturen festzulegen und als Grundlage für die Kommunikation Sprachkurse in den Sprachen Deutsch und Spanisch zu initiieren.

Die Berater haben interkulturelle Unterschiede wahrgenommen und auch dazu beigetragen, Mißverständnisse aufgrund nationaler Stereotypen aufzuklären. Sie haben diese Unterschiede jedoch nicht explizit zum Thema gemacht.

Ein anschauliches Beispiel in der Startphase war hier das Vorurteil, daß ganz Spanien am Nachmittag Siesta macht und somit während der für Deutschland so wichtigen Geschäftszeit nicht erreichbar ist. Fakt im Projekt war, daß zum Einen die Praxis der Siesta in Vitoria und Barcelona sehr unterschiedlich ausgeübt wird, somit also standortspezifisch ist. Und zum Anderen, daß die Mittagspause wie auch in Deutschland abhängt von den räumlichen Gegebenheiten zwischen Wohnort und Arbeitsplatz sowie den Vorlieben der jeweiligen Mitarbeiter. Was das Beraternetz auf dieser interkulturellen Ebene getan hat, ist, die Wahrnehmung und Differenzierung der vermeintlichen und tatsächlichen interkulturellen Unterschiede zu schärfen. Und zwar dann, wenn sie konkret in der jeweiligen Arbeitssituation aufgetreten sind und für die Herstellung der Arbeitsfähigkeit von Relevanz waren.

Der Beratungsansatz war an dieser Stelle insofern interkulturell und systemisch, als die Berater beobachtet haben, was in dieser Phase für das Projekt der relevante Unterschied war. Relevant aus Sicht der Berater war in dieser ersten Projektphase zunächst einmal die Herstellung einer eigenen Projektidentität.

Die relevante Leitdifferenz der beraterischen Interventionen war demnach, wie in Abbildung 3 dargestellt, Projekt und Nicht-Projekt. Ein interkulturelles Training hätte an dieser Stelle vor allem die Unterscheidung zwischen Spaniern und Deutschen gemacht. Der Fokus auf den spezifischen Projektkontext und die Erfordernisse in der konkreten Phase des Gesamtsystems ist in den meisten interkulturellen Trainings nicht gegeben. Die Frage nach dem relevanten Unterschied hat sich insbesondere in der Startphase des Projektes als besonders hilfreich für die Arbeit im Beraternetz erwiesen.

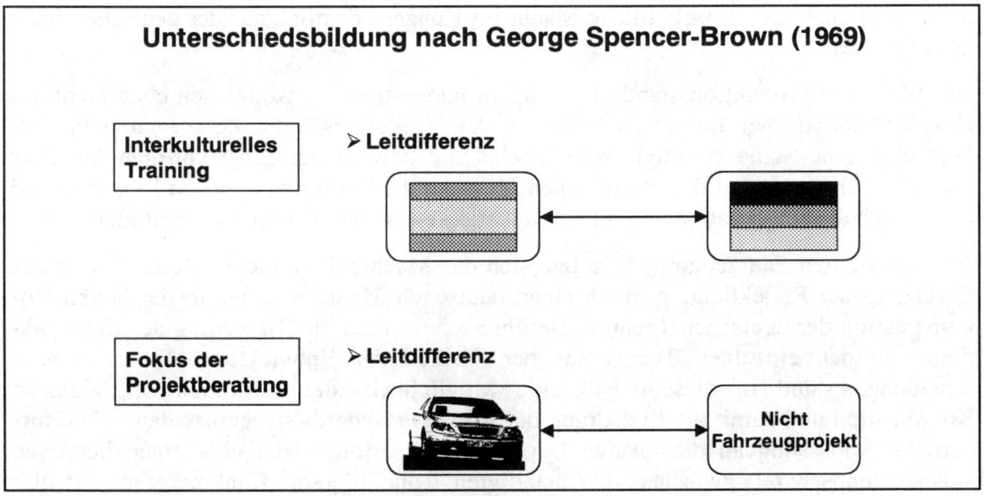

Abb. 3: Die Suche nach dem relevanten Unterschied

3.2 Phase 2: Erstellung des Lastenheftes

In der Phase des Lastenheftes ging es darum, die Arbeitsfähigkeit in den einzelnen Teams und auf den unterschiedlichen Ebenen des Projektes herzustellen. Nun war es an der Reihe, die vorhandenen Unterschiede im Gesamtsystem sichtbar zu machen, auftretende Konflikte besprechbar zu machen und die unterschiedlichen Rollen im Projekt zu klären.

Auch in dieser Phase des Projektes waren die Interventionen und Maßnahmen des Beraternetzes geprägt von einer strikt pragmatischen Lösungsorientierung. Wie in der Startphase des Projektes sind die Berater weiter von der Annahme ausgegangen, daß die für das Projekt relevanten Unterschiede inhalts- und projektspezifisch entstehen und entsprechend auch inhalts- und projektspezifisch bearbeitet werden. Was die interkulturellen Unterschiede betraf, war der Fokus der Beobachtung: an welcher Stelle tritt welcher Kulturunterschied zutage?

Ziel der Beratung war es, die vorhandenen Unterschiede an den jeweils relevanten Stellen und Zeitpunkten sichtbar zu machen und über diese Unterschiede zu Gemeinsamkeiten zu kommen. Im Wesentlichen ging es hier um die Überbrückung „klassischer“ Interessengegensätze zwischen den einzelnen Funktionen wie beispielsweise Entwicklung und Vertrieb: Was leistet der neueste Stand der Technik? Versus: Welche Funktionen am Fahrzeug sind für den Endverbraucher tatsächlich wichtig und attraktiv? Dann wurde aber auch das Machtgefälle zwischen der in Deutschland angesiedelten Entwicklung und der Produktion in Spanien deutlich. Zum Einen besitzt die Entwicklung ganz klar die Technologieführerschaft in der aktuellen Aufstellung des Konzerns. Zum Anderen liegt auch die wirtschaftliche Macht im Konzern deutlich auf der deutschen Seite des Projektes.

Die Wahl von Produktionsstandorten wird in internationalen Konzernen eben nicht auf Basis folkloristischer Interessen oder gar der Völkerverständigung wegen getroffen. Wirtschaftliche Standortvorteile werden klar und bewußt berechnet und genutzt. Dies beeinflußt entsprechend den spezifischen Machtkontext in internationalen Projekten und damit auch die Kooperation und Kommunikation zwischen den Projektbeteiligten.

Im dargestellten Fahrzeugprojekt zeigte sich das Machtgefälle nicht zuletzt auch in der Besetzung der Projektleitung durch einen deutschen Manager sowie in der klaren Dokumentation der deutschen Technologieführerschaft durch die Besetzung der Kernfunktionen in den einzelnen Teams aus den Reihen der Entwicklung. Besetzungsentscheidungen sind in diesem Fall eine Möglichkeit, den Anspruch der globalen Koordination und damit die Einhaltung der Konzernstandards sicherzustellen. Die erforderliche Anpassung an die lokalen Gegebenheiten erfolgt dann über einen iterativen Aushandlungsprozeß zwischen den beteiligten Rollenträgern. Konkret geschieht dies über die Auseinandersetzung der Projektleitung mit den betreffenden Linienverantwortlichen in Deutschland und Spanien sowie durch die Leitung des Geschäftsbereiches selbst.

Es kann aber auch passieren, daß diese Prozesse bis auf die Ebene der SE-Teams führen. Hier ist es spannend zu beobachten, wie interkulturelle Unterschiede diese Auseinandersetzung mit den unterschiedlichen Anforderungen und Interessen der Beteiligten beeinflussen. So waren beispielsweise in einem der gemischt kulturellen Arbeitsteams die deutschen Projektmitarbeiter – geprägt und akkulturiert durch Lean Management und das Prinzip der Selbstverantwortung – der klaren Überzeugung, der spanische Vertreter des lokalen Qualitätsmanagements könnte die im Team getroffenen Vereinbarungen im „regulären“ Führungsgespräch gegenüber seinem Linienvorgesetzten durchsetzen. Zunächst war man im Team der Überzeugung, das mangelnde Einverständnis des Kollegen läge in den sprachlichen Barrieren begründet. Als der Dialog im weiteren Verlauf ausschließlich auf Spanisch fortgesetzt wurde, brachte die Übersetzung eines weiteren spanischen Projektmitarbeiters die Aufklärung der Situation.

In der spanischen Kultur wird Hierarchie mit existentieller Ungleichheit der Menschen gleichgesetzt. In der Klassifizierung Hofstedes handelt es sich hier – übertragen auf den Business-Kontext – um Organisationen mit einer hohen Machtdistanz.

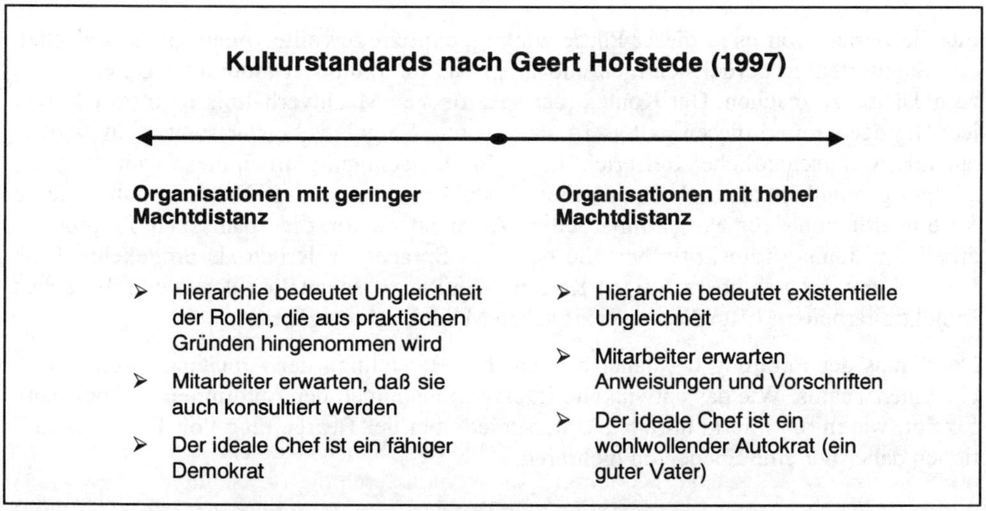

Abb. 4: Machtdistanz in Organisationen

Wie in Abbildung 4 dargestellt, spiegelt sich diese beispielsweise in der Anzahl und Differenzierung der Hierarchiestufen eines Unternehmens wider. Die Machtdistanz prägt aber auch das Verhältnis zwischen Vorgesetztem und Mitarbeiter. In unserem Fall konnte der spanische Projektmitarbeiter unmöglich aus seiner hierarchischen Position heraus Vereinbarungen, die in einem Projektteam getroffen wurden, als handlungsrelevant gegenüber seinem Linienvorgesetzten vertreten. Kulturstandard in Spanien ist ein eher autoritärer Führungsstil. Entscheidungen zu treffen, ist alleinige Aufgabe des Vorgesetzten. Der Mitarbeiter erwartet entsprechende Anweisungen und Vorschriften.

Deutschland hingegen ist eine Kultur mit vergleichsweise geringer Machtdistanz. Hierarchie bedeutet Ungleichheit der Rollen, die aus pragmatischen Gründen der Aufgabenverteilung hingenommen werden. Sie ist jedoch nicht gleichzusetzen mit Ungleichheit der handelnden Personen. Analog erwartet ein „normaler" deutscher Mitarbeiter, dass er Entscheidungen in seinem Verantwortungsbereich auch selbst treffen kann und von seinem Vorgesetzten bei weitreichenderen Themen entsprechend konsultiert wird.

Nach der Auflösung dieses angeblichen Kommunikationsproblems hat das Team einen Weg vereinbart, der beiden Parteien entgegenkam. Der deutsche Teamleiter übermittelte einem Mitglied des Projektleitungsteams die getroffenen Vereinbarungen. Dieser wiederum teilte diese Vereinbarungen dem spanischen Linienvorgesetzten des Projektmitarbeiters als handlungsrelevant für die weitere Arbeitsgestaltung im Team mit und sorgte so für eine Unterstützung der Projektarbeit in der Linie. Gleichzeitig verpflichtete sich der spanische Qualitätsmanager, die getroffenen Vereinbarungen mit sofortiger Wirkung auch ohne die formale Anweisung seitens seines Linienvorgesetzten im Team zu akzeptieren.

Für die Berater war es in dieser Phase wichtig, explizit gewollte Unterschiede zwischen den Standorten zu berücksichtigen und mögliche interkulturell motivierte Unterschiede zum Thema zu machen. Der Kontext der spezifischen Machtverhältnisse im Projekt war jedoch gegeben und diesen galt es zu akzeptieren. So gab es beispielsweise ein Nebeneinander unterschiedlicher Reiserichtlinien. In Deutschland wurden diese weitaus großzügiger gehandhabt als in der spanischen Produktionsgesellschaft. Dennoch gab es keine Vereinheitlichung für Projektmitarbeiter. Auch ist es für die spanischen Projektmitarbeiter weitaus erfolgskritischer, die deutsche Sprache zu lernen als umgekehrt. Eine Überhöhung der gleichberechtigten Kommunikation zwischen spanischen und deutschen Projektmitarbeitern hätte diesen spezifischen Machtkontext ignoriert.

Der Fokus der Beratung lag daher rein auf der Herstellung der Arbeitsfähigkeit in den einzelnen Teams. Wie das entwickelte Interventionsmodell der Autorinnen in Abbildung 5 zeigt, waren die interkulturellen Unterschiede bei der Bearbeitung von Konfliktsituationen daher nur eine Ebene von mehreren.

Modell der Interventionssteuerung nach Clement und Nemeczek

Interventionsebenen

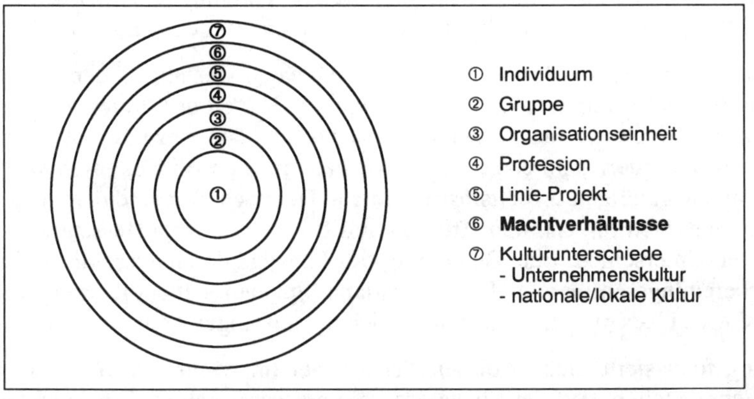

Abb. 5: Berücksichtigung explizit gewollter Unterschiede

Naturgemäß ist das Verständnis im Beraternetz, daß die Individuen - unabhängig von ihrer kulturellen Herkunft - kommunikativ gleichberechtigt und wertschätzend miteinander kommunizieren und umgehen. Gewollte Unterschiede zwischen den Teilsystemen bleiben aber auch immer Unterschiede in der Entscheidungs- und Gestaltungsmacht der handelnden Personen im Projekt. Und diese gilt es zu identifizieren und bei der Beobachtung der handelnden Personen entsprechend zu berücksichtigen. Um die möglichen Kulturunterschiede zwischen Spanien und Deutschland zu erkennen, wurde im Beraternetz ein spezifisches Know-How über interkulturelles Management aufgebaut.

3.3 Phase 3: Produktgestaltung

In der Phase der Produktgestaltung rückte das Projekt zunehmend näher an den Produktionsstandort Spanien. Nun galt es vor allem, lokale Lieferanten zu integrieren, die Qualität der erforderlichen Teile sicherzustellen und auch die Kooperation mit den in Spanien angesiedelten Linienbereichen weiter auszubauen.

Die Projektleitung entschied, diesen Phasenwechsel auch mit einer verstärkten physischen Präsenz der Projektmitarbeiter am Standort Vitoria zu dokumentieren. Der Projektleiter selbst verlegte seinen Wohnort nach Spanien und organisierte in einem neuen

Firmengebäude nahe der Fabrik Arbeitsräume für das Projekt. Ihm folgten einige Teamleiter, die speziell für dieses Projekt von ihrer Linienaufgabe freigestellt wurden. Andere Teamleiter entschieden sich jedoch, ihren Wohnort nicht zu wechseln. Zur Vorbereitung auf den neuen Wohn- und Arbeitsort Spanien bot das Beraternetz für die Projektmitarbeiter und deren Familien ein kulturspezifisches Vorbereitungsseminar an. Auch das Leitungsteam eignete sich in einem interkulturellen Training Grundwissen zum interkulturellen Management wie auch Informationen zur spanischen Kultur an.

Offen bleibt hier jedoch die Frage nach einer adäquaten Gestaltung der virtuellen Kooperation in den meist binationalen Teams. Zwar ist ein Teil des Projektteams nun nach Spanien gezogen, doch die Anzahl der Reisen zwischen den einzelnen Standorten ist in der Summe unverändert geblieben. Neue Medien machen Videokonferenzen und E-Mailing zwar zu gängigen Arbeitsinstrumenten. Dennoch macht die rein körperliche Präsenz der Menschen in zentralen Arbeits- und Entscheidungsprozessen eben doch einen relevanten Unterschied. Eine Begleitung des Umzugs durch ausschließlich interkulturelle Vorbereitungsseminare auf das Gastland Spanien hätte die komplexen Auswirkungen dieses Phasenwechsels nur unzureichend auffangen können.

Die Beratung fokussierte sich in dieser Phase daher im wesentlichen auf die neu entstandenen Schnittstellen. Auf der Ebene des Leitungsteams galt es, Bilanz zu ziehen und eine neue Strategie für die bevorstehende Phase zu entwickeln. Mit dem Umzug an den Produktionsstandort fiel speziell dem Projektleiter hier die neu zu gestaltende Rolle als „Integrator" zu. Auch auf der Ebene der Arbeitsteams gab es neue Rollen und erweiterte Kompetenzen und Aufgaben. Zur Klärung dieser neuen Rollen wurden entsprechende Schnittstellen-Workshops auf nahezu allen Ebenen durchgeführt: zwischen den Leitern der Linien-Kompetenz-Center und dem Projektleitungsteam, zwischen dem Projektleitungsteam und den SE-Teamleitern und schließlich zwischen den SE-Teams und den von ihnen koordinierten Arbeitsteams. Mit dieser Intervention wurde der weitere Aushandlungsprozeß zwischen Projekt und Linie angestoßen.

Politisch betrachtet ist ein physisches Näherrücken des Projektes an die Linie, in diesem Fall der Umzug deutscher Projektmitarbeiter und insbesondere der Projektleitung an den Produktionsstandort Spanien mit Sicherheit hilfreich für die weitere Gestaltung der Projektarbeit. Auch ändert sich durch den Ortswechsel das relevante Umfeld im Projekt. Latent vorhandene Konflikte in den Kommunikations- und Entscheidungsprozessen werden dadurch jedoch nicht gelöst.

4. Fazit – Systemisch und interkulturell beraten

Fazit aus dieser internationalen Projektberatung ist, daß es weder ausreicht, die beteiligten Kulturen und deren besondere Eigenschaften und Verhaltensmuster zu kennen, noch trägt es der Komplexität des Projektes Rechnung, es wie jedes andere Projekt im nationalen Kontext zu betrachten. Im Rückblick auf die erste Hälfte der Beratung des dargestellten Fahrzeugprojektes, kommen die Autorinnen daher zu fünf zentralen Erkenntnissen.

Zu allererst hat die Erfahrung in diesen drei Jahren gezeigt, daß die Beratung komplexer internationaler Projekte mehr fordert als den Verkauf oder das Makeln von Einzelmaßnahmen. Die Beachtung und Beobachtung aller Ebenen und möglichen Leitdifferenzen durch ein Beraternetz machen einen deutlichen Qualitätsunterschied im Vergleich zu der Beratung durch einzelne Berater aus. Durch die Arbeit auf den einzelnen Ebenen und mit den unterschiedlichen Teams erhält das Beraternetz einen Schatz an Informationen und Erfahrungen, der die Hypothesenbildung über den Zustand des Gesamtsystems erheblich bereichert. Die daraus abgeleiteten Interventionen passen somit stets zur jeweiligen Phase des Projektes und beziehen alle relevanten Teilsysteme mit ein. Für den Auftraggeber hat diese Netzwerkarbeit überdies den pragmatischen Vorteil, daß die im Projekt beschäftigten Berater stets auf dem aktuellen Stand sind und damit, unabhängig davon, an welcher Stelle sie im Kontakt zum System stehen, alle relevanten Informationen einbringen und wieder aufnehmen können.

Zweite Erkenntnis in der Projektberatung ist die erlebte Annahme, daß sich die Komplexität eines Projektes am besten in der Zusammenstellung des Beratersystems abbilden sollte. In internationalen Projekten ist es natürlich von Vorteil, auch lokal angesiedelte Berater aus den jeweiligen Teilsystemen mit einzubeziehen. Ist diese Profession lokal nicht vorhanden, bietet sich die Integration von externen Beratern an, die aus dem jeweiligen Kulturkreis stammen. Die Erfahrung hat aber auch gezeigt, daß die kulturbedingten Unterschiede nur ein Fokus von vielen sind. Die Beratung und Unterstützung von Aushandlungsprozessen zwischen unterschiedlichen Interessensträgern ist die eigentliche Herausforderung in solchen komplexen internationalen Projekten.

Drittens hat sich herausgestellt, daß jede einzelne Phase im Projekt nicht nur neue Herausforderungen an die Kooperation im Projekt stellt, sondern auch neue Inhalte und Interventionen in der Beratung erfordert. Galt es beispielsweise zum Start des Projektes, auf die Gemeinsamkeiten statt auf die Unterschiede zu fokussieren, war es in der zweiten Phase zentraler Bestandteil der Beratung, exakt diese bestehenden Unterschiede zu beleuchten und besprechbar zu machen. Ebenso war es mit der Entscheidung für den Umzug des Projektes zum spanischen Produktionsstandort sinnvoll, interkulturelle Vorbereitungsseminare für die betreffenden Mitarbeiter und deren Familien anzubieten. Zu

Beginn des Projektes wäre diese Maßnahme aus Sicht der Autorinnen kontraproduktiv für die notwendige Bildung einer eigenen Projektidentität gewesen.

Eine weitere Erkenntnis bezieht sich daher auf die Bedeutung der Systemkenntnisse im Beraternetz. Für eine effektive interkulturelle Beratung ist es von zentraler Bedeutung, neben dem Markt und den spezifischen Produkten auch den spezifischen Projektkontext und die Kultur der Organisation im Gesamten zu kennen. Kommunikations- und Entscheidungsprozesse sind zwar abhängig von den jeweils beteiligten nationalen Kulturen. Jedoch beeinflussen Machtstrukturen der Gesamtorganisation auch die Kooperation in den Projekten und dies nicht unwesentlich.

Last but not least wurde deutlich: die erforderliche interkulturelle Kompetenz in der Beratung internationaler Projekte besteht nicht nur aus der professionellen Gestaltung expliziter interkultureller Events wie beispielsweise der Durchführung eines interkulturelles Trainings oder eines Vorbereitungsseminar auf ein spezifisches Gastland. Interkulturelle Kompetenz besteht vielmehr aus Know-How im interkulturellen Management, einer hohen sozialen Kompetenz und Beobachtungsgabe sowie der persönlichen Offenheit für Neues und Andersartiges und fließt in jede einzelne beraterische Reflexion mit ein. Der systemische Beratungsansatz scheint daher wie geschaffen für die Beratung im internationalen Kontext. Mit den Instrumenten der Kontextklärung und der Erkundung von Systemlandschaften generiert der erfahrene Berater zwar bereits wesentliche Fragestellungen bzw. Antworten, doch ist systemische Beratung in einer fremden Sprache noch lange keine systemisch interkulturelle Beratung. Die Sprache, in der die Beratung stattfindet, ist nicht unerheblich, jedoch zweitrangig.

Für die Beratung im internationalen Kontext ist es aus Sicht der Autorinnen daher wichtig und angemessen, beide Disziplinen zu beherrschen, den Ansatz der systemischen Beratung und die Theorie des interkulturellen Managements. Die neue Qualität des systemisch interkulturellen Beratungsansatzes liegt daher in der Kombination beider Disziplinen – und dies gleicht einer Neuschöpfung.

Literaturhinweise

BARTLETT, CH., GOSHAL, S. (1998): Managing Across Borders: The Transnational Solution, 2. Aufl., Boston/MA 1998 (Havard Business School Press).

BERGEMANN, N., SOURISSEAUX, A. (HRSG., 1992): Interkulturelles Management, Heidelberg 1992 (Physica).

GÖTZ, K. (HRSG., 2000): Interkulturelles Lernen / Interkulturelles Training, 2. Aufl., Mering/München 2000 (Hampp).

HOFSTEDE, G. (1997): Cultures and Organizations: Software of the Mind, Berkshire/GB 1997 (McGraw-Hill).

REGNET, E., HOFMANN, L. M. (HRSG., 2000): Personalmanagement in Europa, Göttingen 2000 (Hogrefe).

SPENCER-BROWN, G. (1969): Laws of Form, New York 1969 (Dutton).

TROMPENAARS, F. (1998): Riding the Waves of Culture: Understanding Cultural Diversity in Business, 2. Aufl., Chicago u.a. 1998 (Irwin).

Teil III

Interkulturelle Teamentwicklung

Hora Tjitra

Interkulturelle Synergie – Eine asiatische Perspektive

1. Synergie in der interkulturellen Zusammenarbeit

1.1 Die Annahmen, Begriffbestimmungen und das IPO-Modell

Das Wort „Synergie“ hat eine magische Anziehungskraft. Bekannt als populäre mathematische Formel, bei der das Ergebnis beim Addieren von 2+2 nicht 4, sondern 5 ist, verspricht Synergie viel. Synergie ist etwas Besonderes, etwas Wunderbares, denn die Gesamtleistung ist größer als die Summe ihrer Teile.[1] Synergie ist „the behavior of whole systems that cannot be predicted by the behavior of any parts taken separately.“[2] Synergie ist ein Ausdruck für Unterschiede, die gut zusammenpassen, sich gut ergänzen und positive Effekte mit sich bringen.[3] Ansoff (1965) beschreibt Synergie als eine Summe von kombinierten Wirkungen. Weiter kann festgehalten werden, daß es sich bei der Synergie um mehrere Akteure handelt, die zusammen und gemeinsam etwas tun. Synergie ist assoziiert mit dem Prozeß und dem Ergebnis zweier oder mehrerer unterschiedlicher Elemente, die positiv zusammenwirken. Sie ist die (ersehnte) „gute“ Seite der Heterogenität.

Synergie kann als ein einfaches Input-Prozeß-Output Modell betrachtet werden, das zur Frage führt, woraus die Synergie entsteht (Input), wie sie verläuft (Prozeß) und was das Ergebnis des synergetischen Zusammenwirkens ist (Output). Mit der Frage „was wirkt zusammen“ (Input) ist die fokussierende Ursache der Synergie gemeint, d.h. die Chemiker und Pharmakologen untersuchen das Zusammenwirken unterschiedlicher Substanzen, die Kleingruppenforscher der Gruppenmitglieder und die interkulturellen Forscher unterschiedliche Kulturen. Bezüglich der Frage „was bringt das Zusammenwirken verschiedener Faktoren?“ (Output) hat der Regensburger Sozialpsychologe und Gruppenforscher Siegfried Stumpf (1999) den Synergie-Begriff in Gruppen, mit logischen Schlußfolgerungen und Verknüpfungen, detailliert analysiert. Zwei Bedingungen sind als Synergiekriterium zu erfüllen. Stumpf stellt fest, daß in den meisten Untersuchungen lediglich die erste Bedingung („die Gruppenleistung ist besser als diejenige des besten Gruppenmitglieds“) als Kriterium herangezogen wird. Diese Bedingung ist jedoch schwächer als die zweite Bedingung („die Gruppenleistung ist besser als jede Kombination der individuellen Leistungen der Gruppenmitglieder“).

Der Begriff „interkulturelle Synergie“ ist vor allem durch die Organisationsforscherin Adler (1986 und 1997) und die Managementforscher Harris und Moran (1979 und 1996)

1 Vgl. Ansoff (1965).

2 Fuller (1975, 88).

3 Vgl. Stumpf (1999).

bekannt geworden. Sie sehen das Zusammenwirken unterschiedlicher Kulturen als Ursache für die Synergie (Input). Die Synergie-Frage ist von besonderem Interesse, wenn zwei oder mehrere Menschen, die sehr unterschiedlich sind und eng miteinander kooperieren, ein Risiko in eine Chance umwandeln müssen. Adler trifft eine Reihe von Annahmen, auf denen das Konzept interkultureller Synergie basiert, die anders als die bisher allgemein gehaltenen Annahmen sind. Als erstes führt sie die Heterogenität der Kulturen (*Heterogenity*) auf: die Kulturen unterscheiden sich voneinander. Als zweites befaßt sie sich mit den Ähnlichkeiten und Verschiedenheiten der Kulturen (*Similarity and Differences*): viele Personen kommen aus verschiedenen Kulturen, die sich sowohl durch Unterschiede wie auch Ähnlichkeiten auszeichnen. Die dritte Annahme beschreibt die Existenz verschiedener Wege zum gleichen Ziel (*Equifinality*): es existieren viele kulturspezifische Wege zur Erreichung des gleichen Ziels, bei der Arbeit wie auch im Alltagsleben. An vierter Stelle steht die Kulturkontingenz (*Cultural Contingency*): der beste Weg hängt von der Kultur der Beteiligten ab.

Die interkulturelle Synergie ist für Adler (1997) ein zwangsläufiger Effekt der Heterogenität der Kulturen, mit der eine Organisation konfrontiert wird und die sie effektiv meistern muß: „Cultural synergy is an approach to manage the impact of cultural diversity and allows organizations to solve problems effectively when working in cross-cultural environments."[4] Die interkulturelle Synergie ist in erster Linie eine effektive Methode im Umgang mit der kulturellen Heterogenität (Prozeß). Eine synergetische Lösung versucht das Problem zu bewältigen, indem sie die kulturelle Heterogenität als Stärke und Vorteil für die Organisation statt als Schwäche und Nachteil sieht. Die Unterschiede der Kulturen in der Zusammenarbeit werden als positive Faktoren und Potentiale zur Synergie betrachtet (Input). Die Kombination des Besten aus der jeweiligen Kultur führt zur Synergie (Prozeß). Die Synergie schafft ein besseres Ergebnis (Output). Die Abbildung 1 stellt dieses Modell graphisch dar.

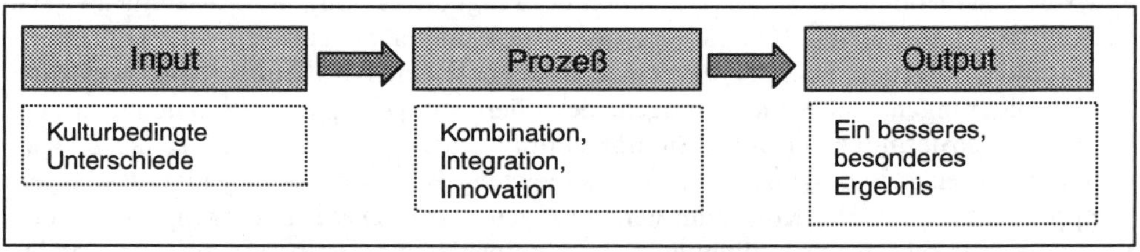

Abb. 1: Interkulturelle Synergie in der Darstellung als Input–Prozeß–Output

Nach Erkenntnis des Autors haben alle bisher veröffentlichten Modelle zur interkulturellen Synergie wie die von Adlers (1997) kultureller Kreativität, Krewers (1996) syner-

4 Adler (1997, 115).

getischer Strategie bis hin zu Zeutschels (1999) Kategorie der Innovation, ihre Gemeinsamkeit in der „synergetischen“ Lösung im Sinne eines „dritten“ Wegs bzw. einer Kultur (Casrnir (1999)), die gesucht, entdeckt und kreiert werden soll. Dazu führt Thomas (1993, 411 - 413) folgendes Beispiel aus der deutsch-spanischen Zusammenarbeit auf:

> „Das aufgrund eines deutsch-spanischen Synergieprozesses entwickelte Konzept könnte darin bestehen, daß die Manager lernen, bei einem auftretenden Management- oder Produktionsfehler ihre Aktivitäten vorrangig auf die Entwicklung geeigneter Problemlösungen zu konzentrieren. An der Fehlerbeseitigung werden die Verursacher zusammen mit besonders qualifizierten Mitarbeitern beteiligt. So lernen die leistungsschwächeren von den leistungsstärkeren Gruppenmitgliedern, ohne daß die Verantwortlichkeiten verwischt werden. Unter der obersten Zielstellung der Fehlerbeseitigung werden Schuldzuweisung, Herabsetzung des Selbstwertgefühls und soziale Blamage vermieden. Der Fehlerverursacher kann in der Problemlösegruppe z.B. durch besonderes Engagement und besondere Leistungsbereitschaft seinen Fehler "wiedergutmachen" und zugleich seine Produktivität unter Beweis stellen. Bei dieser Strategie kommt die Fehlerbeseitigung zügig voran, eine Eskalation sozialer Konflikte innerhalb der Gruppe und Widerstände gegen die Vorgesetzten werden vermieden. Die Arbeitsmotivation bleibt erhalten.“

In diesem Beispiel werden vor allem die Vor- und Nachteile der kulturspezifischen Vorgehensweise betont. Die besondere Leistung der interkulturellen Synergie besteht darin, daß beide kulturspezifischen Vorteile kombiniert und die Nachteile verhindert werden. Bis zum Zeitpunkt des gemeinsamen Arbeitens kennen sowohl die Deutschen als auch die Spanier nur ihren einzigen „kulturspezifischen“ Weg, der zur erfolgreichen Lösung führen kann. Erst bei der Zusammenarbeit werden beide mit den unterschiedlichen Möglichkeiten konfrontiert. Bei der erfolgreichen Bewältigung dieser Unterschiede, die zunächst als interkulturelle Probleme angesehen werden können, stehen mindestens drei verschiedene Methoden zur Verfügung, der deutsche, der spanische und der „dritte“ Weg. Anders als bei dem von Thomas (1993) vorgeschlagenen Beispiel[5], in dem die synergetische Lösung („dritter“ Weg) als Synergie aufgeführt wird, liegt die Bedeutung der Synergie in der vorliegenden Arbeit vor allem in der Erweiterung der Wege, und nicht im neu entdeckten Weg (Prozeß). Zur Entwicklung und Durchsetzung eines „dritten“ Weges ist nach Thomas eine besondere interkulturelle Fähigkeit erforderlich. Wenn die Deutschen und Spanier diese interkulturelle Fähigkeit schon erworben hätten, wären sie auch in der Lage, die deutsche, spanische und dritte Arbeitsweise durchzuführen. Je nach Situation, Anforderung und Person können die drei Wege beliebig eingesetzt werden. Das Ziel ist nicht der Weg an sich, sondern ein besseres Ergebnis (Output), das durch eine bessere interkulturelle Zusammenarbeit (Prozeß) in einer kulturellen Überschneidungssituation (Input) zustande kommen soll.

---

5 S. auch Adler (1997).

Der Weg ist das Ziel und das Ziel ist der Weg zugleich. Eine höhere Zufriedenheit der Gruppe mit der Arbeit, dem Ergebnis und der Gruppe an sich sowie ein qualitativ und quantitativ höherwertiges Ergebnis der Zusammenarbeit, dem die kulturellen Unterschiede aller Beteiligten zugrunde liegen, sind die entscheidenden Synergiekriterien (Output). Daraus ergibt sich Folgendes: je mehr Wege einer Gruppe zur Verfügung stehen (Prozeß), desto größer sind die Synergieeffekte. Die interkulturelle Synergie, z.B. in einer deutsch-indonesischen Zusammenarbeit, ist nicht nur eine synergetische Lösung im Sinne, daß danach deutsche oder/und indonesische kulturspezifische Eigenheiten in der Zusammenarbeit nicht mehr existieren dürfen. Gerade in der Gesamtheit der Möglichkeiten liegt die interkulturelle Synergie in deutsch-indonesischen Arbeitsgruppen, denn zur Wahl stehen deutsche, indonesische, dritte bzw. integrative als auch innovative Handlungsmöglichkeiten.[6]

1.2 Interkulturelle Synergie - ein javanisch-asiatisches Modell

Interkulturelle Synergie kann auf unterschiedlichen Ebenen stattfinden: auf der Ebene der Gesellschaft, der Organisation, der Gruppen oder des Individuums. Von einigen Ländern wie Indonesien, Malaysia und Singapur, in denen die Bevölkerung aufgrund natürlicher und geschichtlicher Gegebenheiten in multikulturellen und multiethnischen Gesellschaften leben muß, können wir aus deren intensiven und jahrhundertelangen Erfahrungen im Umgang mit kulturellen Unterschieden, die zum Teil sogar bereits in ihrer kulturellen Tradition verwurzelt sind, einige lernenswerte Erkenntnisse ziehen.[7] Indonesien, das aus mehreren hundert ethnischen Kulturen besteht und dessen Nationalmotto „*Bhinneka Tunggal Ika*“, die Förderung der Einheit in Vielfalt, bedeutet, bietet eine interessante Fallstudie.

Aus dem Zusammentreffen zweier oder mehrerer unterschiedlicher Orientierungssysteme ergibt sich ein Konflikt, der bewältigt werden muß. Dabei gilt gerade die Vielfalt als Quelle des Synergiepotentials, d.h. sie muß entfaltet werden, damit Synergieeffekte hergestellt werden können. Darmaputera (1987) argumentiert, daß ein solcher Konflikt eine zentrale Stelle im javanischen *Keserasian-* (Harmonie) Konzept hat, basierend auf der Tatsache, daß die Heterogenität ein zentraler Bestandteil des Zusammenlebens in Indonesien ist. Drei verschiedene, logische Prinzipien stehen hier zur Verfügung, um diesen Konflikt zu bewältigen, zu stabilisieren, zu meistern und womöglich in Synergie umzuwandeln:[8]

---

6 Vgl. Krewer (1996).

7 S. Matthes (1999).

8 Vgl. Darmaputera (1987).

1. Das Entweder-Oder-Prinzip:

   Man nimmt an, daß es eine Wahrheit gibt. Falls mehrere Wahrheiten existieren, muß es eine geben, die der Wahrheit zumindest näher ist als die anderen. Um aus mehreren Wahrheiten eine Auswahl treffen zu können, muß ein objektives und absolutes Kriterium festgelegt werden.

2. Das Sowohl-Als-Auch-Prinzip:

   Ähnlich wie bei Prinzip (1) geht man davon aus, daß es eine Wahrheit gibt, die nach einem Kriterium aus mehreren Wahrheiten ausgesucht werden muß. Jede Wahrheit hat aber ihre eigenen Stärken und Schwächen. Die Stärke der einen zu Gunsten der anderen ist ein Verlust, daher sollen alle Wahrheiten aufgenommen und womöglich synthetisiert werden.

3. Das Weder-Noch-Prinzip:

   Die Annahme gleicht den Prinzipien (1) und (2). Alle unterschiedlichen Wahrheiten sollen nach Möglichkeit aufgenommen werden, jedoch werden sie ergänzt, da es keine sichere Wahrheit im Leben gibt. Die Inklusivität wird in einer negativen Form verstanden, d.h. was nicht zusammen funktionieren kann, wird ausgelassen, alles andere bleibt drin.

Weggel (1989) argumentiert, daß das Dilemma zwischen Tradition und Modernität in den meisten asiatischen Ländern in einem Verschichtungsprozeß statt einem Verschmelzungsprozeß gelöst wird. Verschmelzung läuft auf ein „Entweder-Oder“ hinaus, bei dem Alt und Neu im Sinne eines Systemziels umgeformt werden. Die Verschichtung, die vor allem im Hinduismus ihre Wurzeln hat, strebt eine „Sowohl-Als-Auch“-Lösung an, mit der Folge, daß die einzelnen Traditionen oft unvermittelt übereinander aufgebaut werden und in dieser Zusammensetzung nicht unbedingt „logisch“ wirken. Nach Darmaputera (1987) verfolgen die Javaner aber nicht ein „Sowohl-Als-Auch“-Prinzip, wie Weggel argumentiert, sondern das Prinzip von „Weder-Noch“, denn die Javaner sehen das Leben als Mysterium. Das Leben kann nicht exakt definiert werden, daher ist es nicht einfach, eine Wahl zu treffen. Dies hat zur Folge, daß das Prinzip „Sowohl-Als-Auch“ in seiner negativen Form "Weder-Noch" verstanden wird, was ganz der Bestrebung der Javaner nach Harmonie entspricht. Die Konzentration liegt auf den möglichen Konfliktpotentialen, nämlich dem Unerwünschten, aber nicht so stark auf dem gemeinsam Erwünschten und der Stärke.

Die Effekte der interkulturellen Synergie versprechen einen besseren Output im Vergleich zur homogenen Kultur, quantitativ und qualitativ sowie personen- und aufgabenbezogen. Aus dem Zusammenwirken unterschiedlicher Kulturen kann Synergie entstehen. In der kulturellen Vielfalt liegt die Stärke der interkulturellen Zusammenarbeit. Das „Entweder-Oder“-Prinzip bietet daher keine Lösung des Problems kultureller Unterschiede und eröffnet nicht den Weg zur interkulturellen Synergie. Mögliche Prinzipien, die Synergiepotentiale versprechen können, bieten daher die beiden anderen Prinzipien, „Sowohl-Als-Auch“ und „Weder-Noch“. Die von Adler (1997) vorgeschlagene kulturelle Kreativität zur Lösung des Problems der kulturellen Unterschiede entspricht auf den ersten Blick dem „Sowohl-Als-Auch“-Prinzip. Nach Weggel (1989) gehört aber eine solche Verschmelzung der Kulturen eher zum „Entweder-Oder“-Prinzip. Eine Fokussierung darauf, was in der Zusammenarbeit aufgenommen werden soll und wie das Aufgenommene in einer Synthese zusammenzufügen ist, führt letztendlich zur kulturellen Homogenität und nicht Pluralität. Die Pluralität ist die Stärke der interkulturellen Zusammenarbeit, denn die Identität der Kulturen soll gewährleistet bleiben. Die Pluralität soll sich nicht ändern oder reduziert werden, sondern die Perspektive, so daß die Pluralität als Chance statt als Problem, als normal statt als ungewöhnlich angesehen wird.

Nach dem "Weder-Noch"-Prinzip entsteht interkulturelle Synergie in Arbeitsgruppen nicht durch die Schaffung einer „neuen“ homogenen Kultur, die durch eine Verschmelzung der beteiligten Kulturen entsteht, sondern durch die Bereitstellung eines Rahmens für die gemeinsame Arbeit, innerhalb dessen jede Kultur sich in ihren Eigenheiten und Stärken entfalten kann. Das „Weder-Noch“-Prinzip schreibt vor, wo die Grenzen der interkulturellen Zusammenarbeit sind und was in der Zusammenarbeit nicht funktionieren kann. Der Prozeß legt aber keine endgültige Lösung fest, sondern fördert kulturelle Kreativität, Innovation und die Kunst, sich im „vorgeschriebenen“ Rahmen zu bewegen. Das „Sowohl-Als-Auch“-Prinzip hingegen legt schnell Form und Gestalt der Zusammenarbeit fest. Es fördert eine Annäherung der Kulturen, welche zur effizienten Zusammenarbeit führt. Die Abbildung 2 illustriert die feinen Unterschiede der beiden Ansätze. Im „Weder-Noch“-Prinzip ist der Inhalt freigestellt, der Kreis ergibt sich aus der gezogenen Linie. Das „Sowohl-Als-Auch“-Prinzip legt hingegen den Inhalt fest, daraus ergibt sich eine unsichtbare Linie, die einen Kreis bildet.

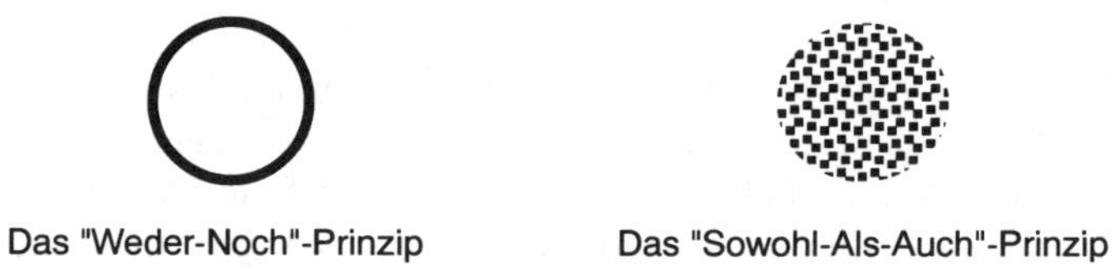

Abb. 2: Das "Weder-Noch"-Prinzip im Vergleich zum "Sowohl-Als-Auch"-Prinzip

Interkulturelle Synergie setzt eine Chancengleichheit der beteiligten Kulturen voraus. Die Chancengleichheit ist nicht mit dem Prinzip der Egalität und Gleichberechtigung nach westlichem Verständnis gleichzusetzen, denn die Chance orientiert sich an der Zukunft und nicht an der Gegenwart. Weder Egalität noch Hierarchie, sondern Chancengleichheit ist für die interkulturelle Synergie entscheidend. Das deutsche (westliche)

Verständnis von Gleichberechtigung, in der alle Menschen gleich sind und sich am Recht des Einzelnen orientieren, ist schwer zu vereinbaren mit dem indonesischen (asiatischen) hierarchischen Verständnis, nach dem jeder zu jedem in einer sozialen hierarchischen Beziehung steht und sich an der Pflicht gegenüber der Gruppe orientiert. Die Chancengleichheit ist eine Form des „Weder-Noch“-Prinzips, die jedem Menschen die gleiche Zukunftsperspektive bieten soll, damit stimmt sowohl das westliche wie auch das asiatische Verständnis überein. Das „Weder-Noch“-Prinzip verlangt nur, daß auf die Spitzen der kulturellen Unterschiede verzichtet werden muß, es findet aber keine Angleichung in der Mitte der Unterschiede statt. Es kann eine Balance in der Mitte stattfinden, dies muß aber nicht sein, weil es nicht festgelegt ist. In vielen Fällen der interkulturellen Zusammenarbeit ist eine Chancengleichheit in diesem Sinne nicht automatisch vorhanden und nicht einfach herzustellen.

Für die Herstellung interkultureller Synergie in Arbeitsgruppen sind drei Faktoren wichtig: die Fähigkeit des Individuums (interkulturelle Kompetenz), die angestrebte Pluralität der Kultur (Homogenität und Heterogenität) und die Komplexität der Aufgabe. Je höher die interkulturelle Kompetenz der Personen ist, desto höher ist die kulturelle Heterogenität, die die Gruppe erlauben kann. Je höher die kulturelle Heterogenität der Gruppe ist, desto komplexer sind die Aufgaben, die gelöst werden können. Je komplexer die zu bearbeitenden Aufgaben sind, desto größer sind die möglichen Synergiepotentiale. Die Abbildung 3 zeigt dieses Modell.

Die interkulturelle Synergie in Arbeitsgruppen entsteht nicht durch eine Balance zwischen der Homogenität und der Heterogenität der Kulturen,[9] sondern durch einen Rahmen der Zusammenarbeit (Weder-Noch) und eine Chancengleichheit in der Zusammenarbeit sowie eine Balance zwischen der interkulturellen Kompetenz, der kulturellen Heterogenität und der Komplexität der Aufgaben.

9 Vgl. Thomas (2000).

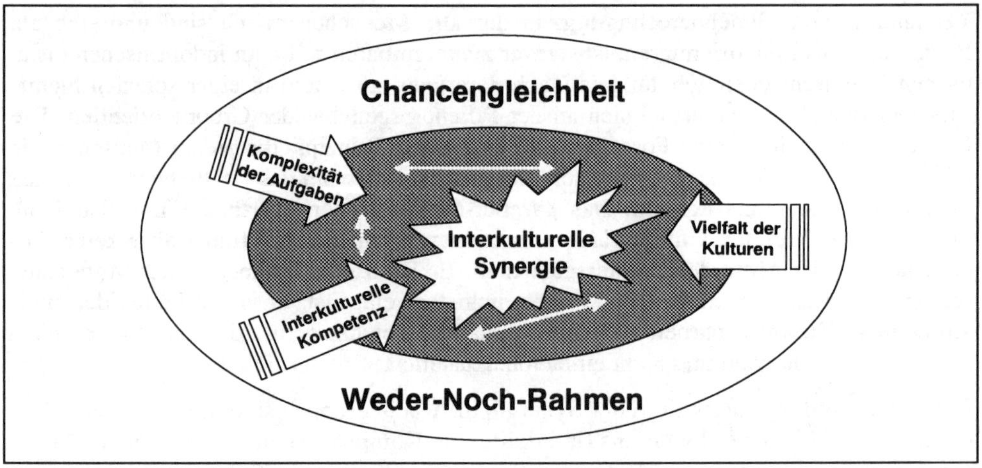

Abb. 3: Interkulturelle Synergie in Arbeitsgruppen aus asiatisch-javanischer Perspektive

2. Kulturvergleichende Gruppenforschung

2.1 Multiple Vergleichsanalyse

Zur Herstellung interkultureller Synergie in Arbeitsgruppen besteht die Notwendigkeit herauszufinden, welche der kulturbedingten Unterschiede geeignet sind, um miteinander kombiniert, balanciert und synthetisiert zu werden. Bei einer kulturvergleichenden Forschung, die bestimmte "Gesetze" entwickeln oder überprüfen will, sind mehrere mögliche Ergebnisse denkbar. Das kulturuniverselle (kulturunabhängiger, universalistischer Ansatz), das kulturrelativistische (kulturabhängiger, relativistischer Ansatz) und das kulturadaptive Modell sind die drei Modelle, die ein Zusammenspiel zwischen den kulturbedingten Unterschieden und den Faktoren der Gruppeneffektivität darstellen können.

Der kulturunabhängige, universelle Ansatz geht von der Annahme aus, daß das menschliche Verhalten und Erleben überall in allen Kulturen nach dem gleichen Gesetz funktioniert. Wenn sich also in Deutschland herausstellen würde, daß Faktor A (z.B.

Wissensunterschiede) eine kurvenförmige Funktion zur Effektivität der Gruppe besitzt, dann müßte das gleiche Gesetz auch bei einer indonesischen Gruppe zu finden sein. Das Modell des kulturellen Relativismus geht davon aus, daß sich Kulturen so stark unterscheiden, daß es unterschiedliche psychologische Gesetze in unterschiedlichen Kulturen geben muß. Es kann sein, daß der Faktor A auf die Gruppeneffektivität der deutschen Gruppe einen signifikanten Einfluß hat, aber bei der indonesischen Gruppeneffektivität eine geringere Rolle spielt. Für die indonesische Gruppe ist z.B. Faktor B entscheidender, der wiederum auf die Effektivität der deutschen Gruppe keinen Einfluß hat. Es sind dementsprechend unterschiedliche Faktoren, welche die Effektivität der deutschen und indonesischen Gruppen bestimmen. Das Adaptationsmodell nimmt an, daß es kulturelle Einflüsse auf die psychologischen Gesetze der Gruppeneffektivität gibt. Basierend auf der Adaptationstheorie von Helson (1964) formulierte Triandis (1991) dieses Theorem: “If a culture is high in x, theory y works as expected; if a culture is low in x, theory y must be modified as follows.”[10] Die Faktoren der Gruppeneffektivität sind zwar gleich, aber die Wirkungsweisen der Faktoren werden stark von den jeweiligen Kulturstandards bestimmt und die quantitativen Zusammenhänge sind anders. Die Zusammenhänge zwischen den Faktoren können also sehr unterschiedlich sein. Nach Hofstede (1997) ist Deutschland eine individualistische Kultur und Indonesien eine kollektivistische. Wenn wir von dieser Annahme ausgehen, ist in Deutschland im Vergleich zu Indonesien eine geringere Gruppenkongruenz zu erwarten, um die gleiche Effektivität erreichen zu können.

Um diese drei Modelle empirisch zu überprüfen, wurde ein spezielles Verfahren der multiplen Vergleichsanalyse entwickelt, das in der Lage ist, sowohl die kulturspezifischen wie auch die effektivitätsbezogenen Einflüsse klar und sauber zu trennen. Folgende drei vergleichenden Analysen sind hierfür erforderlich:

1. Es werden indonesische und deutsche Gruppen ausgewählt, deren Effektivität vergleichbar ist. Ein Vergleich der beiden Gruppen soll Erkenntnisse über kulturspezifische Faktoren liefern, die von der Effektivität der Gruppen unabhängig sind.

2. Es werden effektive und ineffektive indonesische Gruppen ausgewählt. Ein Vergleich der beiden Gruppen soll Erkenntnisse über spezifisch indonesische Effektivitätsfaktoren liefern.

3. Es werden effektive und ineffektive deutsche Gruppen ausgewählt. Ein Vergleich der beiden Gruppen soll Erkenntnisse über spezifisch deutsche Effektivitätsfaktoren liefern.

10 Triandis (1991, 169).

Bei einem direkten Vergleich der deutschen und indonesischen Gruppen, ohne den möglichen Einfluß des Effektivitätsfaktors mit einzubeziehen, besteht die Gefahr, daß die gefundenen Unterschiede nicht klar darauf identifiziert werden, ob sie auf die Kultur oder die Effektivität zurückzuführen sind. Kulturbedingte Unterschiede und Effektivitätsfaktoren müssen sauber voneinander getrennt werden. Wenn wir die Ergebnisse dieser drei getrennten Analysen in einer Vergleichsanalyse zusammenziehen, um die Bedeutung und das Zusammenwirken von Kultur und Effektivität herauszufinden, lassen sich insgesamt 27 mögliche Kombinationen finden. Aus diesen ergeben sich sieben mögliche Interpretationen über die zu überprüfenden Faktoren aus der Vergleichsanalyse, nämlich:

1) Universeller Faktor

a) Kein Einflußfaktor:

Er ist weder kulturell noch für die Effektivität der Gruppe von Bedeutung.

b) Der wahre universelle Faktor:

Er spielt sowohl für die Effektivität der deutschen als auch der indonesischen Gruppen eine signifikante Rolle. Sowohl die Wirkungsweise als auch das Ausmaß dieses Faktors ist für die indonesischen und deutschen Gruppen gleich.

2) Kulturspezifischer Faktor

a) Der wahre kulturrelativistische Faktor:

Er hat keinen Einfluß auf die Gruppeneffektivität, aber beide Kulturen unterscheiden sich signifikant.

b) Deutsch-spezifischer Effektivitätsfaktor:

Er ist für die Effektivität der deutschen Gruppen von großer Bedeutung, nicht aber für die indonesischen Gruppen.

c) Indonesisch-spezifischer Effektivitätsfaktor:

Er ist für die Effektivität der indonesischen Gruppen von großer Bedeutung, nicht aber für die deutschen Gruppen.

3) Adaptiver Faktor

a) Der wahre adaptive Faktor:

Er ist für die Gruppeneffektivität beider Kulturen von Bedeutung, lediglich das Ausmaß des Effektivitätsfaktors der beiden Kulturen unterscheidet sich.

b) Der interaktive adaptive Faktor:

Er ist für die Gruppeneffektivität beider Kulturen von Bedeutung. Der Faktor wirkt aber in beiden Kulturen in umgekehrter Weise bzw. die Funktionsgleichungen der beiden Faktoren sind anders.

2.2 Synergiepotentiale und interkulturelle Probleme

Die Untersuchungen[11] fanden an der Universität Regensburg und der Katholischen Universität Atma Jaya/Indonesien statt. Insgesamt nahmen 15 deutsche und 17 indonesische Problemlösegruppen mit jeweils drei Mitgliedern teil. Das Unternehmensplanspiel *SYNTEX* simuliert ein hochkomplexes Problem. Die Aufgabe der Problemlösegruppen besteht darin, gemeinsam eine Textilfirma im fiktiven Tisiland in zwei Sitzungen jeweils über einen vorgegebenen computersimulierten Zeitraum hinweg möglichst erfolgreich zu führen. Vorgegeben werden drei Ziele, und zwar die Maximierung des Unternehmensvermögens, die Schaffung neuer Arbeitsplätze und die Erhöhung der Zufriedenheit der Mitarbeiter. Das Experiment fand in zwei Sitzungen je 60 und 120 Minuten statt. Die erste Sitzung diente der Einarbeitung der Gruppen in die Spielbedingungen und -regeln. In die Auswertung wurden nur die Daten aus der Spielsitzung (2. Sitzung), in der das eigentliche Spiel stattfand, einbezogen und die Gruppeneffektivität bewertet.

Die vergleichende Untersuchung deutscher und indonesischer Gruppen unter besonderer Berücksichtigung einer sauberen und klaren Trennung der Kultur- und Effektivitätsfaktoren hat sieben verschiedene Varianten ergeben. Eine mögliche Variante, nämlich „kein Einflußfaktor", hat sich erübrigt. Darüber hinaus gibt es keine Faktoren der Gruppeneffektivität, die für die Effektivität deutscher und indonesischer Gruppen sowohl in ihrer Wirkungsweise als auch in ihrem Wirkungsausmaß gleich sind (der wahre universelle Faktor). Es gibt auch keinen Faktor der Gruppeneffektivität, der auf die Effektivität deutscher und indonesischer Gruppen in unterschiedlicher Weise wirkt (der interaktive adaptive Faktor). Insgesamt haben wir vier verschiedene Varianten der logischen Schlußfolgerungen in der Laboruntersuchung identifizieren können.

---

11 Die Studie wurde im Rahmen eines Forschungsprojektes an der Universität Regensburg mit einer finanziellen Unterstützung der Volkswagen-Stiftung durchgeführt.

Als wahrer kulturrelativistischer Faktor ist der unterschiedliche Zeitbedarf in den verschiedenen Phasen des Problemlösens bei deutschen und indonesischen Gruppen zu nennen, der aber auf deren Effektivität keinen signifikanten Einfluß ausübt. Der Faktor Zeit am Anfang eines Problemlöseprozesses ist ein deutsch-spezifischer Effektivitätsfaktor, denn für die Effektivität deutscher Gruppen ist wichtig, daß am Anfang viel Zeit investiert wird, um die Ursache-Wirkungsverhältnisse des komplexen Problems zu verstehen und die Entwicklungen wesentlicher Systemvariablen antizipieren zu können. Anhand der Fragebogendaten zeigt sich außerdem, daß eine hohe emotionale Übereinstimmung zwischen den Gruppenmitgliedern und weitgehendem Machtverzicht eine entscheidende Rolle für die Leistung der deutschen Gruppen spielt. Für die indonesischen Gruppen ist hingegen der Umgang mit Informationen ein signifikanter Effektivitätsfaktor. Je mehr und breiter Informationen abgefragt und Entscheidungen gefällt werden, desto wahrscheinlicher ist der Erfolg der indonesischen Gruppen. Ein weiterer wichtiger Faktor für die indonesischen Gruppen ist die konative Übereinstimmung in der Gruppe, denn sie können nur effektiv in Gruppen arbeiten, wenn die konative Übereinstimmung untereinander hoch ist.

Darüber hinaus, ähnlich wie in den deutschen Gruppen, sind eine hohe emotionale Übereinstimmung und weitgehender Machtverzicht für die Effektivität der indonesischen Gruppen von entscheidender Bedeutung. Beide Faktoren unterscheiden sich in den deutschen und indonesischen Gruppen jedoch hinsichtlich des erforderlichen Ausmaßes, in dem sie vorhanden sein müssen, und zwar in dem Sinne, daß sie in indonesischen Gruppen stärker als in den deutschen Gruppen ausgeprägt sein müssen. Die Faktoren emotionale Übereinstimmung und Einflußausübung sind die wahren adaptiven Faktoren. Sie üben einen signifikanten Einfluß auf die Effektivität deutscher und indonesischer Gruppen aus. Sie unterscheiden sich aber in ihrem Ausmaß. Die indonesischen Gruppen brauchen im Vergleich zu den deutschen mehr emotionale Übereinstimmung sowie mehr Einfluß- statt Machtausübung.

Nach Adler (1997) basiert die interkulturelle Synergie auf vier Annahmen. Zwei dieser Annahmen, nämlich die Heterogenität der Kulturen sowie die Ähnlichkeiten und Verschiedenheiten der Kulturen, wurden bereits durch zahlreiche empirische Studien bestätigt und in dieser Studie bekräftigt.[12] Die vorliegende Studie liefert vor allem den quantitativen, empirischen Beweis für die Existenz der zwei weiteren Thesen, die bisher noch in keiner empirischen Untersuchung zu finden sind. Es gibt verschiedene Wege zur Erreichung des gleichen Ziels, die auf der Kultur basieren, laut Adlers dritter Annahme: die deutschen Gruppen benötigen unterschiedlich viel Zeit in den verschiedenen Problemlösephasen, die indonesischen nicht. Der beste Weg hängt von der Kultur der Beteiligten ab, ist Adlers vierte Annahme: für die Effektivität ist die konative Übereinstimmung für die indonesischen Gruppen sehr wichtig, für die deutschen Gruppen ausreichend viel Zeit am Anfang des Problemlösens. Kulturelle Unterschiede stellen

12 S. z.B. Berry et al. (1997).

nicht nur interkulturelle Probleme und neutrale Realitäten für die Effektivität interkultureller Arbeitsgruppen dar, sondern stellen auch Chancen und Vorteile der interkulturellen Zusammenarbeit dar.

Die unterschiedlichen Varianten der logischen Schlußfolgerungen geben in erster Linie Hinweise darauf, wo im Fall der interkulturellen Zusammenarbeit mögliche Potentiale und Probleme liegen. Es wird hier über Möglichkeiten und Hinweise gesprochen, da monokulturelle Erkenntnisse aus der kulturvergleichenden Forschung nicht ohne weiteres auf die interkulturelle Situation übertragen werden können. Wenn es wahre universelle Faktoren gäbe, dann wäre die interkulturelle Zusammenarbeit in Gruppen sehr einfach zu gestalten. Es gäbe nur eine einzige Orientierung und einen einzigen Weg, um möglichst effektiv und leistungsfähig zu sein. Wenn es interaktive adaptive Faktoren gäbe, dann wäre es sehr schwierig, eine Zusammenarbeit zwischen Menschen unterschiedlicher Kulturen zu gestalten, ohne einen Qualitätsverlust aufgrund der unterschiedlichen Kulturen hinnehmen zu müssen. Es wurde aber in der Untersuchung keiner der beiden Faktoren als signifikant festgestellt.

Bedingt durch ihre Kultur benötigen die Deutschen unterschiedlich viel Zeit in den unterschiedlichen Phasen des Problemlösens. Dies hat nichts mit der Effektivität zu tun. Es ist ein reiner, deutscher Kulturstandard. Für die Indonesier ist die verwendete Zeit in den unterschiedlichen Phasen nicht relevant. In der Zusammenarbeit müssen beide Kulturen diese Erkenntnis wahrnehmen. Wenn die Deutschen im Vergleich zu den Indonesiern in unterschiedlichen Phasen des Problemlösens unterschiedlich viel Zeit brauchen, darf damit nicht die Begründung verbunden werden, daß der eine Weg dem anderen überlegen ist und umgekehrt. Um effektiv arbeiten zu können, müssen die Deutschen viel Zeit am Anfang der Problemlösephase investieren. Die Indonesier müssen für eine hohe Effektivität hingegen mehr Informationen sammeln und aktiver Entscheidungen treffen sowie eine hohe konative Übereinstimmung untereinander haben. Das sind ihre kulturspezifischen Effektivitätsfaktoren. Der eine braucht mehr Zeit am Anfang, der andere muß aktiver werden. Im Unterschied zum wahren kulturrelativistischen Faktor spielt bei den kulturspezifischen Faktoren das Thema Effektivität eine Rolle. Das bedeutet, daß eine kulturspezifische Vorgehensweise nicht nur als üblich im jeweiligen Kulturkreis angesehen, sondern auch immer wieder als der einzig effektive Weg erlebt wird. Die mögliche Auseinandersetzung zwischen den beiden Beteiligten ist somit größer als beim ersten Fall.

Die wahren adaptiven Faktoren sind die Effektivitätsfaktoren, die für die Deutschen und Indonesier von großer Relevanz sind. In der Zusammenarbeit liegt das Problem vor allem darin, daß alle zwar einsehen können, daß eine hohe emotionale Übereinstimmung und Einfluß- statt Machtausübung für die Effektivität wichtig sind, aber sie haben zugleich unterschiedliche Vorstellungen bzw. Bedürfnisse, wie hoch die emotionale Übereinstimmung sein soll und wie viel Einfluß statt Macht ausgeübt werden soll. An dem Punkt, an dem für die Deutschen die emotionale Übereinstimmung ausreicht, haben die Indonesier noch das Bedürfnis, sich weiter um die emotionale Übereinstimmung in der Gruppe zu kümmern.

3. Das javanisch-asiatische Synergiemodell in der Praxis

Mit dem Ziel, die Übertragbarkeit der Erkenntnisse aus der Laboruntersuchung zu überprüfen sowie die Erfahrungen der deutschen und indonesischen Fach- und Führungskräfte bei ihrer gemeinsamen Zusammenarbeit in Gruppen zu erfassen, wurde eine zweite empirischen Erhebung in Form von ausführlichen Interviews durchgeführt. Insgesamt nahmen 23 deutsche und 31 indonesische Fach- und Führungskräfte aus sechs verschiedenen deutschen Großkonzernen und -institutionen in Indonesien teil.

Professionalität, Sachorientierung, interne Motivation, Direktheit, Durchsetzungsvermögen, konsekutives Vorgehen, Zukunftsorientierung und theoriegeleitete Herangehensweise sind die acht aus den Interviews abgeleiteten deutschen Kulturstandards beim gemeinsamen Problemlösen in deutsch-indonesischen Arbeitsgruppen. Beziehungs- und Gruppenorientierung, hierarchisches Denken, externe Motivation, Indirektheit, Konfliktvermeidung, paralleles Vorgehen, Gegenwartsorientierung und erfahrungsgeleitete Herangehensweise stellen hingegen die indonesischen Kulturstandards in der deutsch-indonesischen Zusammenarbeit dar. Sie spiegeln die großen Unterschiede der beiden Kulturen wider und demonstrieren somit gleichzeitig sowohl mögliche massive Prozeßverluste durch evtl. entstehende interkulturelle Probleme, als auch große Potentiale der Zusammenarbeit im Sinne von interkultureller Synergie in deutsch-indonesischen Arbeitsgruppen.

Die Ergebnisse aus den Gesprächen mit den deutschen und indonesischen Fach- und Führungskräften demonstrieren, daß die vier Annahmen der interkulturellen Synergie von Adler (1997) in der Praxis der interkulturellen Zusammenarbeit beobachtbar sind. Es gibt „deutsche“ und „indonesische“ Kulturen, die sich voneinander unterscheiden. Es existieren Ähnlichkeiten und Verschiedenheiten zwischen beiden Kulturen. Die erlebten Überraschungen der deutschen Interviewten in der Zusammenarbeit mit Indonesiern weisen darauf hin, daß es mehrere Wege zum gleichen Ziel gibt, sowie der beste Weg für die Deutschen nicht unbedingt der für die Indonesier sein muß und umgekehrt.

Eine Ignorierung dieser kulturbedingten Unterschiede ist keine Lösung für eine erfolgreiche internationale Zusammenarbeit. Der erste Schritt zu einer effektiven Zusammenarbeit ist der des Erkennens kulturbedingter Unterschiede bzw. der Kulturstandards, z.B. daß die Indonesier eine gute Arbeitsatmosphäre schätzen und die Deutschen einen direkten Kommunikationsstil haben. Dadurch können interkulturelle Vorurteile abgebaut und das kulturbedingte Eigene und Fremde besser verstanden werden, im kognitiven wie auch im affektiven Sinne. Die nächste Herausforderung für interkulturelle Arbeitsgruppen ist das Zusammenbringen der unterschiedlichen Kulturstandards, das interkulturelle Handeln in kulturellen Überschneidungssituationen. Wenn die am interkulturellen Geschehen Beteiligten bemerken, daß es, so wie es ist, nicht funktionieren wird, wird unweigerlich ein Rahmen der Handlungsmöglichkeiten nach dem „Weder-Noch“-Prinzip gebildet. Dabei tauchen dann Fragen und Schlußfolgerungen im Umgang miteinander auf wie „Soll ich (der Indonesier) die deutsche Direktheit übernehmen oder reicht es aus, wenn ich ein bißchen direkter bin?", „Ich (der Deutsche) sollte leiser sprechen, sonst komme ich in diesem Land nicht mehr weiter voran.", d.h. es werden „interkulturelle Kompromisse" gemacht, es findet ein „interkultureller Machtkampf" statt. Es folgt aber auch ein interkultureller Prozeß des gegenseitigen Lernens. Die interkulturelle Synergie fängt bereits beim ersten Schritt des Erkennens der kulturbedingten Unterschiede an und geht dann weiter in die Phase des Zusammenbringens hinein.

Die Komplexität der Aufgaben in der interkulturellen Zusammenarbeit, z.B. der deutsch-indonesischen, ist bereits vorgegeben: ein Werk mit mehreren hundert Mitarbeitern in einem deutsch-indonesischen Joint-Venture zu führen ist eine komplexe Handlungssituation. Die Ausgangslage der Gruppenheterogenität ist bereits dadurch definiert, daß Indonesier und Deutsche mit unterschiedlicher interkultureller Kompetenz gemeinsam in Gruppen diese Aufgaben bewältigen sollen. Die Distanz zwischen deutscher und indonesischer Kultur, wie die Ergebnisse dieser Studie zeigen, ist groß. Entscheidend ist, wie sich die Heterogenität in der Gruppe und die interkulturelle Kompetenz der jeweiligen Beteiligten im Verlauf der Zusammenarbeit entwickelt, ob synergetische Effekte im Sinne der Erweiterung und Optimierung der bestehenden Wege zu Gunsten des Zusammenarbeitsprozesses und somit auch des Outputs auftreten.

Nach asiatisch-javanischer Vorstellung von interkultureller Synergie liegt die größte Barriere zur Entstehung der interkulturellen Synergie in den Rahmenbedingungen der Praxis, nämlich der mangelnden Chancengleichheit der Beteiligten sowie der mangelnden Kontinuität in der interkulturellen Zusammenarbeit. Chancengleichheit fördert Heterogenität und somit das Leistungspotential. Kontinuität ermöglicht die Entwicklung einer hohen interkulturellen Kompetenz der einzelnen Gruppenmitglieder, die wiederum zur Verringerung von Prozeßverlusten führt (s. Abbildung 4).

International tätige Unternehmen und Organisationen sollten ernsthaft versuchen, Rahmenbedingungen der interkulturellen Zusammenarbeit zu schaffen, unter denen sich kulturelle Stärken aller Beteiligten entfalten können. Dies darf aber nicht bedeuten, daß alle gleich sein müssen. Interkulturelles Training und das entsprechende interkulturelle Coaching für alle Beteiligten können erheblich dazu beitragen, diesen Prozeß des interkulturellen Lernens zu erleichtern und zu beschleunigen.

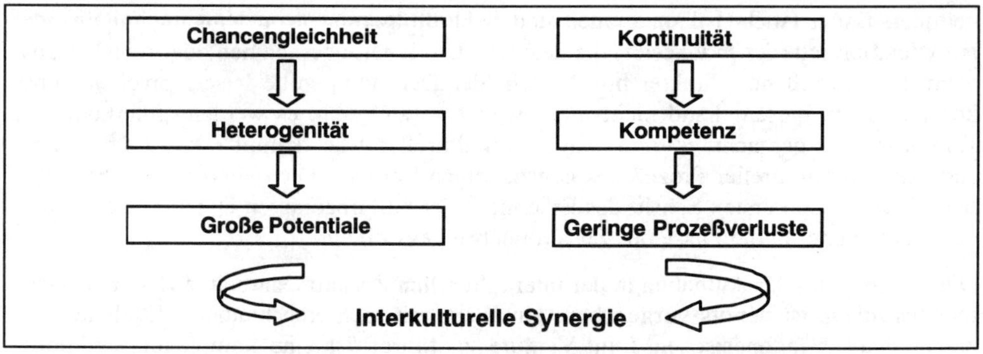

Abb. 4: Förderung der interkulturellen Synergie in der Praxis

4. Ausblick

Die Entwicklung hin zu interkultureller Synergie ist ein schwieriger, langer Prozeß des interkulturellen Lernens, gestützt auf einen starken Willen, gegenseitiges Vertrauen und gegenseitige Anerkennung. Die gegenwärtige interkulturelle Zusammenarbeit findet in einem harten Wettbewerb statt. Die Mitarbeiter müssen eigene interkulturelle Fähigkeiten in die Zusammenarbeit einbringen, das Unternehmen muß attraktive Rahmenbedingungen zur Verfügung stellen. In diesem Fall kann die interkulturelle Synergie der „erhoffte" Wettbewerbsvorteil gegenüber der Konkurrenz sein. Interkulturelle Synergie verspricht eine höhere Zufriedenheit der Mitarbeiter sowie die entsprechende Produktivität und Effektivität. Die meisten Interviewpartner, sowohl Deutsche als auch Indonesier, sprachen gerne darüber und hofften auf eine solche Erfahrung. Die Mehrheit der Interviewten erkannte die Vielfalt in der Gruppe an. Die Schwierigkeit liegt oft darin herauszufinden, ob die Unterschiede wirklich kulturbedingt sind oder sie sich auf die verschiedenen Stufen der Effektivität bzw. des Entwicklungsstandes der einzelnen Beteiligten beziehen. Gerade in der Zusammenarbeit zwischen Angehörigen der Entwicklungs- und Industrieländer ist dieser Aspekt von großer Relevanz.

Die große Herausforderung der Zusammenarbeit liegt in der potentiellen Entwicklung der Chancengleichheit, die eine interkulturelle Synergie ermöglicht. Die Gespräche mit den indonesischen Interviewpartnern waren stark von diesem Thema dominiert. Die Frage der Macht ist in diesem Zusammenhang von großer Relevanz. Die deutschen Interviewten erlebten Indonesien als eine hierarchische Gesellschaft. Viele der indonesischen Interviewten empfanden die Machtdistanz zu den deutschen Vorgesetzten größer als zu den indonesischen und erwähnten deshalb oft die indonesische koloniale

Vergangenheit. Beide Kulturgruppen haben anscheinend eine unterschiedliche Wahrnehmung in der Frage der Macht.

Die Vorschläge der Interviewten zur Gestaltung einer „besseren" deutsch-indonesischen Zusammenarbeit können in zwei Gruppen aufgeteilt werden. Die erste Gruppe befaßt sich mit den interkulturellen Fähigkeiten der einzelnen Akteure – verlangt werden Offenheit, „kulturelle" Neugier, Lesen von Büchern und interkulturelle Lernbereitschaft – und der Form, wie die einzelnen Akteure sich in der Zusammenarbeit positiv einbringen können. Darunter fallen ständige Gespräche miteinander, Dialoge, Diskussionen, Erfahrungsaustausch und „kleine Gefallen tun". Die zweite Gruppe bezieht sich auf die Rahmenbedingungen, welche das Unternehmen bzw. die Organisation schaffen soll. Genannt wurden Training und Ausbildung in der Sprache und der interkulturellen Thematik, die Überprüfung der gegenwärtigen Rotation des Auslandsentsandten und die Chancengleichheit zwischen den lokalen Mitarbeitern und den Auslandsentsandten. Chancengleichheit ist eine notwendige Voraussetzung für die interkulturelle Synergie, erweist sich aber zugleich in der deutsch-indonesischen Zusammenarbeit als die am schwierigsten zu realisierende. Zum Einen ist dies auf die große Kulturdistanz zwischen beiden Kulturgruppen, zum Anderen auf den großen Unterschied im Entwicklungsstand zurückzuführen.

Festzustellen ist, daß die Anzahl der multinationalen Gruppen mit komplexen Aufgabenstellungen weiter zunehmen wird. Eine weitere Tatsache ist, wie in der Studie gezeigt wird, daß kulturelle Unterschiede als Stärken und Schwächen in multinationalen Gruppen, in unserem Fall in deutsch-indonesischen Gruppen, fungieren können. Die Erfahrungen aus der Praxis der interkulturellen Zusammenarbeit demonstrieren, wie wichtig ein besseres Kulturverständnis in der interkulturellen Zusammenarbeit ist, nicht nur für den Erfolg der Arbeit bzw. der Unternehmen / Organisationen, sondern auch für das Ansehen und das „Bild" der jeweiligen Länder sowie die persönliche Entwicklung der einzelnen Beteiligten. Es geht insgesamt um mehr als nur den produktiven und effektiven Output des Problemlösens in multinationalen Gruppen.

Literaturhinweise

ANSOFF, H. I. (1965): Corporate Strategy: An Analytic Approach to Business Policy for Growth and Expansion. New York 1965 (McGraw-Hill).

ADLER, N. J. (1986, 1997): International Dimensions of Organizational Behavior, 3. Aufl., Boston 1986 und 1997 (Kent).

BERRY, J. W., SEGAL, M. H., KAGITCIBASI, C. (HRSG., 1997): Handbook of Cross-Cultural Psychology, Vol. I – III, Needham 1997 (Allyn & Bacon).

CASRNIR, F. L. (1999): Foundation for the Study of Intercultural Communication Based on a Third-Culture Building Model, in: International Journal of Intercultural Relations, 23 Jg., Nr. 1/1999, S. 91 - 116.

DARMAPUTERA, E. (1987): Pancasila: Identitas dan Modernitas - Tinjauan Etis dan Budaya, Jakarta 1987: (BPK Gunung Mulia) (1988 auf Englisch: Pancasila and the Search for Identity and Modernity in Indonesian Society: A Cultural and Ethical Analysis).

FULLER, B. R. (1975): Synergetics, Exploration in the Geometric of Thinking, New York 1975.

HARRIS, P. R., MORAN, R. T. (1979, 1996): Managing Cultural Differences: High-Performance Strategies for Today's Global Manager, 3. Aufl., Houston 1979 und 1996 (Gulf).

HELSON, H. (1964): Adaptation-level Theory. New York 1964 (Harper & Row).

HOFSTEDE, G. (1997): Lokales Denken und globales Handeln: Kulturen, Zusammenarbeit und Management, München 1997 (Beck).

KREWER, D. (1996): Kulturstandard als Mittel der Selbst- und Fremdreflexion, in: A. Thomas (Hrsg.): Psychologie interkulturellen Handelns, Göttingen 1996 (Hogrefe), S. 147 - 164.

MATTHES, J. (1999): Interkulturelle Kompetenz, in: Merkur, 52. Jg., Nr. 3/1999, S. 588-904.

STUMPF, S. (1999): Wann man von Synergie sprechen kann: eine Begriffsanalyse, in: Gruppendynamik, 30. Jg., Nr. 2/1999, S. 191 - 206.

THOMAS, A. (1993): Psychologie interkulturellen Lernens und Handelns, in: A. Thomas (Hrsg.): Kulturvergleichende Psychologie: eine Einführung, Göttingen 1993 (Hogrefe), S. 377 - 424.

THOMAS, A. (2000): Group Effectiveness: a Balance between Heterogenity and Homogenity, in: S. Stumpf, A. Thomas (Hrsg.): Group Diversity and Effectiveness, Lengerich 2000 (Pabst Science), S. 226 - 236.

TJITRA, H. W. (2001): Synergiepotentiale und interkulturelle Probleme: Chancen und Herausforderungen am Beispiel deutsch-indonesischer Arbeitsgruppen, Wiesbaden 2001 (Gabler).

TRIANDIS, H. C. (1991): The Contingency Model in Cross Cultural Perspective, in: M. M. Chemers, R. Ayman (Hrsg.): Leadership Theory and Research, San Diego 1991 (Academic), S. 167 - 188.

WEGGEL, O. (1989): Die Asiaten, München 1989 (Beck).

ZEUTSCHEL, U. (1999): Interkulturelle Synergie auf dem Weg: Erkenntnisse aus deutsch/US-amerikanischen Problemlösegruppen, in: Gruppendynamik, 30. Jg., Nr. 2/1999, S. 131 - 160.

Karine Rémolu-Neumayer, Klaus Bodel

Interkulturelle Teamentwicklung – ein Basiskonzept für Training und Beratung

1. Einleitung

1.1 Vorbemerkungen

Die gegenwärtige Arbeitslandschaft in Organisationen ist durch den Trend der zunehmenden Globalisierung gekennzeichnet. Dadurch verändern sich nicht nur Form und Charakter von Organisationen, sondern auch die interdisziplinären und internationalen Arbeitsbeziehungen. Die flexiblen Arbeitsstrukturen und verstärkt eingeführten Projektarchitekturen machen eine effektive und effiziente Zusammenarbeit in Teams erforderlich. Von der Perspektive des einzelnen Mitarbeiters aus gesehen, wird die Arbeit insgesamt vielfältiger und anspruchsvoller, da die Teams in vielen Fällen interdisziplinären Charakter haben und zunehmend auch international zusammengesetzt sind. Diesen Aspekt der interkulturellen Teamentwicklung gilt es im Rahmen der Personalentwicklung zu beachten. Die betriebliche und überbetriebliche Weiterbildung hat sich daher in den letzten Jahren auch intensiver mit dem Thema der internationalen Teamarbeit beschäftigt. Es existieren vielfältige Maßnahmen zur Verbesserung der Team-, Modul- oder Projektarbeit im Rahmen der Personalentwicklung. Oftmals fehlt allerdings eine Zusammenfassung der wichtigsten Erfahrungswerte aus den Aktivitäten der Trainings zur Teamarbeit.

Aus der Beratungs- und Trainingspraxis der Autoren und damit der Analyse zahlreicher interkultureller Teamentwicklungsprojekte haben sich eine Reihe von entscheidenden Faktoren für eine funktionierende Teamarbeit herauskristallisiert, welche in den folgenden Überlegungen zusammengestellt und zu praxisgerechten Modell- und Konzeptüberlegungen zusammengefaßt wurden.

1.2 Konzeptionelle Grundüberlegungen

Im interkulturellen Team arbeiten Menschen mit unterschiedlichem kulturellem Erfahrungshintergrund zusammen, um eine bestimmte Aufgabe zu erledigen. Die inhaltliche Arbeit wird dadurch geprägt, daß die einzelnen Teammitglieder mit ihren ganz unterschiedlichen Fähigkeiten, Fertigkeiten, Interessen, Bedürfnissen, Charakteren und Werten aufeinander treffen.

Die entstehenden Spannungen, Konflikte und Schwierigkeiten im Team werden oft genug nicht gelöst, sie bleiben als „Energiehemmer“ für die einzelnen Teammitglieder unter der Oberfläche bestehen und beeinflussen jegliche Art der Kommunikation, ob sachlich oder persönlich. Meistens finden der Einzelne oder die verschiedenen Untergruppen des Gesamtteams keinen Weg, mit den auftretenden Schwierigkeiten konstruktiv fertig zu werden. Das emotionale Unwohlsein wird oder kann nicht artikuliert werden, denn dafür gibt es noch wenige ‚erlaubte' Plätze in den Unternehmen. Dies bedeutet oftmals auch, daß die Leistungsfähigkeit des Teams nachläßt: Besprechungen werden immer länger und dadurch unproduktiv; einmal erarbeitete Lösungen werden nochmals in Frage gestellt und damit die Entscheidungs- und Lösungskompetenz des Teams geschwächt; erste persönliche Spannungen unter Teammitgliedern können eskalieren und bis hin zu emotionalen Explosionen oder mentalem Rückzug im Team führen.

2. Phasen-Modell der interkulturellen Teamentwicklung

In der interkulturellen Teamentwicklung lernen die Teilnehmer unter anderem:

- ihre eigenen kulturellen Prägungen zu erfahren,
- die persönliche interkulturelle Handlungskompetenz zu erweitern,
- sowie Konflikte und Hindernisse zwischen Teammitgliedern direkt anzusprechen und zu klären.

Das Ziel der interkulturellen Teamentwicklung ist auch, daß die Teilnehmer:

- die Werte ihrer unterschiedlichen Kulturen (Familie, Beruf, Unternehmen etc.) wahrnehmen und als handlungsweisend erfahren,
- ihre persönlichen Eigenarten sehen und akzeptieren lernen und gemeinsam Regeln und Formen für die künftige Zusammenarbeit im Team erarbeiten.

2.1 Das Drei-Phasen-Modell

Eine interkulturelle Teamentwicklung läßt sich in folgende drei Phasen gliedern:

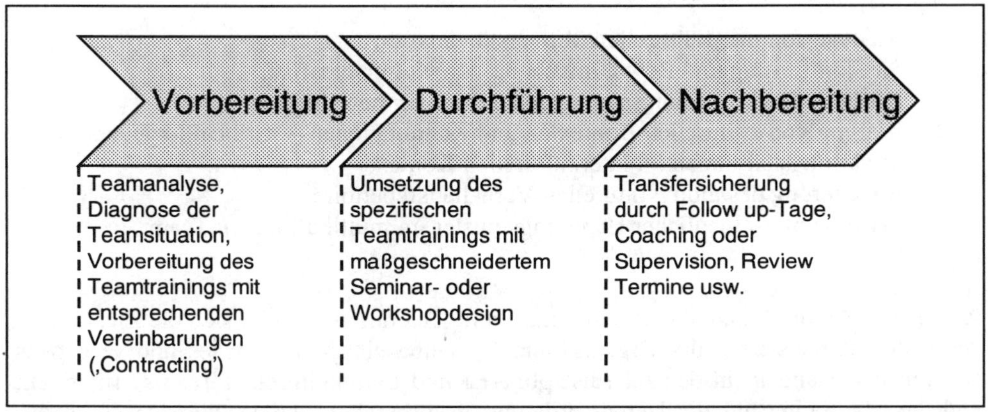

Abb. 1: Das Drei-Phasen-Modell interkultureller Teamentwicklung

Die Unterstützung einer Teamentwicklung ist immer als ein Prozeß zu verstehen, der entsprechend gestaltet werden muß. Die speziell abgestimmten Qualifizierungsmaßnahmen orientieren sich in Form, Inhalt und Dauer am Bedarf des jeweiligen Teams. Neben Teamtrainings für die ganze Gruppe können auch individuelle Aktivitäten wie beispielsweise Einzelcoaching vereinbart werden.

Der Prozeß der professionellen interkulturellen Teamentwicklung beginnt mit einer differenzierten Analyse und Diagnose der Teamsituation. Oftmals wird durch eine gemeinsame Startveranstaltung – sogenanntes ‚Kick off Meeting' – das Training oder die Teambegleitung begonnen. Der gesamte Prozeß steht unter dem Fokus der Transfersicherung in den beruflichen Alltag des Teams. Daraus ergibt sich, daß Follow up-Maßnahmen wie Review-Tage, Coaching oder Supervision notwendig werden.

Außerdem sind die vorgeschlagenen Trainingsansätze mit den *Werten, Identitäten, Konfliktpotentialen und Projekten* des interkulturellen Teams abzugleichen. Das Konzept der Teamentwicklung und das Design des Teamtrainings soll den Spannungsbogen zwischen sinnvoller Teamentwicklung und ‚unproduktiver Gruppendynamik' in Betracht ziehen und damit auch folgende Themenaspekte berücksichtigen:

- Ergebnisverantwortung und Teamorientierung,
- Sicherheits- und Orientierungsbedürfnisse im Team,
- Entwicklungsplanung für das Team mit konkreten Vereinbarungen.

2.2 Beispiel: Ziele aus einem Vorbereitungsworkshop

Im Rahmen eines Vorbereitungsworkshops zur interkulturellen Teamentwicklung wurden beispielsweise die folgenden Ziele gemeinsam vereinbart und anschließend in das entsprechende Designkonzept eingearbeitet:

- Analyse von interkulturellen Mißverständnissen,
- Sensibilisierung und Bewußtmachung von Kulturspezifika,
- Erarbeitung von Lösungsstrategien zur Problembewältigung,
- Klärung von kulturellen Kontexten und Konnotationen – ‚Critical Incidents',
- Erwartungshaltungen im interkulturellen Kontext,
- Erweiterung des monokulturellen Verhaltensrepertoires,
- Erwerb unterschiedlicher Handlungsmuster im multikulturellen Team.

Aus diesen Anforderungen an das interkulturelle Teamtraining zeigt sich die Zielsetzung des Unternehmens bzw. der Organisation. Es sollen ein ganzheitliches und vernetztes Denken und Handeln in den interdisziplinären und multikulturellen Teams ermöglicht und die Mitarbeiter auf die Herausforderungen vorbereitet werden, die sich durch die Bildung neuer Arbeitsorganisationen und komplexere Aufgabenstellungen ergeben. Eine wichtige Voraussetzung für die erfolgreiche Lösung gemeinsamer Aufgaben ist eine effiziente Zusammenarbeit im Team. Die Gestaltung dieser Zusammenarbeit stellt insbesondere an den Teamleiter von multikulturellen Teams hohe Anforderungen, vor allem im kommunikativen und methodischen Bereich. Ein Leitfragenkatalog nach dem Motto ‚Gemeinsam stark oder zusammen schwach?' kann dazu dienen, in der Phase der Analyse und Diagnose die spezifischen Anforderungen zu klären:

- Welche Bedeutung haben die internationalen Teams in der Organisation?
- Wie können komplexe Probleme durch das internationale Team schneller und besser gelöst werden?
- Wie kann der Teamleiter sein interkulturell zusammengesetztes Team zu optimaler Leistung anspornen?
- Was sind die Vorteile für jeden einzelnen Mitarbeiter in der interkulturellen Teamarbeit?
- Welche spezifischen Barrieren, Hürden, Konflikte, Probleme, Schwierigkeiten gibt es in dem interkulturellen Team?

Die Antworten auf diese Schlüsselfragen führen zu den Schwerpunktthemen und Problemfeldern der interkulturellen Teams. Dazu zählen unter anderem die Verstärkung des eigenkulturellen Repertoires, um beispielsweise eigene Unsicherheiten zu kaschieren.

Auch die Unkenntnis der fremdkulturellen Standards kann zu erheblichen Spannungen im Team führen. So sind zum Beispiel kulturgeprägte Unterschiede bei Arbeitsstilen, Besprechungsritualen, Kommunikationsformen sowie Problemlösungs- und Entscheidungsverhalten in Gruppen wenig oder gar nicht bekannt. Mangelnde Kenntnisse oder fehlende Sensibilisierung führen dann oftmals zu konfliktträchtigen Phänomenen der interkulturellen Psychologie: wie z.B. eine fundamentale Attribuierung durch negative Fremdattribuierung, d.h. Vorurteile und Stereotypen sind ausgeprägt und führen zur Ablehnung der fremdkulturellen Einflüsse, oder eine internale Attribuierung durch Personenattribuierung, d.h. das Verhalten einzelner Personen aus einer anderen Kultur wird kritisch ‚verurteilt'.

2.3 Die fünf Phasen einer Teamentwicklung

Diese Phänomene beeinträchtigen die Leistungsfähigkeit des internationalen Teams und dementsprechend kann für die Teamentwicklung folgendes Phasenkonzept einen Anhaltspunkt für die Standortbestimmung der jeweiligen Teamsituation geben.

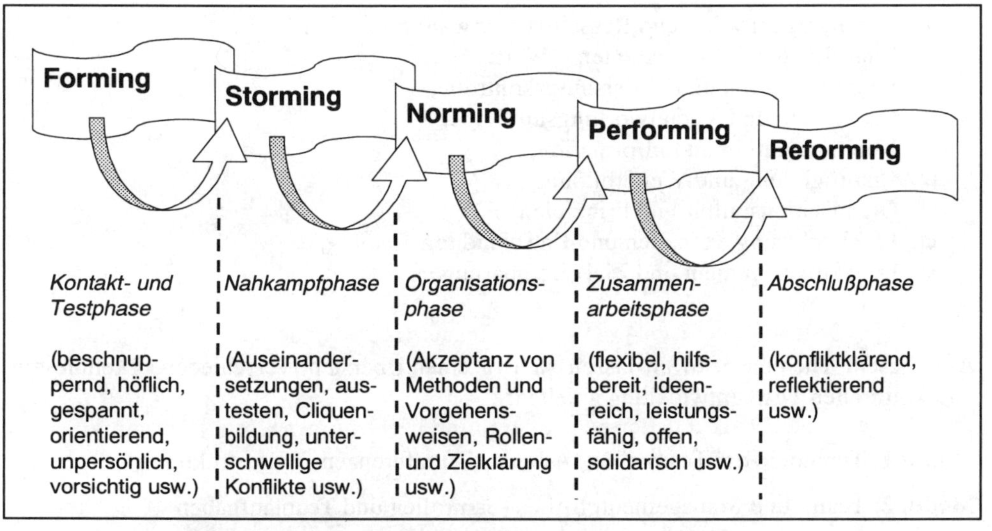

Abb. 2: Die Phasen einer Teamentwicklung (Quelle: in: Anlehnung an Tuckman (1965) und Tuckman, Jensen (1977))

Gemäß diesem Entwicklungskonzept kommt dem Teamleiter eines internationalen Teams eine Schlüsselrolle zu. Zu den wesentlichen Anforderungen zählen:

- Führungspersönlichkeit mit Selbstbewußtsein,
- Fähigkeit zur persönlichen kritischen Selbsteinschätzung,
- Motivationskraft, um die Leistungsbereitschaft und Produktivität des Teams und der Teammitglieder zu steigern,
- Überzeugungskraft, um einzelne Mitarbeiter für das Erreichen des gemeinsamen Ziels begeistern zu können,
- Offenheit und Lernbereitschaft, um sich auf die unterschiedlichen kritischen Situationen einzustellen,
- Frustrationstoleranz, um den interkulturellen Herausforderungen realistisch begegnen zu können.

Außerdem kommen für die internationale Teamführung eine Reihe von unterschiedlichen Themen zur Bearbeitung in Betracht:

- Arbeitsorganisation und Ressourcenverwaltung,
- Einstellungen – Motivationen – Werte,
- Führungsverhalten und Leistungskontrolle,
- Funktionen und Verantwortungsumfänge,
- Kommunikation und Information,
- Qualifizierung und Weiterbildung,
- Organisationskultur und Prinzipien,
- Problemlösungsverhalten und Entscheidungsfindung,
- Projektmanagement und Zielvereinbarungen.

Aus diesem Themenspektrum lassen sich in einer Übersicht verschiedene Module zur interkulturellen Teamentwicklung ableiten:

Modul 1: Typologie der Teamarbeit, Arbeitsstil-Präferenzen, Teamstrukturen

Modul 2: Team- und Managementprofile, Teamrollen und Teamaufgaben

Modul 3: Erfahrungs-Know-How, ‚Best Practice'-Erkenntnisse der Teamarbeit

Modul 4: Sensibilisierung für die kulturellen Gemeinsamkeiten und Unterschiede

Modul 5: Verknüpfung der ‚Skills' im Team – das ‚Team Linking' Prinzip.

3. Interkulturelle Teamentwicklung

3.1 Interkulturelles Teamtraining

Das Konzept eines interkulturellen Teamtrainings muß sich am konkreten Bedarf des jeweiligen Teams orientieren. Daher sind in einer Bedarfsanalyse die tatsächlichen Themen- und Problemstellungen gemeinsam zu analysieren. Diese Analyse soll sicherstellen, daß die Konzeption zu einer maßgeschneiderten Qualifizierungs- und Entwicklungsmaßnahme führt. Ziele, Inhalte und Dauer des interkulturellen Teamtrainings sind dementsprechend situationsspezifisch zu vereinbaren.

Oftmals wird deshalb die Entwicklung eines Trainingsdesigns für sogenannte ‚Familiy-Trainings' in Auftrag gegeben. Damit ist eine abteilungsspezifische oder gruppenspezifische Trainingsmaßnahme gemeint, die in vielen Fällen den Charakter eines Zielklärungs- und Problemlösungsworkshops hat und weniger dem Modell eines klassischen Teamtrainings folgt. Als flankierende Aktivitäten eines interkulturellen Teamtrainings können auch Selbstlernmöglichkeiten mit Hilfe interaktiver Lernprogramme, z.B. zu Themen wie ‚Motivation' oder ‚Zeitmanagement', genutzt werden. Das interkulturelle Teamtraining wird sich in vielen Fällen an den folgenden Zielsetzungen orientieren:

- Erfolgspotentiale von internationalen Gruppen, z.B. Projektteams oder Task Force Teams, ausschöpfen,
- Mitarbeiter und Führungskräfte für die Arbeit und Aufgaben in einem interkulturellen Team qualifizieren,
- Managementteams mit ihren spezifischen Synergien in der gemischt-kulturellen Zusammensetzung entwickeln.

3.2 Das Fünf-Schritt-Konzept

Der Einsatz von unterschiedlichen Methoden und Vorgehensweisen wird durch das jeweilige Trainingsdesign und den spezifischen Entwicklungsprozeß definiert:

Schritt 1: Auftragsklärung mit Vereinbarungen zu der Zielsetzung, den Inhalten und dem methodischen Vorgehen.

Schritt 2: Vorgespräche mit Fragenkatalog als Einzel- oder Team-Interview zur Konkretisierung der Trainingsinhalte.

Schritt 3: Durchführung des Trainings gemäß Designplan und unter Einbeziehung von erlebnisorientierten Praxisübungen.

Schritt 4: Transfersicherung durch Follow up-Maßnahmen, Review-Tage, Prozeßbegleitung des Teams in Form von Coaching und Supervision.

Schritt 5: Reflexion mit Standortbestimmung zur Klärung weiterer Bedarfe an Qualifizierung, Prozeßbegleitung, Coaching usw.

Die Einbindung von erlebnisorientierten Praxisübungen macht die Trainingsinhalte für die Teilnehmer erfahrbar und stellt eine Verknüpfung der Theorieteile mit den Elementen der Praxisorientierung im Trainingsprozeß sicher.

Durch den Einsatz geeigneter Methoden wie z.B. Rollenspiele, Fallstudien, Kommunikationsübungen werden geistige und emotionale Lernprozesse ausgelöst und wichtige Problemstellungen transparent gemacht. Der Lern- und Erfahrungsprozeß wird durch Moderation, z.B. mit Hilfe von Erkenntnisspeichern, gesteuert und eine regelmäßige Reflexion der Lernerfahrungen sichert den Transfer für die Teilnehmer in den Arbeitsalltag des interkulturellen Teams. Ungewöhnliche Lernerfahrungen können auch durch Lernaktivitäten in einem ungewohnten Handlungsfeld, z.B. Teamübungen in der Natur oder mit kreativen Methoden wie ‚Collagetechnik', angeboten werden. Das Prinzip der Erlebnisorientierung muß sich aber auch immer einer kritischen Betrachtung der Möglichkeiten und Grenzen im didaktischen und methodischen Konzept der Teamentwicklung stellen und sich wie alle übrigen Trainingsmethoden einer Beurteilung nach den Aspekten der konsequenten Transferorientierung unterziehen. Die entscheidende Frage des Designs für ein interkulturelles Teamtraining heißt somit: Wann paßt welcher Trainingsansatz zu der gestellten Aufgabe und den angestrebten Zielen?

3.3 Schwerpunkte für eine interkulturelle Teamentwicklung

Aus der Vielfalt der Angebote zur Teamentwicklung und dem umfangreichen Methodenrepertoire für die Teamtrainings sind folgende Themenschwerpunkte für eine interkulturelle Teamentwicklung von Bedeutung:

- Anwärm- und Kontaktübungen;
- Sensibilisierungs- und Wahrnehmungsübungen;
- Eigene Kultur und deren Werte erfahren (Rollenspiele);
- Übungen zur Handlungsflexibilität;
- Kreativitäts- und Kommunikationsübungen mit interkulturellem Bezug;
- Teamübungen bzw. gruppendynamische Übungen;
- Reflexionsübungen;
- Abschlußübungen.

In der ‚Warming Up'-Phase des interkulturellen Teamtrainings sind Fragen zur Einstimmung und zur Erwartungshaltung der Seminarteilnehmer geeignet, die Ziele, Inhalte und Methoden des Trainings zu klären. Die folgenden Leitfragen haben sich in der Praxis der Teamentwicklung bewährt:

- Welche Erwartungen haben die Teilnehmer an das interkulturelle Teamtraining?
- Welche Herausforderungen ergeben sich aus der internationalen Teamzusammensetzung?
- Welche Aspekte des interkulturellen Managements erscheinen den Seminarteilnehmern besonders wichtig?
- Was muß ein international agierendes Team nach Meinung der Teilnehmer vordringlich lernen?
- Was brauchen die Teilnehmer, um die im Training erworbenen Kenntnisse und Fertigkeiten im beruflichen Alltag konkret umsetzen zu können?

Das Konzept eines interkulturellen Teamtrainings gliedert sich dementsprechend in die fünf folgenden Phasen:

Analyse	▪ Was ist unser Ziel? ▪ Wo stehen wir? ▪ Wie sehen wir uns? ▪ Was hindert uns effektiver zusammenzuarbeiten? ▪ Welche Eigenarten haben wir?
Klärung	▪ von Situationen ▪ von Beziehungen ▪ von Sachproblemen ▪ von Zielen ▪ von Ressourcen
Feedback	▪ Persönlichkeiten: Ausprägung und Präferenzen ▪ Feedback-Übungen ▪ Beziehungslandkarte, z.B. ‚Gruppensoziogramm'
Vereinbarung	▪ Zielorientierung ▪ Maßnahmen und Aktionspläne ▪ Regeln und Strukturen
Reflexion	▪ Was ist passiert? ▪ Wie haben wir die Situation gestaltet? ▪ Was wollen wir von den gemachten Erfahrungen wie nutzen?

Abb. 3: Phasen eines interkulturellen Teamtrainings

Im Kontext internationaler Teamarbeit können kulturelle Differenzen störend wirken, aber auch neue Erfolgspotentiale eröffnen. Insofern kommt der Phase der Konfliktbearbeitung und Konfliktklärung in den interkulturellen Teamtrainings eine besondere Bedeutung zu.

3.4 Schlüsselfragen zur Konfliktbearbeitung

Auf der kognitiven Ebene liegen die Konfliktpotentiale im wesentlichen in den Stereotypisierungsmustern und den destruktiven Bewertungstendenzen von Personen und Situationen.

Auf der emotionalen Ebene sind bei interkulturellen Teams häufig psychologische Phänomene wie Frustration, Verärgerung, Unzufriedenheit oder Leidensdruck wahrnehmbar. Diese ‚unsichtbaren' inneren und oft auch sehr intimen Verletzungen wirken sich auf der Verhaltensebene durch Apathie, Rückzug, ‚innere Kündigung', offene oder verdeckte Aggressionen, Beschwerden, Reklamationen, Destruktion, Reduzierung von Leistung oder Verweigerung zur Investition in eine konstruktive Konfliktlösung aus. Bei der Bearbeitung von derartigen Konfliktfällen haben sich folgende Leitfragen als hilfreich erwiesen:

1. Wie gehen Mitarbeiter, Manager oder Mitglieder in interkulturellen Teams mit den *anderen Kulturen, Mentalitäten und Gewohnheiten* um?
2. Wie können die Teammitglieder für *die kulturellen Besonderheiten, die anderen Wertvorstellungen und Haltungen* sensibilisiert werden und somit *interkulturelle Handlungskompetenz* erwerben?
3. Wie können *kognitive Routinen und emotionale Selbstverständlichkeiten* erfaßt und kritisch reflektiert werden?

Zusätzlich werden bei der Bearbeitung von Konflikten in der Phase ‚Klärung' und ‚Feedback' auch die unterschiedlichen Rollenmuster einzelner Teammitglieder in der Gruppe berücksichtigt; diese Rollen sind beispielsweise:

Altkluger/Altkluge, Besserwisser/Besserwisserin, Diplomat/Diplomatin, Gruppenclown, Held/Heldin, König/Königin, Prinz/Prinzessin, Stahlemann/Strahlefrau, Supermann/Superfrau, Sündenbock, ‚Schwarzes Schaf', Vermittler/Vermittlerin.

3.5 Kompetenzfelder für interkulturelle Beratungs- und Trainingsarbeit

Es ergibt sich hieraus, daß für ein interkulturelles Teamtraining und die Beratung für internationale Teamentwicklung ein entsprechendes Methoden- und Interven-tionsrepertoire bei den BeraterInnen und TrainerInnen vorhanden sein sollte. In diesem Sinne sind das individuelle Rollen- und Selbstverständnis kritisch zu betrachten und das persönliche Qualifikationsprofil anhand verschiedener Kompetenzfelder zu überprüfen.

Die sieben relevanten Kompetenzfelder für die Arbeit im Bereich interkultureller Teamentwicklung sind nach Meinung der Autoren:

- **Kommunikationskompetenz**, z.B. aktiv zuhören, gutes Wahrnehmungsvermögen besitzen, paraphrasieren und verbalisieren können,
- **Reflexionskompetenz**, z.B. Empathie (Einfühlungsvermögen) besitzen, zirkuläres Fragen beherrschen,
- **Fokussierungskompetenz**, z.B. Flexibilität für aktuelle Bedürfnisse haben, Aufmerksamkeit im Hier und Jetzt entwickeln, Offenheit für die Situation beibehalten,
- **Integrationskompetenz**, z.B. Zusammenführung von Details beherrschen, Situation im kulturspezifischen Kontext einschätzen,
- **Interventionskompetenz**, z.B. passendes Methodenrepertoire einsetzen,
- **Neutralitätskompetenz**, z.B. Distanz halten, die sogenannte ‚Hubschraubersicht' bzw. ‚Vogelperspektive' als Meta-Position einnehmen,
- **Integritätskompetenz**, z.B. keine Manipulationsspiele betreiben, Beratungsethik leben bzw. professionelles Credo entwickeln und pflegen.

4. Fazit

Bei dem Kompetenz-Inventar für interkulturelle Teamentwicklung geht es um die Einschätzung der Leistungsfähigkeit der Berater und Trainer für Teamentwicklung. Außerdem hilft eine kritische Selbsteinschätzung den individuellen Entwicklungsbedarf für die persönliche Professionalisierung zu bestimmen.

Durch die Entwicklung der eigenen Persönlichkeit kann auch die Umsetzung der vorgestellten Teamentwicklungskonzepte unter Berücksichtigung der interkulturellen Gegebenheiten und den jeweiligen Mentalitäten erfolgreicher gestaltet werden. Daher benötigen moderne Konzepte interkultureller Teamentwicklung ein hohes Maß an Qualität des Designs und an Qualifikation der Personen, die dieses Konzept umsetzen helfen.

Literaturhinweise

BENNIS, W., BIEDERMAN, P. W. (1998): Geniale Teams – Das Geheimnis kreativer Zusammenarbeit, Frankfurt a.M., New York 1998 (Campus Verlag).

DUARTE, D. L., SNYDER, N. T. (1999): Mastering Virtual Teams, San Francisco 1999 (Jossey-Bass).

DECKER, F. (1994): Team Working – Gruppen erfolgreich führen und moderieren, 2. Aufl., München 1994 (Lexika).

FRANCIS, D., YOUNG, D. (1986): Mehr Erfolg im Team, 2. Aufl., Hamburg 1986 (Windmühle).

FREIBICHLER, H. (1978): Praxis der Teamarbeit, Wiesbaden 1978 (Gabler).

KATZENBACH, J. R., SMITH, D. K. (1993): Teams – Der Schlüssel zur Hochleistungsorganisation, Wien 1993 (Carl Ueberreuter).

KÖNIG, O. (1999): Gruppendynamik Profil, 3. Aufl., München 1999.

KUNZ, H. U. (1994): Spitzenleistung im Team, 2. Aufl., Zürich 1994 (Industrielle Organisation).

LANGMAACK, B., BRAUNE-KRICKAU, M. (1993): Wie die Gruppe laufen lernt, Weinheim 1993 (Psychologie-Verl.-Union).

MADDUX, R. B. (1993): Team-Bildung – Gruppen zu Teams entwickeln, Leitfaden zur Steigerung der Effektivität einer Organisation, Wien 1993 (Carl Ueberreuter).

MORENO, J. L. (1988): Gruppenpsychotherapie und Psychodrama, Stuttgart 1988 (Georg Thieme).

RAAB, S. (1997): Full Power – Wie Sie aus Einzelkämpfern ein Hochleistungsteam formen, Neuwied, Kriftel, Berlin 1997 (Luchterhand).

STÖGER, G. (1996): Besser im Team – Stärken erkennen und nutzen, Weinheim und Basel 1996 (Beltz Verlag).

TUCKMAN, B. (1965): Developmental Sequence in Small Groups, in: Psychological Bulletin, Nr. 63/1965, S. 384 - 399.

TUCKMAN, B., JENSEN, M.A.C. (1977): Stages of Small Group Development Revisited, in: Group and Organization Studies, Nr.2/1977, S. 419 - 427.

Klaus Boll, Birgit Schenk

Unterstützung virtueller interkultureller Zusammenarbeit durch Teamentwicklungsmaßnahmen

1. Virtuelle Teams

1.1 Virtuelle Teams – eine Definition

Im Gegensatz zu einem herkömmlichen Team definiert sich ein virtuelles Team als eine Gruppe von Menschen, die auf ein Ziel hin ausgerichtet über

- räumliche,
- organisatorische (meist in Form einer Matrix-Organisation) und
- zeitliche Grenzen hinweg

mit Hilfe moderner elektronischer Medien arbeitet.

Ein virtuelles Team kann selbst innerhalb eines Unternehmensstandortes und/oder einer Abteilung existieren. Vor allem in der US-amerikanischen Forschung werden in diesem Zusammenhang 15 m als kritische Entfernung bezeichnet.

In einem Unternehmen wie der Robert Bosch Gruppe gibt es selbst an einem Standort ganze Bereiche oder Abteilungen, die nicht komplett in einem Gebäude untergebracht sind. MitarbeiterInnen müssen oft zusammenarbeiten, ohne gemeinsam in einem Raum oder einem Gebäude zu sitzen. Die Kommunikation, Koordination und Kooperation der Zusammenarbeit wird weitestgehend über den Einsatz neuer Medien abgewickelt. Gemeinsame Treffen, zu denen alle Teammitglieder erscheinen, werden aus Zeit- und Kostengründen seltener. Auf welche Erfolgsfaktoren muß das Augenmerk gerichtet werden, wenn in einem virtuellen Team gearbeitet wird, um die gewünschte Effizienz und Effektivität zu erreichen?

1.2 Erfolgsfaktoren virtueller Teams

Funktionierende Teamstrukturen und ein vertrauensvolles und gutes Verhältnis zu den Teammitgliedern aus anderen Standorten und Bereichen ist eine der wichtigsten Voraussetzungen für das Gelingen der „verteilten“ Zusammenarbeit. In virtuellen Teams kommt es vor, daß die Beziehung zu Mitgliedern, die am gleichen Ort arbeiten, stärker ist, während der Kontakt zu den Kollegen und Kolleginnen in der Ferne vernachlässigt wird. Beispielsweise dadurch, daß gemeinsame Mittagessen oder Kaffeepausen, ein Treffen auf dem Korridor etc. die informellen Kontakte und damit die Beziehungen vor Ort untereinander fördern. Diese ungleiche Verteilung der Kontakte kann im gesamten Team zu Rivalitäten und Mißstimmung führen, denn das Bedürfnis, als Person wahrgenommen zu werden, bleibt auch über Entfernungen hinweg das gleiche. Vertrauensaufbau und -pflege gehören deshalb mit Start der Zusammenarbeit als feste Bestandteile in die tägliche Arbeit integriert.

Um das virtuelle Team zusammen zu halten, bedarf es aber neben dem Aufbau von Vertrauen auch eines gemeinsamen Ziels. Visionen und Ziele sind um so wichtiger, wenn große Distanzen die Zusammenarbeit erschweren. Dies gerät bei verteilter Zusammenarbeit viel schneller aus dem Blick, als bei Face-to-Face-Arbeit. So wird es notwendig, Visionen und Ziele immer wieder zu kommunizieren, um die Mitglieder gemeinsam auf das zu Erreichende zu fokussieren.

Besteht ein vertrauensvolles Verhältnis im Team, läßt sich auch eine offene Kommunikationsatmosphäre als weiterer Erfolgsfaktor verteilter Zusammenarbeit etablieren. Dies beinhaltet, daß Mißverständnisse offen angesprochen werden, bei Unklarheiten Nachfragen die Regel darstellt, Begriffe nicht nur in den Raum gestellt werden, sondern erläutert wird, was darunter zu verstehen ist. Dies ist das kleine Einmaleins der Kommunikation, das gerade bei verteilten Teams einen ganz wesentlichen Faktor darstellt. Oft fällt dieser Aspekt bei schriftlicher Kommunikation unbewußt unter den Tisch. Wir denken, daß unsere KommunikationspartnerInnen unsere Nachrichten richtig interpretieren und vergessen dabei, daß alle entsprechend ihrem eigenen Erfahrungshintergrund Geschriebenes lesen und verstehen.

Verteilt arbeitende Teams brauchen zudem sehr klare Strukturen, um ihre Zeit und Energie trotz der Distanzen effektiv nutzen zu können. Sehr konkrete Aufgabenstellungen und Regelungen der Verantwortlichkeiten sind ein Muß. Zusätzlich werden aber noch andere Hilfsmittel notwendig, um über die Entfernungen hinweg gemeinsam die gewünschten Leistungen zu erzielen: die neuen Medien. Diese haben mit dazu beigetragen, daß eine Zusammenarbeit über Raum und Zeit hinweg erst richtig möglich geworden ist. Aber der technologische Fortschritt durch die neuen Medien ist nicht automatisch ein Fortschritt in der Kommunikation und Kooperation des virtuellen Teams. Um den Fortschritt für sich im Team zu verwirklichen und zu nutzen, sind die im Folgenden beschriebenen Schritte notwendig.

1.3 Neue Medien

Mittlerweile sind die neuen Medien in Form von Email, Projektdatenbanken, elektronischen Informationstafeln, computergestützten Sitzungssystemen, Videokonferenztechnik etc. mehr oder weniger Bestandteil der täglichen Arbeit geworden. Der Großteil verteilter Zusammenarbeit erfolgt über die Nutzung der vorgenannten. Daraus ergibt sich Klärungsbedarf, der möglichst vor dem Start eines virtuellen Teams durch dieses bearbeitet werden sollte, denn die gute Zusammenarbeit eines virtuellen Teams steht und fällt mit der kompetenten, abgestimmten Anwendung der neuen Medien. Damit der Medieneinsatz das virtuelle Team unterstützt, muß die Verfügbarkeit einzelner Systeme gewährleistet, ihre technische als auch beziehungsgestaltende Handhabung geklärt und verinnerlicht werden. Außerdem müssen Vor- und Nachteile der verwendeten Medien bekannt sein. Auch wenn dies trivial klingt, in der Realität finden sich zahlreiche Fälle, die eine Auseinandersetzung mit dem Thema „Neue Medien" rechtfertigen. Beispielsweise wird eine Videokonferenz vereinbart und zum fixierten Zeitpunkt wird festgestellt, daß ein Konferenzteilnehmer nicht über eine kompatible Videokonferenzausstattung verfügt.

Im ersten Schritt ist es wichtig zu wissen, welche Medien den MitarbeiterInnen eines Teams an den einzelnen Standorten zur Verfügung stehen. Dazu sollten die beteiligten Teammitglieder einen Medienplan für ihren Standort haben oder abrufen können oder selbst erstellen. Im Medienplan werden alle für die Zusammenarbeit nutzbaren Medien aufgeführt.

Medium	Typ	Interaktion	Verfügbarkeit	...
Telefon	mündlich	Zweikanal	dauerhaft	
Email	schriftlich	„Einkanal"	dauerhaft	
Newsgroup	schriftlich	„Einkanal"	dauerhaft	Holschuld!
...	...	...	...	...

Abb. 1: Medienplan (Quelle: in Anlehnung an Lipnack, Stamps (1998, 248))

Warum ist dies so wichtig? Erst nachdem die Beteiligten einen Überblick gewonnen haben, wo welche Medien existieren, können sie sich gemeinsam entscheiden, welche der Medien sie für ihre Kommunikation und Kooperation nutzen möchten. Ein Aspekt sollte hierbei die Eignung des Mediums für den eingesetzten Zweck sein. Beispielsweise eignet sich Email nicht unbedingt für die Lösung eines Konfliktes in der Gesamtgruppe. Telefonkonferenzen eignen sich nicht, wenn mehr als acht Personen miteinander konferieren möchten. Es gilt also, mit Fingerspitzengefühl ein Medium für einen bestimmten Zweck auszuwählen.

Ist das Medium definiert und sein Zweck bestimmt, sollte beispielsweise noch vereinbart werden, wer dieses wann nutzt. Zu diesen Vereinbarungen gehört eventuell, daß ein Teammitglied einen wöchentlichen Statusbericht im Intranet in seiner Projektdomäne für alle ProjektmitarbeiterInnen zugänglich macht. Weiter könnten Kurzinformationen in eine elektronische Informationstafel eingestellt oder persönlichere Kommunikation, wie kurze Hinweise zu Teilaufgaben, per Email versendet werden. Das gemeinsam erarbeitete Ergebnis sollte in einem Kommunikationsplan zusammengefaßt werden, der für alle zugänglich bleibt.

Medium	Zweck (Kommunikationsanlaß, ...)	Wer	Wann	...
Elektr. Gruppenterminkalender	Einladung zu Meetings	alle	nach Bedarf	
Email	Aufgabenzuteilung und Abstimmung	alle	nach Bedarf	
...	...	...	...	...

Abb. 2: Kommunikationsplan

Durch dieses Vorgehen vermeiden Sie auch ungewünschte Informationsunterschiede im Team. Denn ist im Vorfeld nicht klar kommuniziert worden, was wo von wem wann genutzt werden soll, sind Sie und ihre MitarbeiterInnen am Suchen, wo welche Informationen zu finden sind. Umgekehrt nutzt jeder das Kommunikationsmedium, das geläufig, nicht aber unbedingt sinnvoll ist. Beispielsweise werden oft Einladungen zu Sitzungen per Email versendet, obwohl elektronische Kalender mit automatischem Zeitabgleich und integrierter Einladungsfunktion genutzt werden könnten.

Aber nicht nur die Festlegung der Mediennutzung ist ein Erfolgsfaktor für das verteilt arbeitende Team. Auch die Art der Kommunikation darüber ist für das Miteinander und damit für die Zielerreichung in der Zusammenarbeit ausschlaggebend. Zwar wird es als Zeitverschwendung empfunden, sich hierüber Gedanken zu machen, doch birgt der Verzicht etliche Gefahren. Die Nutzung von Email soll hierfür als Beispiel dienen, da dieses mittlerweile recht weit verbreitet ist und zum täglichen Brot virtueller Teams gehört. Neben dem Telefon ist es das am häufigsten genutzte Medium.

1.4 Feinheiten der Nutzung neuer Medien am Beispiel „Email“

Des Lesens und Schreibens mächtig, auch schon an den Computereinsatz gewohnt, stellt für uns das Verfassen von Emails in aller Regel eine Leichtigkeit dar. Wirklich? Schauen wir uns die folgenden drei Beispiele an:

To: Pam@ub.com Cc: steffen@ub.com Subject: Entwurf 32.22 Schicken Sie mir die Unterlagen zum Entwurf 32.22. Sofort! Maier	To: Pam@ub.com, Cc: Subject: Akte 4756 Frau Pam, schicken Sie mir o.g. Unterlagen. Ich brauche die Unterlagen, da ich mich vorbereiten muß. Wissen Sie, ich hatte rein gar keine Zeit dazu letzte Woche. Maier P.S. Wie war denn Ihr Wochenende?	To: Pam@ub.com Cc: Subject: Fall „FXXQ" Guten Tag, Frau Pam, ich brauche die Unterlagen zum Fall „FXXQ" zum Vergleich. Bitte schicken Sie mir diese im Lauf des Tages zu. Mit freundlichen Grüßen Febor

Abb. 3: Emails im Vergleich

Lassen wir die drei unterschiedlichen Emails auf uns wirken, werden unterschiedliche Kommunikationsstile für uns sichtbar. Je nach dem, welchen Interpretations- und Erfahrungshintergrund wir haben, werden wir die einzelnen Emails als höflich oder unhöflich, zu lang oder zu kurz, aussagekräftig oder zu aussagelos etc. einordnen. Haben wir kaum oder keine Erfahrungen in der Zusammenarbeit mit den Email-Schreibenden, prägen die ersten Emails unsere weitere Zusammenarbeit positiv oder negativ.

Nicht selten finden wir in Emails auch sogenannte „Emoticons", d. h. kleine Ikonen, die den Gemütszustand bzw. die Emotionen des Schreibenden widerspiegeln sollen. Die bekanntesten Emoticons dürften folgende sein:

:-)	ich lache, ich habe Spaß, ich bin fröhlich
;-)	ich zwinkere dir zu
:-(	ich bin enttäuscht, ich bin traurig
:-O	ich kann es kaum glauben, ich staune

Abb. 4: Einige bekannte Emoticons

Wenn Sie diese Zeichen verwenden, müssen Sie sich im Vorfeld vergewissern, ob die Bedeutung auch allen Beteiligten klar ist und ob alle mit ihrer Verwendung einverstanden sind. Wird dies nicht vereinbart, kann es schnell sein, daß ein Teammitglied sich darüber ärgert, daß es eine „flapsig“ formulierte Email erhält.

Wem schicken Sie die Email, die Sie schreiben? Viel Ärger bereiten uns die unzähligen Emails, die wir täglich zur Kopie erhalten. Schnell schauen wir darauf und klicken sie dann einfach weg oder löschen sie, um der Flut Herr zu werden. Was bedeutet es für ein verteilt zusammenarbeitendes Team, wenn alle allen immer eine Kopie zur Kenntnis schicken? Welche Reaktionen lösen wir aus und wie wollen wir damit umgehen? Dies müssen wir untereinander klären, um nicht unnötigen Unmut entstehen zu lassen.

Andererseits ist es wichtig zu wissen, daß nicht alle Emails an alle gehen, um dem Eindruck vorzubeugen, daß Informationen willentlich zurückgehalten oder nur an bestimmte Teammitglieder gegeben werden.

Nicht nur das Schreiben von Emails, auch der Umgang mit erhaltenen Emails ist eine kritische Größe in der Zusammenarbeit. Es existieren ganz unterschiedliche Reaktionsarten auf Emails:

- Keine Reaktion: Wer kennt es nicht, das Warten auf Antwort! Als dringend gekennzeichnet, kommt trotz nachfolgenden Emails keine Antwort von den Adressaten. Was war der Grund? Taktik? Vergessen? Keine Zeit? Etc.
- Sofortige Rückantwort mit anderem Inhalt: Die Antwort auf die erhaltene Email, bezieht sich nicht mehr auf diese, sondern thematisiert Neues, die Antwort im eigentlichen Sinne bleibt schuldig. Was ist der Hintergrund? Zerstreutheit? Bewußte Taktik? Etc.
- ...

Diese Liste könnte beliebig lang fortgesetzt werden. Wichtig ist in diesem Zusammenhang, daß klar wird, daß der Umgang mit erhaltenen Emails immer auch den Umgang mit dem Adressaten kennzeichnet. Möchte das virtuelle Team seine Zusammenarbeit nicht gefährden, sollte es sich gemeinsam darüber klar werden, Absprachen treffen und entsprechend handeln.

2. Virtuelle interkulturelle Teams

2.1 „Virtuelle interkulturelle Teams" – eine Defintion

Ein virtuelles interkulturelles Team arbeitet – zusätzlich zu den genannten Grenzen – über kulturelle Grenzen hinweg zusammen. Die Problembereiche und die Zusammenarbeit der virtuellen Teams müssen nun also noch vor dem Hintergrund der Interkulturalität betrachtet werden.

Kulturelle Grenzen müssen nicht auf Landes- bzw. Nationalkulturen beschränkt sein. Für virtuelle Teams relevante kulturelle Unterschiede kann es auch innerhalb eines politischen Staates geben (z. B. Bayern und Mecklenburg-Vorpommern) oder innerhalb der Firma: Die Unternehmenskultur kann je nach Standort deutlich eigene Merkmale ausgeprägt haben.

2.2 Beispiele für virtuelle interkulturelle Teams

In welchen Arbeitsbereichen existieren heute in einem internationalen Unternehmen wie der Robert Bosch Gruppe (ca. 200 000 Mitarbeiter in ca. 130 verschiedenen Ländern) virtuelle interkulturelle Teams?

Folgende Beispiele sollen einen kleinen Einblick gewährleisten:

- Um eine neue Generation von Bremssystemen zu entwickeln und auf bestimmte Modelle der Automobilkunden zu applizieren, arbeiten insgesamt 12 Mitarbeiter aus Frankreich, den USA, der Bundesrepublik Deutschland, aus Polen und Japan für mehrere Jahre virtuell zusammen – aus einem Geschäftsbereich (nicht selten gehören die Mitglieder dieser Teams mehreren verschiedenen Geschäftsbereichen an, die innerhalb des Unternehmens jeweils eigene Geschäftsziele haben können und finanztechnisch separat behandelt werden). Zur Verständigung wird hier – wie in sehr vielen virtuellen interkulturellen Teams innerhalb der Bosch Gruppe – eine der beiden offiziellen Firmensprachen genutzt: Englisch.
- Die Entwicklung und Applikation innovativer Produkte im Bereich der Bordelektronik erfordert mehrere virtuelle interkulturelle Teams mit MitarbeiterInnen aus Deutschland und Australien. Als zusätzliche Herausforderung kommt hinzu, daß ein Großteil der gemeinsamen Kunden außerhalb dieser beiden Länder ansässig ist und in der jeweils eigenen Landessprache (neben Englisch vorwiegend Italienisch, Französisch, Koreanisch, Japanisch) kontaktiert werden möchte. Dies schließt

Mitarbeiter aus der Türkei, Brasilien, Deutschland etc. zum Teil aus direkten Verhandlungen mit dem Kunden aus.

- Im Bereich Dieseleinspritzsysteme arbeiten mehrere virtuelle Teams mit Mitgliedern aus der Türkei und Brasilien, den USA, Japan sowie aus mehreren Standorten innerhalb Deutschlands zusammen. Besonders schwierig ist es in diesen Teams, gemeinsame Zeitfenster für synchrone Kommunikation (Telefon- und Videokonferenzen) zu finden.

Zusätzlich internationalisiert wird die Arbeit dieser Teams durch die Tatsache, daß die Kunden, auf deren Endprodukte diese Teile appliziert werden müssen, in vielen verschiedenen Ländern ansässig sind. Das macht auch die Zusammenarbeit der Teammitglieder mit den Kunden zu beträchtlichen Teilen virtuell und damit um eine Herausforderung reicher.

2.3 Kulturunterschiede in virtuellen interkulturellen Teams

Dieses Feld kann an dieser Stelle nur kurz angerissen werden; zu den Inhalten und möglichen didaktischen Methoden liegen zahlreiche Publikationen vor. Zudem unterscheiden sie sich von Team zu Team stark – abhängig von den durch die Mitglieder vertretenen Kulturen und persönlichen Prägungen der Teammitglieder.

Als bedeutsam für die vom Geschäftsfeld International Support unterstützten virtuellen interkulturellen Teams haben sich bislang folgende Themenschwerpunkte herausgestellt:

- High-context vs. Low-context-Kulturen: Dies ist vor allem in deutsch-indischen und deutsch-japanischen Teams relevant; wichtige para- und nonverbale (High-Context) Signale der asiatischen Mitarbeiter gehen via elektronischer Medien verloren oder sind nicht mehr „lesbar".
- Das Vorherrschen direkter vs. indirekter (expliziter bzw. impliziter) Kommunikation im Team: Insbesondere asiatische und lateinamerikanische Teammitglieder nahmen die „direkte Art" ihrer deutschen und skandinavischen Kollegen als zeitweise zu direktiv, als verletzend wahr. Europäische Mitarbeiter empfanden es als besonders schwierig, problematische Themen in Emails, Telefon- und Videokonferenzen indirekt zu formulieren; u.a. widerstrebte es ihnen, unter dem gegebenen Zeitdruck nicht „gleich zum Punkt zu kommen".
- Person- vs. Sachfokus nicht nur innerhalb der Teamarbeit, sondern auch in Zusammenhang mit dem Kontakt zum Kunden: Hier sind v.a. Mißverständnisse und langwierige Diskussionen mit japanischen und koreanischen Teammitgliedern zur Strategie der Kundenbetreuung zu nennen: Sollte die Person, d.h. die zwischenmenschliche Beziehung zum Kunden oder die problemorientierte Sachdiskussion im Vordergrund stehen? Unterschiedliches Vorgehen auf Seite des Zulieferers kann den Kunden irritieren.

- Offensives Auftreten vs. defensives Verhalten.
- Tatemae vs. honne-Konzept in Japan im Vergleich zu den „deutschen Tugenden" Offenheit und Ehrlichkeit. Verständnis für dieses japanische Verhaltensmodell aufzubringen, fällt insbesondere den europäischen Mitarbeitern virtueller Teams schwer – aus der Entfernung betrachtet scheint hierbei schneller Mißtrauen aufzukommen als in herkömmlichen Teams.
- Verhältnis Kunde & Zulieferer: Dies kann ein sehr glattes Parkett mit eigenen Regeln sein, auf dem man leicht ausrutschen kann. Japanische Kunden können je nach Kontext die direkte Nachfrage eines Zulieferer-Vertreters „Warum?" in Verhandlungen als einen massiven Affront, als eine grobe Unhöflichkeit bzw. Maßlosigkeit wahrnehmen. Auch die bei Verständigungsproblemen im Westen recht gängige Nachfrage „Bitte wiederholen Sie noch einmal!" kann beim Kunden als Unhöflichkeit ankommen.
- Nemawashi vor wichtigen Entscheidungen in Japan vs. transparente Entscheidungsfindung in anderen Kulturen. Wichtige Entscheidungen, die die Weiterarbeit eines Teammitglieds oder des gesamten virtuellen Teams betreffen, werden gerade in asiatischen Länder häufig nicht in Telefon- oder Videokonferenzen getroffen, sondern bereits zuvor – oft in Zweiergesprächen – ausgehandelt. Teammitglieder aus Westeuropa nehmen hier zuweilen ein „abgekartetes Spiel" wahr. Müßig zu erwähnen, wie abträglich dies für Teamspirit, Arbeitsatmosphäre im Team und für das in virtuellen Teams ohnehin besonders schwierig herzustellende Vertrauensklima sein kann.
- Umgang mit Zeit: Pünktlichkeit, Verbindlichkeit in Bezug auf Terminvereinbarungen. Unterschiedliche Zeitkonzepte werden innerhalb der bestehenden virtuellen Teams häufig akzeptiert und toleriert. Sind jedoch andere Abteilungen und v.a. Kunden davon betroffen, kann dies zu Spannungen mit eben diesen und auch im Team selbst führen.
- Mißverständnisse aufgrund der Verwendung von Begriffen, die in den beteiligten Kulturen unterschiedliche Bedeutungsinhalte haben. In deutsch-US-amerikanischen virtuellen Teams führen beispielsweise die Begriffe trust, friendship, cooperative teamwork, strategy, team leadership zu teilweise signifikant unterschiedlicher Interpretationen seitens der Teammitglieder. Wird hierbei nicht bereits im Teamentwicklungsworkshop Transparenz über die verschiedenen Bilder erzielt und eine für das virtuelle Team gültige, gemeinsame Definition erarbeitet, können Arbeitsprozesse verlangsamt sowie der Erfolg des Teams erschwert oder verhindert werden.

In fast allen Teams herrscht vor allem zu Beginn des Teamentstehungsprozesses bei allen Beteiligten der gute Wille und die Offenheit vor. Sobald jedoch kulturelle Unterscheide offensichtlich werden (auf die die Mitglieder nicht vorbereitet sind oder die sich mit Hilfe der erlernten Erklärungsmodelle nicht erklären bzw. nicht nachvollziehen lassen), entsteht leicht Mißtrauen im Team und defensives Verhalten mehrerer Teammitglieder. Dies äußert sich etwa in der Zurückhaltung wichtiger Informationen, in Rückzug auf Sachthemen (und gleichzeitigem Ausklammern von Beziehungsthemen).

Zeigen mehrere Teammitglieder im Vergleich zur restlichen Gruppe ähnliche (kulturell bedingte) Verhaltensweisen, werden diese Mitglieder zuweilen als Allianzen gegen die Gruppe insgesamt wahrgenommen. Dies kann vor allem dann geschehen, wenn den Beteiligten der kulturelle Hintergrund dieser Muster nicht klar ist. Ein Beispiel: Das Verhalten der japanischen und türkischen Mitarbeiter im Team ähnelte sich in einem Bereich sehr stark, in der indirekten Kommunikation. Dies wurde in einem Team von den deutschen und US-amerikanischen Teammitgliedern als Allianz, als Front gegen sie bzw. ihre Interessen wahrgenommen.

Innerhalb der in der Bosch Gruppe existierenden virtuellen interkulturellen Teams kommuniziert ein Großteil der Mitarbeiter nicht in ihrer Muttersprache. Dies erfordert häufig einen großzügigen Umgang mit der Interpretation von Worten. Die Mitarbeiter müssen dabei lernen, nicht gleich „das Schlimmste" zu vermuten. Oft ist es pures Nichtwissen, wenn eine Formulierung unhöflich erscheint. Vertrauensvorschuß ist eines der wichtigsten Elemente verteilten Arbeitens.

3. Qualifizierungsangebote für virtuelle interkulturelle Teams

Virtuelle interkulturelle Teams können bei hoher Effizienz und Effektivität große Ziele erreichen und zur Erreichung der Unternehmensziele wichtige Beiträge leisten. Die Erfahrung lehrt jedoch, daß diese Erfolge nicht von alleine kommen; virtuelle interkulturelle Teams benötigen mehr als andere Teams professionelle Unterstützung, insbesondere in der Anfangsphase. Und dies kostet Zeit und Geld – was jedoch nicht allen Entscheidern in internationalen Unternehmen klar ist.

Die Robert Bosch Gruppe bietet Seminare und Workshops für Mitglieder virtueller interkultureller Teams auf zwei Ebenen an: als Teamentwicklungsmaßnahme für das gesamte Team sowie speziell als Qualifizierung für die LeiterInnen solcher Teams.

3.1 Workshops für das gesamte Team

Hier liegt der Schwerpunkt auf folgenden Themata:

- Persönliches Kennenlernen (anhand interkultureller Übungen). Als sehr hilfreich hat sich das Mitbringen eines Gegenstandes aus der Heimatregion erwiesen; an diesem kann das Teammitglied eine Besonderheit seiner Kultur oder seiner Person erklären.

- Übergabe und/oder Klärung der genauen Teamaufgabe, der Ziele durch den Projektmanager oder den zuständigen Vorgesetzten; Vereinbarung des Teams über Arbeitsweise und Strategie.
- Vertrauen aufbauen (dabei auch Thematisierung des Begriffs unter kultureller Perspektive).
- Kulturelle Sensibilisierung der Teammitglieder leisten oder erweitern: Reflexion der eigenen Identität, der Werte etc.
- Transparenz schaffen über die verschiedenen Teamrollen, auch in Bezug zur Kultur des jeweiligen Teammitglieds. Dabei lassen sich die Stärken der Mitglieder herauskristallisieren.
- Chancen- und Risikoanalyse. Bestimmte Probleme sind vorhersehbar:
    1. großer Interpretationsspielraum vor allem für asynchrone Nachrichten;
    2. Mißverständnisse werden nicht erkannt oder erst spät aufgeklärt;
    3. geringeres Engagement in der Teamarbeit als innerhalb konventioneller Teams infolge seltener Face-to-Face-Meetings und der Abwesenheit disziplinarischer Personalführung (Matrix-Organisation) und auch, da die verbale als auch kulturelle Verständigung schwieriger ist als normal und mehr Aufwand bedeutet;
    4. Schwerpunkt auf verbaler Kommunikation: Da keine non- und paraverbalen Signale in den Nachrichten übermittelt oder erkannt werden können, liegt der gesamte Schwerpunkt der Analyse einer Nachricht in den Worten (nicht in jeder Kultur überlegt man sich jedes Wort, bevor man es schreibt); psychologische Studien legen nahe, daß viele Menschen die gestischen und mimischen Anteile einer Botschaft höher bewerten als die verbalen;
    5. Unklarheit über Wirkung und Verlauf einer Nachricht: Ist sie gelesen worden? Ist sie verstanden worden? Wird sie bearbeitet? Wird sie weitergeleitet?

- Die Art der Teamleitung. Ein Beispiel: Nach dem Delegieren einer Aufgabe via Email o.ä. sollte der Teamleiter immer auch ein Telefongespräch mit dem Empfänger führen und klären, ob seine Botschaft so verstanden worden ist, wie er dies beabsichtigte.
- Klärung der Grundlagen der Kommunikation: Wann (zu welchen Tageszeiten) ist wer im Team wie erreichbar? Wie werden Sprachspeicher (voice mail) und Abwesenheitsnotiz eingesetzt?
- Synchrone Verständigung: Die Teammitglieder sollten darauf achten, nicht nur asynchron, sondern auch regelmäßig synchron zu kommunizieren: in Face-to-Face-Meetings, Telefongesprächen und –konferenzen sowie Videokonferenzen.
- Einsatz des Mediums Email: Hier gilt es Regeln zu definieren, z. B. bei dringenden Aufgaben den Termin in den Betreff schreiben, Thema oder Anliegen evtl. in die Überschrift, Kontext und Situation zu Beginn der Emails erklären, wie und wann cc-Mails. Viele virtuelle interkulturelle Teams leiden massiv unter einer erdrückenden Masse von Emails, so daß auch zu klären ist, wann Emails eingesetzt werden sollen.
- Evtl. Website für alle Teammitglieder erstellen.

- Beziehungsmanagement: Geplanter, bewußter und nachhaltiger Aufbau einer persönlichen Beziehung für den Arbeitskontext, beispielsweise „Wie reden wir uns an?“
- Zusammenarbeit generell: Hier kann es sehr fruchtbar sein, die Teilnehmer „Golden Rules“ erarbeiten zu lassen bezüglich der Landeskultur, der Unternehmenskultur und der persönlichen Wünsche/Ansprüche. Die Fragestellung könnte lauten: Welche Golden Rules empfehle ich meinen TeamkollegInnen in Bezug auf mein Land, meinen Geschäftsbereich/Standort und der Kooperation mit mir selbst?
- Kompetente Teamleitung: Sie sollte idealerweise mehrere der im Team vertretenen Kulturen und unterschiedliche Standorte des Unternehmens kennen.
- Visualisieren und Empathie fördern: Die Teammitglieder tauschen Bilder vom eigenen Arbeitsplatz aus und beschreiben ihre persönliche Arbeitsumgebung.
- Meeting-Rotation: Die meist halbjährlichen Meetings kann das Team örtlich rotieren lassen, so daß die Teammitglieder alle Standorte kennenlernen; dies unterstützt die gegenseitige Empathie.
- Konfliktmanagement: Dies ist insbesondere in virtuellen interkulturellen Teams ein großes Problem, da diese meist erst dann auftauchen/sichtbar werden, wenn die Leistung des Teams abfällt oder an den Arbeitsprozessen deutliche Schwierigkeiten offenbar werden.

3.2 Maßnahmen für Teamleiter

Seminare bzw. Workshops empfehlen sich nicht für komplette virtuelle Teams zu Beginn ihrer Arbeit, sondern auch für deren Teamleiter. Besonders sinnvoll ist die Teilnahme an einem solchen Seminar für einen Teamleiter vor der Durchführung des Team-Kick-Offs (an dem er ebenfalls teilnehmen sollte); so kann der Teamleiter Gruppenprozesse u.ä. schon aus der „geschulten Brille“ heraus betrachten und fördern.

Leiter virtueller interkultureller Teams müssen hier unterschiedliche Rollen einnehmen und daher mehrere Kompetenzen mitbringen. Sie müssen agieren als

- Stratege,
- Vermittler zwischen Hierarchien und verantwortlichen Organisationseinheiten (innerhalb der erarbeiteten Matrixstruktur),
- Initiator von Gruppenprozessen,
- Prozeßbegleiter (externe Perspektive, Metaebene),
- Coach der einzelnen Teammitglieder,
- Ansprechpartner der Geschäftsleitung.

Vor allem in der US-amerikanischen Forschungsliteratur werden die Aufgaben des Leiters eines virtuellen interkulturellen Team als sehr vielfältig und anspruchsvoll beschrieben:

- Der Teamleiter soll die Kommunikation zwischen den Teammitgliedern und teilweise zwischen dem Team und den Kunden (bzw. den folgenden Stellen im Arbeitsprozeß) fördern und dabei kulturellen Mißverständnissen vorbeugen.
- Der Teamleiter soll ein System des Monitoring der Effizienz und Effektivität implementieren und Arbeitsprozesse an die Fähigkeiten und Bedürfnisse des Teams anpassen (allerdings – erschwerenderweise - ohne die üblichen Möglichkeiten zum Feedback).
- Der Teamleiter ist verantwortlich für die Mitarbeiter-Entwicklung im Team; die Erwartungen hier können – kulturell bedingt - sehr unterschiedlich sein. Auch die Erwartungen und Ansprüche an die Arbeit des Teamleiters überhaupt können stark von der Herkunftskultur der Mitglieder geprägt sein.
- Der Teamleiter muß den Aufbau von Vertrauen zwischen den einzelnen Teammitgliedern vorantreiben und ist im besonderen Maße für die Netzwerkpflege über Kulturgrenzen hinweg verantwortlich.

4. Schlußbemerkung

Auch Mitglieder des oberen Führungskreises, die als Produktmanager eines Geschäftsbereiches zwar nicht in den existierenden virtuellen interkulturellen Teams arbeiten, aber häufig mit Teilen des Teams zwecks Abstimmung der Entwicklungsplattformen etc. Face-to-Face oder mittels elektronischer Medien kommunizieren, können von – meist halb- oder eintägigen – Weiterbildungsmaßnahmen profitieren. Sie verstehen dadurch die besonderen Herausforderungen eines virtuellen interkulturellen Teams besser und wissen auch, wie sie eine geeignete(re) Arbeitsumgebung für solche Gruppen zur Verfügung stellen können.

In diesem Beitrag sind einige Problembereiche und einzelne Erfolgsfaktoren herausgearbeitet und aufgezeigt worden, die Möglichkeiten für die Unterstützung virtueller interkultureller Teams darstellen. Die Realität leidet daran, daß die Notwendigkeit eines gezielten Kompetenzaufbaus für die verteilte interkulturelle Zusammenarbeit noch nicht in allen international agierenden Unternehmen gesehen wird. Da diese Form der Zusammenarbeit in den kommenden Jahren zunehmen wird, soll dieser Beitrag einen Anstoß für adäquate Qualifizierungs- und Unterstützungsmaßnahmen geben. Die erheblichen Potentiale, die in der virtuellen interkulturellen Zusammenarbeit liegen, könnten dann wirklich gewinnbringend genutzt werden.

Literaturhinweise

BERGHAUS, M. (1999): Alte Theorien über neue Medien, in: M. Berghaus (Hrsg.): Interaktive Medien – interdisziplinär vernetzt, Opladen, Wiesbaden 1999 (Westdeutscher Verlag), S. 31 - 61.

BREDIN, A. (1997): The Virtual Office Survival Handbook: What Telecommuters and Entrepreneurs Need to Succeed in Today's Nontraditional Workplace, New York u.a. 1997 (Wiley).

DENNIS, A., VALACICH, J. (1998): Rethinking Media Richness: Towards a Theory of Media Synchronicity. Working Paper, Juni 1998.

DESANCTIS, G., POOLE, M. S. (1994): Capturing the Complexity in Advanced Technology Use: Adaptive Structuration Theory, in: Organization Science, 5. Jg., Nr. 2/1994, S. 121 - 147.

DUARTE, D., SNYDER, N. (1999): Mastering Virtual Teams: Strategies, Tools and Techniques that Succeed, San Francisco 1999 (Jossey-Bass).

HENRY, J., HARTZLER, M. (1997): Tools for Virtual Teams: A Team Fitness Companion, New York u.a. 1997 (McGraw-Hill).

IGBARIA, M., TAN, M. (1998): The Virtual Workplace, Hershey/USA 1998 (Idea-Group).

JUDE-YORK, D. (1999): Virtual Teams at Work, 1999 (Crisp Publications).

KOSTNER, J. (1998): König Artus und die virtuelle Tafelrunde. Wie Sie Teams aus der Ferne zu Höchstleistungen führen, Wien 1998 (Signum).

LIPNACK, J., STAMPS, J. (1997): Virtual Teams: Reaching Across Space, Time and Organizations with Technology, New York 1997 (Wiley).

MCGRATH, J. (1991): Time, Interaction, and Performance (TIP): A Theory of Groups, in: Small Groups Research, 22. Jg., Nr. 2/1991, S. 147-174.

POOLE, M., DESANCTIS, G. (1990): Understanding the Use of Group Decision Support Systems: the Theory of Adaptive Structuration, in: J. Fulk, C. Steinfield (Hrsg.): Organizations and Communication Technology, Beverly Hills 1990 (Sage).

REICHWALD, R. ET AL. (1998): Telekooperation: Verteilte Arbeits- und Organisationsformen, Berlin u. a. 1998 (Springer).

SCHWABE, G. (1995): Objekte der Gruppenarbeit: ein Konzept für das Computer Aided Team, Wiesbaden 1998 (Gabler).

SEITZ, R. (1995): Computergestützte Tele- und Teamarbeit, Wiesbaden 1995 (Gabler).

Internethinweise

www.global-integration.com

www.mce.be.

http://schulen.hagen.de/GSGE/ok/Ene.html

http://home2.ecore.net/bjoernd/nna.html

www.rechtpraxis.de/netiquette.html

www.diversophy.com

http://www.rider.edu/user/suler/psycyber/psycyber.html

Teil IV

Methoden interkulturellen Trainings

Milton J. D. Bennett

Developing Intercultural Competence for Global Leadership

1. Learning to Swim before Jumping into the Pool

Some experienced global managers take a "sink or swim" approach to prospective new global leaders. They advise jumping into the deep end of the global pool, there to struggle with staying afloat while weighted down with the demands of alien institutions and an unknown worldview. Many sink, and those that survive often do so at great cost to themselves in psychological stress, to their families in relational tension, to their companies in lost productivity, and to their foreign counterparts in tolerance for unnecessary awkwardness. With their hard-won experience, the survivors naturally tend to believe that others must pay the same high price for intercultural competence.

Over the last twenty-five years, the field of intercultural relations has developed much more sophisticated methods for acquiring intercultural competence. It is now possible to prepare global managers and leaders to "learn how to learn" in new cross-cultural situations, thus speeding up their adaptability and improving their productivity. Even experienced old hands agree that these methods offer a more efficient path to intercultural competence. Indeed, the old hands see that the new methods allow them to share their own experience more effectively with the next generation of leaders.

Research in intercultural relations has shown that cross-cultural contact alone is often useless for the development of competence, and it may even be destructive under certain circumstances.[1] Where it is the case that contact alone generated competence, citizens of neighboring nations would be particularly good at communicating with one another, and immigrants and native-born members of national groups would understand each other. What we see, of course, is usually the opposite. Neighbors are more likely to hate each other, and immigrants are often the most misunderstood of groups.

For cross-cultural contact to be constructive, it needs to be accompanied by certain conditions.[2] Among those conditions are the recognition of cultural differences and the maintenance of a positive attitude toward them. This condition is the *intercultural mindset.* Equally important is the ability to use learning-to-learn frameworks to identify potential areas of misunderstanding and to choose behavior appropriately.[3] This second condition is the *intercultural skillset.* Finally, current intercultural research is showing

---

1 This idea is known as the "contact hypothesis," first formally noted by Amir (1969, 319 - 343). See also Barnlund (1998).

2 Much of the original research on the contact hypothesis is summarized in the chapter "Groups in Situations: Managing Cross-Cultural Contact" in Brislin (1981).

3 The idea of learning-to-learn (deutero-learning) can be attributed to Bateson (1972), but it is currently used widely in education and business fields. For an extensive intercultural application, see Stewart, Bennett (1991).

that various forms of intercultural competence are associated with different stages of development.[4] Where one is located on this developmental continuum affects how much one can learn from contact with cultural difference. This last factor will be referred to as *intercultural sensitivity*.

These three factors – the intercultural mindset, skillset, and level of sensitivity – can be systematically developed through training and other educational efforts. In other words, prospective global managers can be taught to swim better before they are thrown into the global pool. The following sections will touch on the constituents of the three factors. Perhaps this short discussion will motivate prospective global leaders to inquire further into the extensive topic of intercultural relations.[5] That investigation should make it clear that the development of intercultural competence is a justifiable business goal, and that achieving the goal demands a significant investment of time and resources.

2. The Intercultural Mindset

2.1 Identifying the Business Advantages of Intercultural Competence

Perhaps the most obvious advantage of intercultural competence is its effect on customer relations. Insofar as corporations and other organizations seek to operate in a global market, they can be sure that their customers and clients will be culturally diverse. Will they all want the same product or service? The answer is certainly "no", and the challenge is to discover what they do want and how to deliver it in culturally appropriate ways. Leaders with intercultural competence are less likely to think, "one size fits all".

Sophisticated leaders are also more likely to seek out culturally diverse employees who can relate to the wide cultural range of customers. And one of the great potential advantages of global corporations is their access to such a multicultural workforce. Rosabeth Moss-Kanter of Harvard Business School has written that competitive edge in the 21st century will not derive from simple technological dominance; rather, it will accrue to

4 Bennett (1993).

5 A longer discussion of these topics can be found in the lead chapter of Bennett (1998). Bibliographies and information on professional development in intercultural relations can be found at www.intercultural.org.

those organizations that can deploy their global human resources effectively.[6] Managing such a workforce demands intercultural competence.[7]

Within global organizations, project teams are often composed of people from various cultures. Whether real or virtual, these multicultural teams embody both obstacles and opportunities. Nancy Adler of McGill University School of Business has noted that multicultural teams appear to be either more productive or less productive than monocultural teams.[8] Multicultural teams with routine assignments and little attention paid to cultural difference tend to be less productive than a similarly engaged monocultural team. Multicultural teams with more creative assignments and with an interculturally competent leader are more productive than their monocultural counterparts. No corporate executive wants to reduce the creativity of project teams. In a global organization, the only alternative is to increase the intercultural competence of those teams and their leaders.

2.2 Recognizing the Emerging Global Diversity Perspective

A common saying among moderately experienced international managers is, "When in Rome, do as the Romans?". This aphorism is probably better than the more naïve, "Doesn't Everyone Do It the Same (My) Way?". But it still misses the idea that in a global organization, *everywhere is Rome.* If cultural diversity is indeed being used as a resource, then every team in every division at every location in the world is multicultural. It is unclear that a team composed of one German, one Nigerian, one Brazilian, one Scot, and one U.S. American which happens to be meeting in Germany should necessarily "do as the Germans do". Nor is it clear that a particular corporate culture should dominate these meetings, although the basic corporate values must certainly be respected. What needs to happen is that everyone attempts to adapt to everyone else. The result of this effort is not chaos. Rather, a "virtual third culture" is generated, which becomes the dominant culture for the working life of that particular group. Leaders with an intercultural mindset recognize that a competent global organization must be able to intentionally generate and manage these third cultures.

The multicultural workforce of global corporations does not just consist of international cultural diversity. Cultural diversity also includes domestic differences in ethnic or national heritage, gender, and age, among many others. The need for successful recruitment, retention, and management of this diverse workforce cuts across domestic and international boundaries. There are, of course, important historical and political factors

6 See Moss Kanter (1995).

7 See the excellent current international treatments of this topic, Mendenhall, Kuhlmann, Stahl (2000) and Rosen, Digh, Singer, Phillips (2000).

8 Adler (1997).

that distinguish domestic and international relations. For example, the history of slavery affects relations between U.S. Americans of European or African descent, and political positions on immigration influence relations among Germans of various national origins. Similarly, a history of political enmity colors the current U.S. relations with China, and the history of World War II is frequently a factor in Japanese international relations. Yet underlying these factors is the same need for basic communicative competence in dealing with diverse cultures. The new methods described here apply to all cross-cultural relations, both domestic and international.

The goal for organizations is to create a *climate of respect for diversity*. It is this climate that attracts workers, retains them, and creates the conditions for increased productivity. It is the responsibility of global leaders to know how to foster such a climate.

2.3 Understanding Culture

An ability to glean the advantages of cultural diversity depends on an understanding of the idea of "culture" itself. Some definitions of culture are more useful than others in achieving intercultural competence. For instance, it is common to think of culture as a collection of artifacts, institutions, and customs. This idea of *objective culture* is good for understanding the different histories of peoples and for appreciating the diversity of products they have created. However, such knowledge is not particularly useful in itself for managing multicultural teams. Too many "experts" in objective culture, including many experienced and well-educated international managers, still cannot communicate effectively with people from that culture. What we have learned is that *knowledge does not equal competence*. Knowledge of objective culture is necessary but insufficient for developing and maintaining intercultural relations.

For our purposes, a more useful definition of culture is "the pattern of beliefs, behaviors, and values maintained by groups of interacting people". This idea of *subjective culture* gives us more direct insight into the worldview of different culture groups, and it is this insight that translates into more effective management. While it may be of some importance to acknowledge different holidays, eating customs, forms of artistic expression, or other objective cultural differences among employees, these gestures are superficial at best. At worst, they may even seem patronizing to minority groups. The real crux of creating a climate of respect for diversity is demonstrating support for the different beliefs, behaviors, and values of varying subjective cultures. It is these latter aspects of culture that generate creativity of perspective and thus, competitive advantage.

The idea of subjective culture is the key to understanding the junction between international and domestic diversity. Although some peoples have histories that are far more extensive than others', although some people carry unequal burdens of oppression or perquisites of privilege, they are all equal (but different) in the complexity of their cultural worldviews. It is this "similarity of difference" that allows us to reach beyond the political and historical issues of race, power, and oppression into our epistemological diversity. While acknowledging the fact of our political and historical inequality, we can simultaneously respect the equal complexity and potential usefulness of each of our perspectives. In business terms, the combination of acknowledgement and respect is the best bet for avoiding intercultural problems and creating intercultural advantage.

People sometimes resist the idea of subjective culture because it seems like a “label”. They are justifiably trying to avoid *cultural stereotypes*. Unfortunately, the answer to how to avoid such stereotyping is often, “treat every person as an individual”. This is its own form of cultural chauvinism, imposing as it does a Western notion of individualism on every situation. But more importantly, this reversion to an ethnocentric idea impedes the acquisition of intercultural competence. It is more useful to avoid cultural stereotypes with accurate *cultural generalizations.* Good cultural generalizations are based on systematic cross-cultural research. They refer to predominant tendencies among groups of people, so they are not labels for individuals. A given individual may exhibit the predominant group tendency a lot, a little, or not at all. So cultural generalizations must be applied to individuals as tentative hypotheses, open to verification. For global managers, using cultural generalizations is the best way to combine cross-cultural knowledge with openness to individual differences. This combination of knowledge and openness translates into the strongest climate of respect for diversity, and thus, to competitive advantage.

3. The Intercultural Skillset

3.1 Using Culture-General, Learning-To-Learn Frameworks

The complexity of cultural diversity seems overwhelming. Managers complain that it is impossible for them to know all about the five, or ten, or twenty cultures represented in the groups they supervise. Executives with global leadership responsibility point out that they travel in and out of cultures too quickly to become very knowledgeable. They are right. It is impossible to be an expert in the cultures comprising multicultural workforces, global operations, and international customer bases. Even anthropologists are generally expert in no more than one or two cultures other than their own, and it is their life's work. So how can we have general intercultural competence without specific cultural expertise?

It is one of the great strengths of intercultural relations to have addressed this problem. The key is to use a set of *culture-general frameworks.* These frameworks, derived from anthropology, communication, and other fields of study, provide a general set of cultural contrasts that apply to a wide range of cultures. By identifying where one's own and a particular other culture lies on the continua of contrasts, the user can create a broad picture of the other culture and how it differs from his or her own. It is a relatively simple matter to apply the frameworks to all the cultures with which one has contact. In some cases of light contact, there may be no need for more culture-specific information; the culture-general framework will be sufficient to identify and analyze relevant differences. This is likely to be the case when managing a very diverse multicultural workforce or traveling briefly to many different countries.

These culture-general frameworks are also *learning-to-learn* techniques, since they call attention to the areas of difference that are most important to consider when first encountering another culture. By initially identifying general cultural differences, a newcomer to the culture can avoid obvious misunderstandings and move more quickly towards learning relevant culture-specific knowledge. In this way, the culture-general framework offers an entrée into the culture-specific knowledge that will be necessary to operate effectively over the long run.

It is insufficient to simply know the frameworks. One must use them to identify relevant differences and to analyze potential misunderstanding. Below is a list of the most common culture-general frameworks. For each type of contrast, a cultural difference that is relevant to U.S. American/German interaction is identified. Each interaction is then analyzed to show how the cultural difference could lead to misunderstanding. Remember that these analyses use cultural generalizations and therefore do not apply to everyone from either cultural group.

3.1.1 Language Use

This type of cultural difference is not about the use of different languages. It is obvious when people are speaking different languages, and it is obviously necessary to know at least one language in common. This intercultural framework identifies differences in the social contexting of language. Such contexting is less obvious than the language itself, but knowing it may perhaps be even more important.[9] The contrasts typically include greeting, leave-taking, and other social rituals such as arguing, negotiating, complimenting or criticizing.

For example, verbal greeting rituals might be contrasted in terms of length (short to long), general content (impersonal to personal), and style (joking to serious). To contrast American male culture with German male culture on these continua, the following gen-

9 For a sophisticated analysis of the social contexting of language, see Kramsch (1993).

eralizations could be made: American males tend to verbalize short greetings in passing, emphasizing impersonal common experience such as sports-viewing, and sometimes using a teasing style ("Hey, Dieter, did you catch the game last night, or were you too far into the Rhine wine again?"). German males are more likely to deliver longer greetings while stopped and shaking hands, referring to a shared personal experience, and using a more serious and formal style ("Good morning, Dr. Brown. How is it going today? (pause for answer) Later today may I drop by that article that we discussed last week?").

A potential misunderstanding arising from the above contrast in greeting ritual might go like this: the German perceives the American to be disrespectful (inappropriate use of first name), disinterested in a personal relationship (use of impersonal sports reference), and perhaps even insulting (use of the teasing put-down). The American perceives the German to be impersonal (use of title), rigid (use of formal style), and perhaps evaluative (the article offer, which may be seen as judgmental rather than friendly). These perceptions are likely to be inaccurate, but because they are often unconscious reactions to language use, they are attributed to the character or motivation of the other person rather than to cultural difference.

3.1.2 Nonverbal Behavior

These frames identify differences in the use of voice quality (pitch, tone, etc.), body language such as facial display or gesturing, eye contact patterns, and use of distance or touching in communication. Even more than the social context of language, nonverbal patterns elicit an unconscious response, and so they are likely to elude cultural explanation.

A typical contrast that would illustrate American/German differences might be eye-contact length (short to long) and use for turn taking (strong to weak). On this continuum, Americans tend to make medium-length eye contact before looking away, and they use a longer, direct gaze as a cue for changing speakers. Germans tend to make longer and more direct eye contact, and turn taking is more likely to be cued by looking away.

There are several potential misunderstandings arising from this difference in nonverbal behavior. Many Americans interpret strong eye contact as indicating either sexual or physical aggressiveness, depending on the situation. Germans, on the other hand, tend to interpret weaker eye contact as indicating lack of interest or attention. These misinterpretations are likely to be exacerbated by Germans intensifying eye contact in an attempt to engender attention, while Americans may weaken eye contact to reduce the perceived threat. Things may get even worse, since the shifting American eyes send unconscious cues to Germans that it is always their turn to talk, while the steady gaze of Germans sends the same message to Americans. Consequently, both participants in a cross-cultural interaction may go away convinced that the other was trying to dominate the conversation.

3.1.3 Communication Style

There are several forms of this framework, many of them based on Edward T. Hall's distinction between *high-context* and *low-context* cultures.[10] High-context cultures are ones in which a lot of meaning is derived from the surrounding situation rather than from what is said explicitly. People from such cultures may have various language use patterns (e.g., they may be very talkative or mostly silent), but they share a reliance on "reading between the lines" to communicate the real meaning. In contrast, people from low-context cultures rely more on explicit statements to convey meaning. Such people may also be either talkative or relatively silent, but they will usually look to whatever is actually said for the real meaning. On this general continuum, both Germans and Americans tend to be low context, as compared to more high-context Japanese. Other contrasts in communication style include more linear to more circular description, more direct to more indirect (face-saving) interpersonal confrontation, more attached to more detached style in displaying emotions, and more intellectually engaged to more relational engagement in conversation.

The contrast between intellectual and relational engagement provides a rich area for misinterpretation between Germans and Americans. Germans tend to use intellectual discussion and argument as a way to "get to know" other people and as an indication of interest and engagement. Americans, on the other hand, tend to express initial engagement with compliments and discussion of relational issues. For instance, when German participants meet over dinner after a workshop, they are far more likely than Americans to begin the conversation with a disagreement about something said during the day. When first encountering this pattern, the typical American presenter's response is one of defensiveness and "being misunderstood". In a similar situation, Americans would be more likely to begin the conversation with a compliment about the day and comments on some common experience such as having lived in the same country. Germans tend to interpret early compliments as insincere and initial discussion of personal issues as premature. Since Germans do eventually discuss personal issues, and since Americans do eventually disagree with one another, this is really an issue of conversational sequencing. Still, the cultural difference may support enduring misperceptions of Germans as cold and argumentative and of Americans as unctuous and naïve.

10 Hall (1981). For a related, well-developed communication style framework, see Ting-Toomey (1999).

3.1.4 Cognitive Style

This framework contrasts patterns of thinking, or how people process perceptions.[11] The basic continuum runs from *concrete,* where people use more description and physical metaphor to capture their perceptions, to *abstract,* where people are more likely to use theory and explanation to organize perception. On this continuum, many Asian cultures tend to be concrete, stressing accurate description and direct experience of events. In contrast, many Northern European cultures tend to be abstract, stressing coherent explanation and historical contexting of events. U.S. Americans tend to be midrange on this continuum, stressing action-oriented procedures that are neither particularly accurate nor particularly coherent. This framework is extremely useful for understanding how the very concept of "leadership" differs among cultures. For instance, many Asian cultures define a good leader as one who is skilled in the direct experience and "vision management" of a wide network of consensual relationships, while many Europeans are more likely to define a good leader as one who is deeply educated and capable of informed strategic analysis. Many Americans think a good leader is one who can take effective action on the basis of limited information. The implication for leadership conflict in joint ventures and other cross-cultural endeavors is obvious.

In my experience with German/American interaction, differences in cognitive style are almost always found around the issue of information. Americans are frustrated in dealing with Germans who want to have more historical and contextual information about a situation before they take action. Germans are frustrated with Americans who want to act immediately and learn what they need to know through trial and error. These differences may lead to the American misperception of Germans as impractical and the German misperception of Americans as impetuous.

3.1.5 Cultural Values

This is one of the best-known intercultural frameworks, particularly among Europeans. Given the discussion above about cognitive style, this should not be surprising, since cultural values are the most abstract of the culture-general concepts. Also consistent with the prediction of cognitive style, two popular systems for characterizing cultural value differences have been developed by Europeans.[12] Cultural values refer to the tendency of a group of people to assign goodness to certain ways of being in the world. For instance, many Westerners think it is good for people to act as individuals, with stress on

11 This idea and other examples of cognitive style, communication style, and cultural values are to be found in Stewart, Bennett (1999).

12 Hofstede (1991) and Trompenaars, Hampden-Turner (1998). Trompenaars and Hampden-Turner's system includes some dimensions that others separate into cognitive or communication styles.

self-reliance, independent decision-making, and individual achievement. Many Asians place more value on the family or other group, stressing responsibility to others, contextual decision-making, and collective achievement. Other value continua that are typical in value frameworks are time orientation (learning from the past to planning for the future), activity (letting things happen to making things happen), social roles (stressing status difference to stressing role equality), and tolerance of ambiguity (low avoidance of uncertainty to high avoidance of uncertainty).

German/American misperceptions are common around the value continuum of social roles. Americans tend to be uncomfortable with the overt recognition of role and status differences, even though such differences obviously exist. Ironically, status difference is both recognized and deflated in the common American compliments about high-status people: “She’s really down to earth” (although she’s so high), or “He doesn’t lord it over you” (although he could). Germans are more comfortable with the acknowledgement of status differences, as indicated by their more frequent use of titles. It should be noted, however, that recognition of status differences does not mean that Germans are any more comfortable than are Americans with actual power differences.[13] Americans may mistake German acceptance of status differences as an acceptance of power differences, and be surprised when Germans reject any attempt by managers or leaders to dominate. Germans, on the other hand, may mistake American rejection of status as an indicator of true egalitarianism, and be surprised when Americans act in status-conscious ways.

3.2 Creating Strategies for Mutual Adaptation

So what can global managers and leaders do with the analysis of cultural interaction? The more impatient (or naïve) tend to ask for some simple guidelines – a list of “dos and don’ts”. Although it may be tempting for managers to ask for and consultants to provide these kind of tips, it is usually not a good idea. For one thing, people don’t use the lists, anyway. A manager who once told me, “I started to follow the guidelines they (some other consultants) gave me, but my host told me that people here weren’t really like that anymore, so I threw them away”. The first people one meets in another culture are the least likely to be typical members of that culture and therefore, the least likely to respond predictably to any set of rules. In fact, hosts may make a special effort to comfort visitors with an assurance that any cultural differences they may have heard about are certainly not true, and even if they are true, nobody expects a foreigner to follow the rules, anyway. People are varied in every culture, and no simple list is capable of capturing that variation.

More sophisticated managers are willing to use cultural generalizations carefully to assess each cross-cultural situation. The extent of adaptation necessary will depend on sev-

---

13 Hofstede (1991) actually rates Americans a bit higher then Germans on his Power Distance Index, a measure of how much people accept power differentials in working situations.

eral factors. Is the relationship a guest/host one? If so, then the host may take more responsibility for adapting to the guest, if he or she is familiar with the guest's culture. If not, then the guest can make the relationship work by adapting more to the host. In these kinds of situations, the general rule is, "Whoever knows the most about the other culture does the most adapting". This rule seems to work better than, "Whoever has the power to impose his culture, does". While the latter may seem adequate to busy executives in the short run, it eventually engenders hostility.

The most common kind of cross-cultural contact occurs when people from different cultures are on the same project team, management task force, or manufacturing group. There is no role relationship to guide who adapts to whom (everywhere is Rome). In these cases, everyone needs to take equal responsibility for adapting. The result of knowledgeable mutual adaptation is that cultural difference becomes primarily an opportunity for synergy, not an obstacle to productivity.[14]

Here are some ways that mutual adaptation could create third culture between Germans and Americans. In the case of communication style differences, Americans need to learn that intellectual engagement is not a criticism. In fact, it is a compliment that the other person cares enough about what you said to argue with it. Germans, for their part, could tone down the sharpness of the critique when dealing with Americans, and, if they agree with something, to mention that as well as the disagreement. The result of this mutual adaptation is that there is an increase in both intellectual <u>and</u> relational engagement in the group. In the case of cognitive style differences, Germans should contribute their grasp of the gestalt, even if the information is incomplete, to inform action decisions. Americans should pause to consider the gestalt before acting, and they should make sure that the performance data they collect is useful for strategic analysis, not just for short-term budget considerations. The synergy created here is that more relevant information is considered more carefully in every case. In the case of cultural value differences, Americans should practice making role distinctions while Germans practice minimizing them in job-related tasks. The result of this mutual adaptation will be that roles become more clear <u>and</u> more flexible.

4. Developing Intercultural Sensitivity

The third factor in acquiring intercultural competence is the most important. While the mindset and skillset of intercultural competence are necessary, they are insufficient to engender competence without intercultural sensitivity. This kind of sensitivity is not

14 This idea is brilliantly explored in Hampden-Turner, Trompenaars (1997).

simply a positive attitude toward cultural difference or a desire to relate well to others. Rather, it is the ability to *experience cultural difference*. Such experience is not the natural outcome of cross-cultural contact, as mentioned above. Here is this idea in the words of George Kelley, a constructivist psychologist:

"A person can be a witness to a tremendous parade of episodes and yet, if he fails to keep making something out of them..., he gains little in the way of experience from having been around when they happened. It is not what happens around him that makes a man experienced; it is the successive construing and reconstruing of what happens, as it happens, that enriches the experience of his life".[15]

The Developmental Model of Intercultural Sensitivity (DMIS) provides an understanding of how people develop in their ability to construe, and thus to experience, cultural difference.[16] The DMIS refers to worldview conditions, or orientations, that enable people to experience cultural difference in a certain way. The more sophisticated (complex) their worldview constructions of cultural difference, the more interculturally sensitive they become. Once a more sophisticated experience of cultural difference is achieved, that worldview state is applied to any phenomenon that fits the category "culture"; in other words, the skills at each stage are generalizable to any kind of cultural difference. Further, it appears that the worldview states are fairly stable; people maintain the same general orientation to cultural difference, no matter what the culture.

In the following sections, each stage of the model and the experience of cultural difference that is enabled at that stage will be described. The implications for organizations when that stage is typical for large numbers of employees will also be summarized at each stage.

The DMIS is divided into two sets of stages, Ethnocentric and Ethnorelative (see Figure 1). In Ethnocentrism, people unconsciously experience their own cultures as "central to reality". They therefore avoid the idea of cultural difference as an implicit or explicit threat to the reality of their own cultural experience. In Ethnorelativism, people consciously recognize that all behavior exists in cultural context, including their own. They recognize the restriction this places on their experience, and they therefore seek out cultural difference as a way of enriching their own experience of reality and as a means to understand others.

Movement through the stages is one-way, for the most part, although sometimes people seem to retreat from later to earlier stages of ethnocentrism. Research on the DMIS shows that people are predominantly in one stage (that is, they have a single predomi-

15 Kelly (1963, 73).

16 Bennett (1993). Qualitative research using content analysis methods and quantitative research using the Intercultural Development Inventory™ have supported the existence and sequence of the stages of the DMIS. For more information on supporting research and measurement of intercultural sensitivity, contact The Intercultural Communication Institute, www.intercultural.org.

nant worldview orientation to cultural difference), even though they may be dealing with issues from other stages, as well.

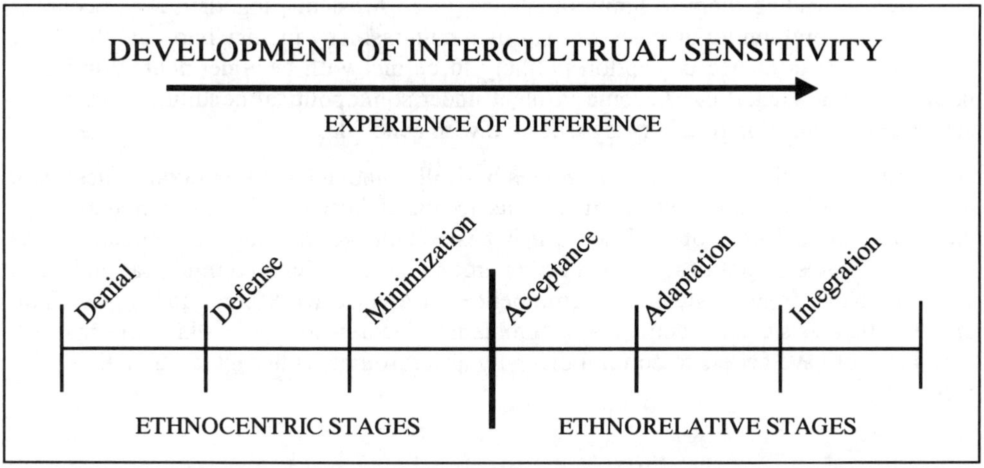

Fig. 1: Development stages of intercultural sensivity

4.1 The Ethnocentric Stages

4.1.1 Denial

In the first stage of Ethnocentrism, Denial, people have not yet constructed the category of "cultural difference". To them, the world is completely their current experience of it, and alternatives to that experience are literally unimaginable. People of other cultures, insofar as they are perceived at all, seem less human, lacking the "real" feelings and thoughts of one's own kind. Cultural strangers exist as simpler forms in the environment to be tolerated, exploited, or eliminated as necessary. This worldview state is the default condition of normal socialization. People can stay in Denial their whole lives, as long as they don't have much contact with cultural difference. They can maintain this state by living in total *isolation* from people who are culturally different or, as is more common, by maintaining *separation* from difference through artificial means such as apartheid.

In most cases, the expression of Denial appears thoughtless, but benign, as in the statement "live and let live". Managers at this stage may appear extremely naïve and make statements such as, “As long as we all speak the same language, there’s no problem”, or “I never experience culture shock” (If someone travels with this person, the companion may add, “but everyone else around him does!”). People may have difficulty differentiating cultures, leading them to lump all Asians, or all Moslems, together. And people at this stage are profoundly unaware of their own cultures. Any inquiry into how their own cultural lenses influence perception is likely to be met with bewilderment. While it is usually benign, Denial can become virulent under some political conditions, where the active dehumanization of others is associated with genocide.

An organization characterized by Denial is basically ignorant about cultural issues, even though it may be quite sophisticated in its technical business. If any preparation for cross-cultural contact is offered at all, it is basic language training. Such organizations caught unawares by political or legal action around race, gender, and immigration issues. There probably is no systematic recruitment of a diverse workforce, and any cultural diversity that does exist is defined as a “problem”. Needless to say, this kind of organization does not have access to cultural diversity as a resource, either internationally or domestically.

4.1.2 Defense

In the second stage of Ethnocentrism, Defense, people have become more adept at perceiving cultural difference. Exposure to media images of other cultures, or the kind of casual contact that occurs in corporate settings may set the stage for this level of experience. Other people still seem less real (i.e., less human) than one’s own kind, but they now exist in perception as stereotypes and so must be dealt with. Because one’s own culture is still experienced as the only true reality, the existence of the other cultures is threatening to that reality. To counter the threat, the world is organized into “us and them”, associated with the *denigration* of “them” and the *superiority* of “us”. Occasionally, people at this stage may go into *reversal*, wherein they exalt an adopted culture and denigrate their own primary socialization (“going native”, or “passing”). On the surface, this may appear to be more interculturally sensitive, but in terms of the dualistic perception characterizing this stage, it is an equivalent kind of Defense.

People with a Defense worldview tend to polarize any discussion of cultural difference. An attempt to contrast cultures in a non-evaluative way may be met with defensive statements, such as “so what do you have against this country?”. Jokes that denigrate other cultures and ethnic slurs are accepted as “normal”, and a lot of attention may be given to the relative intelligence or ability of different cultural groups. Businesspeople at this stage may hold the unexamined view that their own culture’s technology and way of doing business is superior to all others. They may also believe that people of other cultures are incapable of significant achievement on their own terms.

Organizations characterized by Defense may be overconfident or arrogant, leading to mistakes in product design and marketing. Cultural difference is seen as an obstacle to be avoided, and combativeness may damage valuable international partnerships.

4.1.3 Minimization

In the third and final stage of Ethnocentrism, Minimization, the threat of Defense has been resolved by assuming a basic similarity among all human beings. Differences that were threatening in Defense are subsumed into already-existing, familiar categories. These categories are of two types: *physical universalism*, wherein, for instance, all human beings have the same needs; and *transcendent universalism* wherein, for instance, everyone is subject to the same spiritual principles, whether they know it or not. People in Minimization recognize cultural variation in institutions and customs (objective culture) and may be quite interested in those kinds of differences. However, they hold mightily to the idea that beneath these differences beats the heart of a person pretty much like them. Because they are still lacking cultural self-awareness, people in Minimization cannot see that their characterizations of similarity are usually based on their own culture.

People with a Minimization worldview are "nice." They make statements such as "we are all one under the sun", and they may be sincerely motivated to include people from other cultures into their activities. However, they cannot fathom why people of other cultures might not <u>want</u> to engage in the proffered activities. This stage is associated with various "melting pot" ideas, where a lot of emphasis may be placed on assimilation into the host culture. Politically oriented people at this stage may argue for universal human rights or world capitalism, without reference to how such a position might be perceived by others as a form of cultural imperialism. People of dominant ethnic groups may assume that all people have "equal opportunity", failing to perceive that institutions fashioned in their own culture's image may offer them advantages while hindering the achievement of others who are culturally different.

Organizations characterized by Minimization may overstate their sensitivity to diversity issues, claiming to be "tolerant" and "colorblind". This leads to poor retention of cultural diversity, since people from non-dominant cultural groups often interpret these claims as hypocritical. An extreme emphasis on corporate culture creates strong pressure for culture conformity, creating international antagonisms where the corporate culture clashes with the local culture.

4.2 The Ethnorelative Stages

4.2.1 Acceptance

In the first stage of Ethnorelativism, Acceptance, people have discovered their own cultural context, and therefore they can accept the existence of different cultural contexts. People at this stage can construct the culture-general frameworks that allow them to generate a range of relevant cultural contrasts among many cultures. Thus, they are not necessarily experts in one or more specific cultures (although they might also be that); rather, they are adept at identifying how cultural differences in general operate in a wide range of human interactions. Acceptance does not mean agreement - some cultural difference may be judged negatively - but the judgment is not ethnocentric in the sense of withholding equal humanity. People at Acceptance first attain *respect for behavioral differences,* which involves only the more tangible aspects of subjective culture such as language use, nonverbal behavior, communication style, and cognitive style. *Respect for value differences* follows, wherein people experience their own values as but one good way of organizing the ethical dimension of reality. This is not the same as saying "anything goes", the common allegation lodged by antagonists of cultural relativity. The focus is on the contexting of behavior, not on the acceptance of all behavior as appropriate in all contexts.

People with an Acceptance worldview are able to see their own behavior in cultural context. Consequently, they tend to use self-referential statements such as "As a person with German background, I am inclined to believe that...," or "This may be mainly an American tendency, but...". They are likely to be curious about cultural differences, seeking out information about the subjective cultural behavior and values of other groups and initiating contrasts with their own cultures. In the early form of this stage, managers may overcompensate for their previous ethnocentrism and become overly tolerant of all "cultural" behaviors, even those that are unproductive or deviant in their home cultural contexts.

Organizations characterized by Acceptance are likely to recognize the value of diversity and to make active efforts to recruit and retain a diverse workforce. Marketing and training efforts may acknowledge the local cultural context, but appropriate action may be unclear. Managers are encouraged to recognize cultural difference, but they are not trained in intercultural skills.

4.2.2 Adaptation

In the second stage of Ethnorelativism, Adaptation, people are able to shift their cultural frames of reference; that is, they are able to look at the world "through different eyes" and intentionally change their behavior to communicate more effectively in another culture. This is a conscious act, necessitating an awareness of one's own culture and a set of contrasts to the target culture. Shifting cultural frames of reference can be thought of as intercultural *empathy*, which involves temporarily setting aside one's own worldview assumptions and intentionally taking on a specific, different set of beliefs. The result of employing empathy in an intercultural event is to generate "natural" behavior that is appropriate to the target culture. In other words, adaptive behavior emerges from successfully looking at the world from the other culture's perspective. Note that some culture-specific knowledge is necessary for the shift to occur. When people routinely shift frame of reference, they may become *bicultural* or (in the case of several cultures) *multicultural.* But not all biculturalism is culturally sensitive. In the case of "accidental biculturalism", people have simply received primary socialization into two cultures. Such people may be able to act appropriately in two different cultural contexts, but they cannot necessarily generalize that ability to a third culture.

People with an Adaptation worldview are able to interpret and evaluate situations from more than one cultural perspective. They are likely to initiate statements such as, "I think a Japanese view of this situation would be...", or "Let's imagine how a Moslem might react to ...". Managers at this stage are often those who seek out contact with cultural difference, and they are notable in their ability to change behavior in different cultural contexts. For example, a manager's behavior may be more objective and detached from feelings in typical German contexts, while the same person may be more subjective and attached to feelings in typical Latin American contexts. Managers also may act as cultural liaisons between two cultural groups that they know well. They are perceived as belonging to both groups, which is generally positive, but people who are less interculturally sensitive may perceive dual cultural identity as somehow "disloyal".

Organizations characterized by Adaptation encourage education training for executives and managers in both the mindset and skillset of intercultural competence. A strong climate of respect for diversity leads to high retention of diversity in the workforce. Both domestic and international cultural differences are routinely used as resources in multicultural teams.

4.2.3 Integration

In the last stage of Ethnorelativism, Integration, people extend their ability to perceive events in cultural context to include their own definitions of identity. For these people, the process of shifting cultural perspective becomes a normal part of self, and so identity itself becomes a more fluid notion. One begins to see one's self as "moving around in cultures", no longer completely at the center of any one or combination of cultures – a "cultural marginal". In some cases, people become stuck in the intersection between cultures, a condition which is termed *encapsulated marginality*.[17] The alternative condition at this stage is *constructive marginality*, wherein people use the cultural intersection as a platform from which they launch into different aspects of their multicultural identity. Integration is not necessarily better than Adaptation in most situations demanding intercultural competence, but it is descriptive of a substantial number of non-dominant minority group members, long-term expatriates, "global nomads", and other people who may see themselves as "citizens of the world".

People in the encapsulated marginality form of Integration are likely to appear self-centered, alienated, and unsure of their values, while at the same time exhibiting a high degree of knowledge and competence regarding other cultures. In constructive marginality, people are characterized by their positive attitude toward intercultural activities of all kinds. Constructive marginals are more likely to be sophisticated in intercultural ethics, to be inclined towards deep cross-cultural interpretation, and to be skilled in intercultural mediation. Whether encapsulated or constructive, people at this stage of development are very complex in their constructions of cultural difference and in their definitions of self. The question "Who are you?" is likely to elicit a very long story, filled with examples of intercultural experience.

Organizations characterized by Integration are truly global. Every policy, issue, and action is examined in its cultural context and assessed for its strengths and limits. There is little emphasis on the ethnic of national identity of the organization, although its cultural roots and influences are recognized.

5. Conclusion

It should be clear from this discussion that intercultural relations has come a long way from the old days of "sink or swim". Organizations can now be certain that there is a return on investment of resources expended on intercultural education. However, programs in intercultural competence need to be carefully coordinated to assure their value. For instance, programs should be sequenced so that culture-general information precedes culture-specific information. The intercultural mindset needs to be established before the skillset can be acquired. All programs need to take into account the development stage of prospective participants. Most importantly, the development of intercultural competence must be seen as complex undertaking that demands significant time and resources. The developmental methods exist; they need only be combined with a commitment to the task.

17 For an extended discussion of cultural marginality, see Bennett (1993).

References

ADLER, N. (1997): International Dimensions of Organizational Behavior, 3rd Edition, Cincinnati/OH 1997 (South-Western College Press).

AMIR, Y. (1998): Contact Hypothesis in Ethnic Relations, in: Psychological Bulletin, 1969, Vol. 71, pp. 319 - 343.

BARNLUND, D. (1998): Communication in a Global Village, in: M. Bennett (Ed.): Basic Concepts of Intercultural Communication, Yarmouth/Maine 1998 (Intercultural Press).

BATESON, G. (1972): Steps to an Ecology of Mind, New York 1972 (Ballantine).

BENNETT, J. (1993): Cultural Marginality: Identity Issues in Intercultural Training, in: M. Paige (Ed.): Education for the Intercultural Experience, Yarmouth/Maine 1993 (Intercultural Press).

BENNETT, M. (1993): Towards Ethnorelativism: A Developmental Model of Intercultural Sensitivity, in M. Paige (Ed.): Education for the Intercultural Experience, Yarmouth/Maine 1993 (Intercultural Press).

BENNETT, M. (1998): Basic Concepts of Intercultural Communication, Yarmouth/Maine 1998 (Intercultural Press).

BRISLIN, R. (1981): Cross-Cultural Encounters, New York 1981 (Pergamon Press).

HALL, E. T. (1981): Beyond Culture, New York 1981 (Doubleday).

HAMPDEN-TURNER, C., TROMPENAARS, F. (1997): Mastering the Infinite Game, Oxford 1997 (Capstone).

HOFSTEDE, G. (1991): Cultures and Organizations: Software of the Mind, Berkshire/UK 1991 (McGraw-Hill).

KELLY, G. (1963): A Theory of Personality: The Psychology of Personal Constructs, New York 1963 (W.W. Norton).

KRAMSCH, C. (1993): Context and Culture in Language Teaching, Oxford 1993 (Oxford University Press).

MENDENHALL, M., KUHLMANN, T., STAHL, G. (ED., 2000): Developing Global Business Leaders: Policies, Processes, and Innovations, Westport/CN, London 2000 (Quorum).

MOSS KANTER, R. (1995): World Class: Thriving Locally in the Global Economy, New York 1995 (Simon & Schuster).

ROSEN, R., DIGH, P., SINGER, M., PHILLIPS, C. (2000): Global Literacies: Lessons on Business Leadership and National Cultures, New York 2000 (Simon & Schuster).

STEWART, E., BENNETT, M. (1991): American Cultural Patterns: A Cross-Cultural Perspective, Yarmouth/Maine 1991 (Intercultural Press).

TING-TOOMEY, S. (1999): Communicating Across Cultures, New York 1999 (Guilford).

TROMPENAARS, F., HAMPDEN-TURNER, C. (1998): Riding the Waves of Culture: Understanding Cultural Diversity in Business, 2nd Edition, New York 1998 (McGraw-Hill).

Torsten M. Kühlmann

Fallstudien im interkulturellen Training – Das Beispiel deutsch-tschechischer Wirtschaftskooperation

1. Einleitung: Defizite internationaler Personalentwicklung

Die Vorbereitung von Mitarbeitern international tätiger Unternehmen und Institutionen auf die Begegnung mit Partnern anderer Nationalitäten bleibt nach wie vor ein Schwachpunkt der Personalentwicklung.[1] Auch neuere Untersuchungen bestätigen die nach wie vor geringe Verbreitung einer umfaßenden internationalen Personalentwicklung. Häufig beschränken sich die Entwicklungsmaßnahmen auf Sprachkurse, Look-and-See-Trips, Gespräche mit auslandserfahrenen Kollegen oder landeskundliche Kurzseminare. Bestehende Trainingsangebote sind im allgemeinen der Förderung von **einzelnen** Komponenten internationaler Handlungskompetenz verpflichtet, wie etwa:

- Informieren über ausländische Geschäftsgepflogenheiten,
- Sensibilisierung für die Kulturprägung menschlichen Handelns,
- Wissen über die Schwierigkeiten der Interaktion zwischen In- und Ausländern,
- Erfahrung von Desorientierung im Kontakt mit ausländischen Partnern,
- Einüben kulturangemessener Verhaltensroutinen in kritischen Arbeitssituationen,
- Umgehen mit Anpassungsdruck.

Die **integrierte** Vermittlung der genannten Bausteine interkultureller Kompetenz durch die Verknüpfung verschiedener Trainingstechniken wird häufig mehr propagiert als realisiert.

Die Anbieter von interkulturellen Trainingsprogrammen stoßen in der Praxis auf eine Reihe von Widerständen. Neben dem Argument des Zeitmangels und Zweifeln an der Notwendigkeit einer gezielten Vorbereitung (Stichwort "Weltkultur"), lautet der Haupteinwand, daß die bekannten Trainingsprogramme für die Bewältigung der Schwierigkeiten eines internationalen Arbeitsfeldes von fraglichem Nutzen seien. Geläufige Programminhalte wie die Sensibilisierung für die kulturelle Prägung unseres Handelns oder die Klassifikation von Kulturen anhand der Dimensionen von Hofstede (1997) oder Trompenaars (1994) würden "träges Wissen" produzieren, das in Anwendungssituationen mangels hinreichend ausgearbeiteter Handlungsbezüge nicht eingesetzt werde. Selbst verhaltensnahe Trainingstechniken wie die Simulation fremder Kulturen oder Rollenspiele zu kritischen Begegnungssituationen würden Handlungskompetenzen erzeugen, die nicht auf den Arbeitskontext außerhalb des Lernfeldes übertragbar seien. Aus diesem Einwand wird dann die Schlußfolgerung gezogen, daß der Erwerb der benö-

1 Vgl. Kühlmann, Stahl (2000).

tigten Handlungskompetenz in zeitlich begrenzten, artifiziellen Trainingsumwelten unmöglich sei und sich erst im Gefolge einer langdauernden Konfrontation mit den ausländischen Interaktionspartnern einstelle.

2. Transferförderliche Lernumgebungen

Wie der Autor im Folgenden erläutern möchte, besitzt die Fallstudienmethode eine Reihe von Merkmalen, die den Transfer des Gelernten auf die internationale Arbeitspraxis begünstigen. Die Grundlage für diese Beurteilung der Fallstudienmethode bildet der konstruktivistische Ansatz der Lernforschung.[2]

Die Prämisse dieses neuen Ansatzes lautet, daß der Lernende beim Wissenserwerb eine "aktive" Rolle derart spielt, daß er in Abhängigkeit vom bisherigen Wissen, vom Lernkontext und von seinen Einstellungen zum Wissenserwerb Informationsangebote aus seiner Umwelt selegiert, aufnimmt, weiterverarbeitet und in seine Wissensbasis integriert. D.h.: Wissen wird zu einem Gutteil von der lernenden Person "selbst konstruiert" und nicht durch den Lehrenden gleichsam wie ein neues Computerprogramm auf einen passiv bleibenden Lernenden übertragen.

Der Erwerb eines auf Anwendungssituationen transferierbaren Wissens ist an die Verwirklichung einer Reihe von Gestaltungsprinzipien geknüpft. Hierzu zählen die Prinzipien der Authentizität und des Kontextbezugs der Lernaufgaben, der Anwendung des Gelernten in unterschiedlichen Kontexten und unter unterschiedlichen Perspektiven sowie der problemorientierten Kooperation zwischen den Lernenden bzw. zwischen den Lehrenden und den Lernenden (vgl. Abbildung 1).

---

2 Vgl. Reinmann-Rothmeier, Mandl (1997).

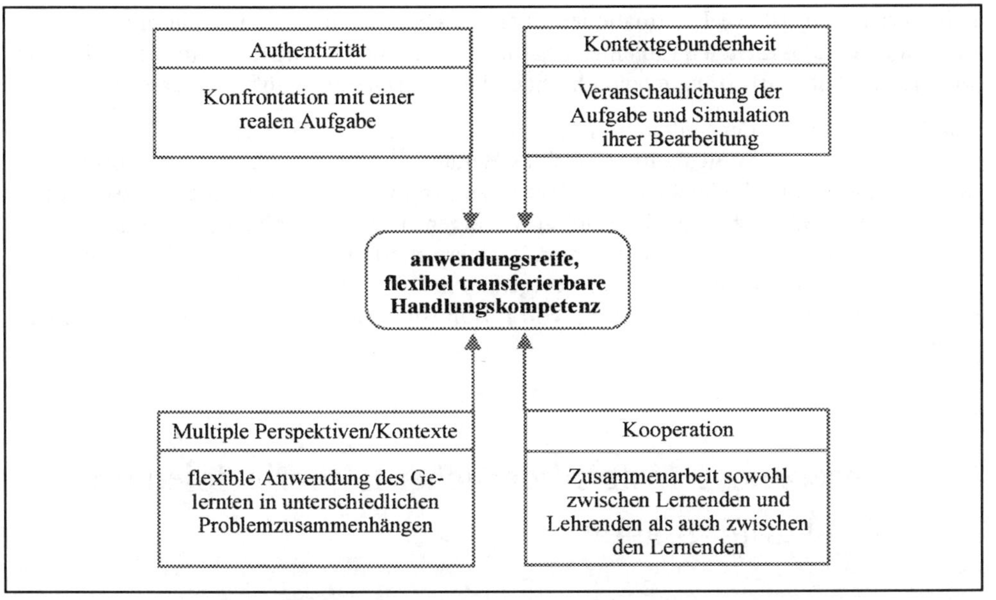

Abb. 1: Transferförderliche Gestaltungsprinzipien des Lernens (Quelle: in Anlehnung an Sonntag (1996, 64))

Die Konkretisierung dieser allgemeinen Gestaltungsprinzipien für den Erwerb einer interkulturellen Handlungskompetenz, die den Lernenden befähigt, Fakten- und Hintergrundwissen mit Verhaltensfertigkeiten bei der Bewältigung der Probleme internationaler Zusammenarbeit zu kombinieren, wird am Beispiel eines Fallstudientrainings zur deutsch-tschechischen Wirtschaftskooperation illustriert. Entwicklung und Erprobung dieses Trainingsansatzes wurden gefördert durch (1) das Bayerische Aktionsprogramm zur Förderung der internationalen Zusammenarbeit von Wirtschaft und Hochschule und (2) den Europäischen Sozialfonds in Bayern.

3. Merkmale der interkulturellen Fallstudie

Die interkulturelle Fallstudie beschreibt eine schwierige Situation aus dem Unternehmensalltag, in der Menschen (Mitarbeiter, Kunden, Lieferanten, Behördenvertreter) unterschiedlicher Nationalität aufeinandertreffen. Die Situation wird getrennt aus den jeweiligen Blickwinkeln der Beteiligten wiedergegeben. Die Beschreibung ist nicht erfunden, sondern beruht auf realen Gegebenheiten der Unternehmenspraxis. Der Bearbeiter erhält schriftliche Informationen über das Unternehmen, seine bisherige Entwicklung und seine aktuellen Probleme. Ergänzt werden diese Angaben um Hinweise, wo weitere, zur Fallbearbeitung eventuell nützliche, Informationen aufzufinden sind.

Bei der Bearbeitung der Fallstudie soll sich der Lernende gedanklich in die Situation der verantwortlichen Führungskraft oder eines Beraters versetzen. Dies bedeutet im einzelnen, die Lage zu analysieren, Lösungswege zu sammeln, eine begründete Entscheidung zu treffen und Wege zur Realisierung aufzuzeigen. In den einzelnen Phasen der Fallbearbeitung ist der Lernende in eine - von Trainern moderierte - Lernergruppe eingebunden. Die Behandlung des Falles auf der gedanklichen Ebene kann in Form von Rollenspielen (insbesondere zur Umsetzung von Lösungsvorschlägen) um die Ebene des praktischen Tuns erweitert werden.

4. Umsetzung transferförderlicher Lernprinzipien im Trainingsprogramm

Die vier Gestaltungsprinzipien für transferförderliche Lernumwelten wurden in der Entwicklung des Trainings zur deutsch-tschechischen Wirtschaftskommunikation wie folgt umgesetzt:

4.1 Authentizität

Die entwickelten Fallgeschichten beschreiben Situationen und Abläufe, die den Autoren der Fallstudie von den unmittelbar Beteiligten selbst berichtet wurden. Sie beruhen auf einer wahren Begebenheit und sind eingebettet in reale Unternehmen, deren Charakteristika (Produkte, Erfolge, Geschäftsbereiche, Organisationsstruktur) ausführlich dargestellt werden (vgl. Box 1, 2 und 3).

Die deutsche Firma HOLLGE & Co. KG wurde im Jahr 1958 in Hochfeld gegründet. Heute hat sie mit ihren ca. 60 Mitarbeitern eine gute Position auf dem deutschen und europäischen Markt. Die Geschäftsführung hat im Jahr 1985 der Sohn des Inhabers übernommen. In den letzten Jahren wurden Tochterunternehmen in Bulgarien, der Tschechischen Republik, Litauen und in der Ukraine gegründet...

Die deutsche Firma ist ein Hersteller von Armaturen für Nieder- und Mittelspannungskabel und –freileitungen. Neben Preßmaterial nach DIN werden auch Schraubverbinder (bis ca. 30 KV) und Schraubenkabelschuhe hergestellt. Langjährige Erfahrungen auf dem europäischen und auf dem Weltmarkt ermöglichen es, spezielle Lösungen für Kundenprobleme zu erarbeiten. Dabei erlaubt die fertigungstechnische Ausstattung auch Kleinserienfertigungen von Spezialteilen...

Die wichtigsten Kunden kommen aus dem Bereich der Erzeugung, bzw. der Übertragung und Verteilung von Energie. Dazu gehören neben Stromerzeugern auch Betreiber von Bahnen und U-Bahnen...

Exportiert wird in die Mitgliedsstaaten der EU, Polen, Niederlande, Ungarn, Schweiz, Bulgarien, in die Baltischen Republiken, sowie nach Indien und Sri Lanka...

Box 1: Ausschnitt aus der Beschreibung der deutschen Muttergesellschaft

Im Januar 1993 wurde eine Vertriebsgesellschaft in der Tschechischen Republik, in Chodov als Tochtergesellschaft der deutschen Firma HOLLGE & Co. KG gegründet. Nach kurzer Zeit der Vertriebstätigkeit der Produkte der Muttergesellschaft entschloß sich die Firmenleitung auch die Produktion in Westböhmen zu realisieren...

Nachdem kein geeignetes Objekt in der Nähe von Chodov gefunden wurde, hat man im Februar 1994 mit dem Bau der Produktionshalle in Kraslice begonnen. Am Ende des Jahres 1994 wurde die Produktionshalle von 1.000 m ^{2} in Betrieb gesetzt. Ca 80 % der Maschinen wurden der deutschen Muttergesellschaft abgekauft, weitere Maschinen wurden aus dem Ausland importiert...

Das Programm der tschechischen Tochtergesellschaft umfaßt die Produktion und den Verkauf von Verbindungs- und Abschlußelementen für Leiter in verschiedenen Ausführungen...

Hinzu kommen Verkauf und Service von Armaturen für Leiter, von sämtlichen mechanischen und hydraulischen Schneidewerkzeugen...

Box 2: Ausschnitt aus der Beschreibung der tschechischen Tochtergesellschaft

Gegenwärtig besteht die „deutsch-tschechische" Kommunikation beider Firmen in täglichen telefonischen Absprachen, die den Ablauf der Produktion und die damit verbundene Organisation steuern. Der deutsche und der tschechische Geschäftsführer treffen sich gewöhnlich einmal in der Woche, um aktuelle und konkrete Probleme zu besprechen. Auch der deutsche Produktionsleiter kommt einmal in zwei Wochen (oder nach Bedarf) nach Kraslice, um die Einstellung und Wartung der Maschinen zu kontrollieren und eventuelle Probleme mit dem tschechischen Meister zu besprechen. Da der tschechische Meister nicht gut deutsch versteht, ist bei diesen Besprechungen auch der tschechische Geschäftsführer anwesend.

Worin liegen gemeinsame Ziele?

- Gründung der Firma in Tschechien
- Vertrieb der Produkte der deutschen Firma in Tschechien und umgekehrt
- Erweiterung der deutschen Muttergesellschaft
- Erschließung neuer Märkte in Osteuropa.

Was wurde aus Deutschland übernommen?

- Der Name der deutschen Firma, um sich auf dem Markt besser durchzusetzen
- Know-how zu Produkten und Produktion
- Maßnahmen zur Qualitätssicherung
- finanzielle Unterstützung bei Gründung der tschechischen Firma in der Form eines Kredits.

Box 3: Die Ziele und die Gestaltung der Zusammenarbeit

Die authentische Aufgabenstellung führt unmittelbar vor Augen, mit welchen Schwierigkeiten gegenüber Partnern aus anderen Nationen/Kulturen zu rechnen ist und daß keine einfachen Lösungen hierfür vorhanden sind. Die Nähe zu eigenen Arbeitserfahrungen regt den Lernenden an, über eigene Vorgehensweisen in ähnlichen Situationen nachzudenken und neue Wege des Handelns kennenzulernen. Mit dem Lernen am Beispiel authentischer Fälle wird zudem der spätere Transfer des Gelernten auf die eigene Praxis gefördert. Nicht nur Faktenwissen und Prozeduren der Bewältigung von Problemen der interkulturellen Begegnung werden im Verlauf der Fallbearbeitung erworben, sondern auch die Bedingungen, unter denen das Gelernte in realen Situationen genutzt werden kann.

4.2 Kontextgebundenheit

Der interkulturelle Arbeitsalltag wird durch Dialoge, Briefausschnitte, Aktennotizen und durch die Gedanken, mit denen von den Beteiligten über auftauchende Schwierigkeiten reflektiert wird, anschaulich präsentiert. Angereichert wird die Schilderung des Geschehensablaufs ("narrativer Anker") durch biographische Angaben zu den Beteiligten sowie durch Unternehmenskennzahlen (vgl. Box 4). Aus dieser Schilderung leiten sich die Aufgabenstellungen für die Fallstudienbearbeitung quasi-automatisch ab. Vorformulierte Fragen sind auf ein Minimum beschränkt.

Akteure:

Herr Václavík (tschechischer Geschäftsführer der tschechischen Tochterfirma)

Herr Straka (der tschechische Produktionsmeister)

Herr Tröger (Personalleiter der deutschen Mutterfirma)

Mehrere tschechische Mitarbeiter in der Produktion.

Aufgrund eines großen Auftrages hat Herr Václavík in der Absprache mit dem deutschen Geschäftsführer, Herrn Großmann, eine Vormittagsschicht am Wochenende, d.h. am Samstag und Sonntag, von 6.00 bis 13.00 Uhr, geplant. Er will die Mitarbeiter nicht zwingen, am Wochenende zu arbeiten, hofft aber, mindestens zehn Mitarbeiter überzeugen zu können, auch am Wochenende gegen gute Bezahlung zu arbeiten.

Zwei Wochen vorher hat er eine Ankündigung der Sonderschicht in die Umkleideräume der Mitarbeiter gehängt mit der Aufforderung, die Mitarbeiter, die zu dieser Sonderschicht kommen wollen, sollten sich in diese Liste namentlich eintragen. Nach einer Woche ist die Liste immer noch leer.

Herr Václavík bittet den Produktionsmeister, Herrn Straka, sich dieser Angelegenheit anzunehmen und mit den Leuten noch an diesem Tag zu reden. Herr Straka spricht daraufhin mit jedem Mitarbeiter aus der Produktion persönlich, um sie für diese Sonderschicht am nächsten Wochenende zu gewinnen. Er berichtet Herrn Václavík am Dienstag, vier Tage vor der geplanten Sonderschicht:

“Ich habe fast mit jedem gesprochen und meistens ist das so, daß niemand Lust hat, noch am Wochenende zu arbeiten. Und noch dazu jetzt im Sommer. Petr und Libor bauen doch, Honza renoviert und hat schon den Dachdecker für das Wochenende bestellt, Milan und Tonda fahren auf die Datscha, Zdenek auch, die Tochter von Premek feiert Hochzeit, viele haben halt am Wochenende schon mit ihren Familien was geplant. Außerdem haben jetzt vier Leute Urlaub. Manche, die außerhalb von Kraslice wohnen, haben am Wochenende keine Busverbindung. Na ja, es klappt schon irgendwie. Ich konnte dann doch noch zehn Leute dafür gewinnen. Ich hoffe nur, daß die auch alle kommen. Wir werden sehen."

Herr Václavík ist mit diesem Ergebnis (trotz der unschlüssigen Aussage von Herrn Straka) zufrieden. Er ist davon überzeugt, daß die Leute am Wochenende kommen. Letzte Woche wurde er schon zweimal von Herrn Tröger angerufen, denn dieser Auftrag ist für die deutsche Muttergesellschaft von großer Bedeutung und Herr Tröger wollte wissen, ob die Wochenendschicht fest geplant ist. Zu diesem Zeitpunkt konnte Herr Václavík noch keine eindeutige Antwort geben, obwohl Herr Tröger meinte, es wäre höchste Zeit, feste Zusagen von den Mitarbeitern zu haben.

Am folgenden Tag ruft Herr Tröger wieder an und erkundigt sich, ob die bevorstehende Wochenendschicht schon organisiert ist. Herr Václavík ist gerade unterwegs und so wird Herr Tröger mit Herrn Straka verbunden:

Herr Tröger:	"Grüß Gott, Herr Straka, ich möchte Sie fragen, ob Sie jetzt schon endlich wissen, ob es bei euch mit dem Wochenende – also mit der Wochenendschicht – klappt."
Herr Straka:	"Ja, wir hoffen. Ich habe über die Brigade mit allen gesprochen und manche haben sogar zugesagt. Aber viele haben auch schon am Wochenende was anderes zu tun."
Herr Tröger:	"Brigade? Ich wollte wissen, ob die Sonderschicht jetzt am Wochenende stattfindet."
Herr Straka:	"Ja, ja, ich sage es. Auf die Brigade kommen wahrscheinlich zehn Leute. So habe ich das mit Herr Václavík ausgemacht. Oder sollen es mehrere sein? Das ist jetzt zu spät."
Herr Tröger:	"Nein. Zehn Leute ist in Ordnung. Und kommen sie wirklich? Haben sie sich in die Liste, die Herr Václavík vorbereitet hat, eingetragen?"
Herr Straka:	"In der Liste sind sie nicht eingetragen, aber ich denke, daß sie kommen. Die Liste ist nur Formalität."
Herr Tröger:	"Ich finde, es wäre besser, wenn sich die Leute persönlich eintragen. Und mit Unterschrift. Dann haben Sie vor Augen, wer zugesagt hat und wer nicht. Wir machen das auch immer so. Die Liste

	können Sie auch später bei Auswertungen benutzen. So sehen Sie, wer engagiert ist."
Herr Straka:	"Ja, wenn ich Zeit dazu habe, dann spreche ich nochmal mit den Leuten, daß die sich eintragen sollen."
Herr Tröger:	"Also können wir davon ausgehen, daß die Sonderschicht an den beiden Tagen stattfindet?"
Herr Straka:	"Ich denke, ja. Wir rechnen mit der Brigade schon. Auch Herr Václavík wird hier das ganze Wochenende sein."
Herr Tröger:	"Vergessen Sie bitte die Liste nicht. Und sagen Sie Herrn Václavík, daß er mich morgen noch wegen der Wochenend-schicht anrufen möchte."
Herr Straka:	"Ja, Auf Wiedersehen."
Herr Tröger:	"Auf Wiederhören."

Zu der Wochenendschicht kommen acht Mitarbeiter, zwei von ihnen müssen früher gehen, weil sie ab Mittag "keine Zeit haben". Dennoch kann der Auftrag rechtzeitig erledigt werden.

Box 4: Der Fall „Wochenendschicht" (Autorin: Gabriela Zlamal)

Der Detailreichtum fördert das entdeckende Lernen im Fallbereich. Es ist eine Fülle von Daten zu sichten und zu bewerten. Fehlende Informationen sind einzuholen oder gedanklich zu erschließen. Es können Erklärungen für das Zustandekommen der dargestellten Schwierigkeiten versuchsweise formuliert, an den vorhandenen Angaben geprüft und gegebenenfalls korrigiert werden. Die Ausgangssituation ist so komplex, daß mehrere Lösungswege entwickelt werden können, aus denen in einem ausführlichen Abwägungsprozeß der beste Weg zu bestimmen ist.

4.3 Multiple Perspektiven – Multiple Kontexte

Bereits die Fallbeschreibung fordert dazu auf, das Geschehen aus mehreren Blickwinkeln zu betrachten. Die Schilderung enthält Hinweise auf die handlungsbegleitenden Gedanken, Zielsetzungen und Gefühle aller am Geschehen Beteiligten, was die Perspektivität in der Deutung des Geschehens deutlich hervorhebt.

Ein anderes Werkzeug zur Relativierung des eigenen Blickwinkels sind ausführliche Erläuterungen zu den möglichen deutschen und tschechischen Kulturstandards, die im Geschehen zum Ausdruck kommen (vgl. Box 5).

Deutsche und Tschechen unterscheiden sich in ihrer Art und Weise der Kommunikation. Während die Tschechen direkt relativ wenig ausdrücken und viel Unausgesprochenes aus dem Verständnis des ganzen Kommunikationskontextes (Mimik, Atmosphäre, Dringlichkeit, Dynamik, frühere Erfahrungen, Interessen usw.) entnehmen, ist für ihre deutschen Partner eine explizite und direkte Kommunikation typisch. Alles was mitgeteilt werden muß, muß auch ausgesprochen werden. Was nicht gesagt wird, ist nicht gemeint. Bei der Mitteilung wird auf den Inhalt geachtet, darauf, WAS mitgeteilt werden soll, wobei die emotionale Seite, also die Frage WIE soll es mitgeteilt werden, im Hintergrund steht. Dieser Kommunikationsstil wird von Tschechen als Unhöflichkeit interpretiert.

Der typische Kommunikationsstil in der tschechischen Kultur legt Wert auf implizite Kommunikation und auf starken Situationskontext – also auf Zwischentöne und ein Verstehen aus dem Kontext heraus. Im Unterschied zu der deutschen direkten Kommunikation setzt der tschechische Kommunikationsstil voraus, daß viele Informationen, die wir mitteilen wollen, unser Partner aus der konkreten Situation, aus ihrem Kontext und aus unserer nonverbalen Kommunikation heraus verstehen kann, bzw. muß (es wird also nicht alles direkt gesagt). Die tschechische verbale Kommunikation wird von deutschen Partnern oft als indirekt, als vorsichtig, als „um den heißen Brei herumgehen“ bezeichnet. Gleichzeitig werden die Tatsachen weitschweifig beschrieben, mit vielen Wörtern und Wendungen, vielfältigen Andeutungen und Anspielungen, in denen sich der Sinn der Mitteilung teilweise versteckt.

Box 5: Ausschnitt aus einer Hintergrundinformation zur Kontextgebundenheit der deutschen und tschechischen Kommunikation

Weiter wird Multiperspektivität durch den gemeinsamen Einsatz eines deutschen und tschechischen Trainers gefördert. Beide sind angehalten, bei der Analyse des Falls und allen weiteren Bearbeitungsschritten immer wieder kontrastierend auf typisch "deutsche" oder typisch "tschechische" Handlungsmuster zu verweisen (vgl. Abbildung 2).

Tschechische Kulturstandards	Deutsche Kulturstandards
Improvisationsliebe ▪ Flexibilität ▪ Großzügigkeit	Unsicherheitsvermeidung ▪ Organisationsliebe ▪ Formalismus ▪ Detailorientierung
Beziehungsorientierung	Sachorientierung
Diffusion ▪ Rational – Emotional ▪ Arbeit – Freizeit ▪ Rolle – Person ▪ Formell – Informell	Trennung von Lebensbereichen ▪ Rational – Emotional ▪ Arbeit – Freizeit ▪ Rolle – Person ▪ Formell – Informell
Starker Kontext der Kommunikation	Schwacher Kontext der Kommunikation
Schwankende Selbstsicherheit	Stabile Selbstsicherheit
Partikularismus	Universalismus
Vermeidung sozialer Konflikte	Auseinandersetzung mit sozialen Konflikten
Polychrones Zeitgefühl	Monochrones Zeitgefühl

Abb. 2: Tschechische und (west-) deutsche Kulturstandards im Vergleich (Quelle: vgl. Schroll-Machl, Nový (2000))

Den wohl wichtigsten Beitrag zur Realisierung multipler Betrachtungsebenen liefert schließlich die Zusammensetzung der Teilnehmergruppe. Jedes Training ist etwa zu gleichen Teilen aus deutschen und tschechischen Teilnehmern besetzt, die kontinuierlich individuelle Einschätzungen, Wertungen, Schlußfolgerungen und Lösungsvorschläge prüfen, in Frage stellen, bestätigen und weiterentwickeln. Der Zugewinn von Multiperspektivität für die Bearbeitung des Falles und die eigene Handlungskompetenz tritt den Teilnehmern unmittelbar vor Augen.

Die neu erworbenen Ansätze im Verstehen und Handhaben interkultureller Problemsituationen müssen im Hinblick auf die Breite ihres Anwendungsbereichs geprüft werden. Daher sind die im Trainingsprogramm enthaltenen Fälle auf überschaubare Episoden beschränkt, deren Beschreibung 5-10 Seiten umfaßt (sog. "Mikro-Cases"). So ist sichergestellt, daß mehrere Fälle im Verlauf des Trainings bearbeitet werden können und die Teilnehmer Wissen um die Übertragbarkeit des Gelernten ebenso erwerben wie die flexible, situationsadäquate Anwendung. Das Verstehen von Mißverständnissen und Konflikten im interkulturellen Kontakt wird damit vertieft und der Ausbildung stereotypisierenden Rezeptwissens vorgebeugt.

4.4 Kooperation

Die Fallbearbeitung erfolgt größtenteils in Form von Gruppenarbeit oder Plenumsdiskussionen. Eine wesentliche Rolle kommt im sozialen Kontext dem Dozentenpaar zu. Sie moderieren nicht nur die einzelnen Sitzungen, sondern dienen den Lernenden auch als Modelle. Sie zeigen den Trainingsteilnehmern beispielhaft ihr Vorgehen im Kontakt mit Partnern (Co-Trainer, Teilnehmer) aus einer anderen Kultur, d.h. sie präsentieren "Möglichkeitsräume". Hierzu begleitend verbalisieren sie ihre handlungskommentierenden und -begründenden Gedanken, die für den Beobachter sonst nicht zugänglich sind ("kognitives Modellieren"). Der Lernende erlebt somit nicht nur fertige Beispiele für den interkulturellen Kontakt, sondern auch die inneren Vorgänge, die sie begleiten, was das Verstehen und Behalten fördert.

Eine weitere Aufgabe des Trainers besteht im individuellen Coaching. Jeder Teilnehmer wird bei der Fallbearbeitung von den Trainern beobachtet und erhält Hinweise oder Vorschläge zu genau denjenigen Stellen der Fallbearbeitung angeboten, an denen er nicht mehr weiterkommt, sich zurückzieht oder von sich aus Hilfestellung sucht. Mit zunehmendem Kenntnisstand des Lernenden kann diese unterstützende Anleitung durch den Trainer allmählich ausgeblendet werden. Der Lernende erhält auf diese Weise gerade soviel Unterstützung, wie er zur Aufgabendurchführung braucht - nicht mehr und nicht weniger. Das Ausblenden der Unterstützung verschafft ihm allmählich das Bewußtsein, die gestellte Aufgabe auch eigenständig bearbeiten zu können.

Die Kooperation zwischen den Lernenden ist nicht weniger wichtig. Der Austausch und die Diskussion der eigenen Überlegungen zur Fallbearbeitung in der Gruppe/im Plenum zwingen die Beteiligten, ihr eigenes Vorgehen beim Lösen von Aufgaben zu beobachten und in Worte zu fassen („Artikulation“). Das eigene Vorgehen bei der Aufgabenbewältigung zu artikulieren, erfordert den eigenen Standpunkt gedanklich zu strukturieren und zu rechtfertigen, was die Nutzung in anderen Kontexten erleichtert.

5. Schlußbemerkung

Das hier vorgestellte Programm interkulturellen Trainings liegt zwischen den beiden didaktischen Grundorientierungen der geplanten und angeleiteten Instruktion einerseits und des selbstgesteuerten Wissenserwerbs andererseits. Gerade weil die Eigenaktivität des Lernenden für den Kompetenzerwerb entscheidend ist, werden die Lernenden mit Situationen konfrontiert, in denen selbständig ein Sachverhalt aus verschiedenen Perspektiven zu analysieren ist, mit anderen Personen kooperiert werden muß, Wissen in Handeln umgesetzt wird, das eigene Lernen zu reflektieren ist usw. Auf der anderen Seite benötigen Lernende aber auch gezielte Informationen, um der Gefahr der Überforderung und damit des Abbruchs selbstverantwortlichen Lernens zu begegnen. Das Maximum an gewährter Eigenaktivität fällt nicht unbedingt mit dem Optimum an Kompetenzentwicklung zusammen.

Die Fallstudie ist eine Technik, die in der betrieblichen Aus- und Weiterbildung seit Jahrzehnten etabliert ist. Den "Zugewinn" durch Fallstudienarbeit haben die meisten Entscheidungsträger in Unternehmen bereits in ihrer eigenen Aus- und Weiterbildung erlebt. Die verbreitete Akzeptanz in der Unternehmenspraxis könnte - über die hier aufgeführten Stärken in der Ausbildung einer anwendungsreifen, flexibel transferierbaren Handlungskompetenz hinaus - die skeptische Haltung gegenüber interkulturellen Trainingsprogrammen, die Fallstudien als integralen Bestandteil verwenden, insgesamt reduzieren.

Literaturhinweise

HOFSTEDE, G. (1997): Lokales Denken, globales Handeln. Kulturen, Zusammenarbeit und Management, München 1997 (Beck).

KÜHLMANN, T. M., STAHL, G. K. (2000): Problemfelder des internationalen Personaleinsatzes, in: H. Schuler (Hrsg.): Lehrbuch der Personalpsychologie, Stuttgart 2000 (Hogrefe), S. 531 - 555.

REINMANN-ROTHMEIER, G., MANDL, H. (1997): Lehren im Erwachsenenalter. Auffassungen vom Lehren und Lernen, Prinzipien und Methoden, in: F. E. Weinert, H. Mandl (Hrsg.): Psychologie der Erwachsenenbildung. Themenbereich D, Serie I, Bd. 4 der Enzyklopädie der Psychologie, München 1997 (Hogrefe), S. 355 - 390.

SCHROLL-MACHL, S., NOVÝ I. (2000): Perfekt geplant oder genial improvisiert?, Mering/München 2000 (Hampp).

SONNTAG, K. (1996): Lernen im Unternehmen. Effiziente Organisation durch Lernkultur, München 1996 (Beck).

TROMPENAARS, F. (1994): Riding the waves of culture, Chicago u. a. 1994 (Irwin).

Christoph I. Barmeyer

Lernen mit Erfolg?! Zum Einsatz von Lernstilanalysen in interkulturellen Trainings

1. Ausgangslage – Kulturkollektiv und Individuum

Viele Trainer kennen es: Im Anschluß an ein gelungenes interkulturelles Managementtraining finden sich häufig begeisterte Teilnehmer, die durch das vermittelte Wissen bisherige Auslandserfahrungen besser einordnen und verarbeiten können sowie Anregungen für künftige Handlungsstrategien im Rahmen ihrer internationalen Tätigkeit erhalten haben. Andere Teilnehmer wiederum sind weniger begeistert, die Botschaften haben sie nicht erreicht. Häufige Gründe für mangelnde Akzeptanz der Trainingsinhalte finden sich sowohl auf seiten der Trainer als auch der Teilnehmer:

1. Der Trainer verfügt über wenig Hintergrundwissen (Kontext) über Landes-, Unternehmenskultur und Teilnehmer, also das Umfeld, die Branche, die Struktur, die Geschichte und Kultur der Organisation und die Beziehungen der Mitarbeiter untereinander. Kontextwissen bildet jedoch die Basis für das Verständnis der Trainingsteilnehmer und ihrer speziellen Situation, die konkrete Hoffnungen, Befürchtungen, Probleme und Erfahrungen beinhaltet. Diese Gefahr besteht bei kulturallgemeinen Trainings, die mit Kultursensibilisierung und Kulturvariablen (Wertorientierungen wie Individualismus/Kollektivismus oder Dimensionen der Zeit und des Raumes) arbeiten, häufig jedoch zu wenig auf die speziellen Ausprägungen der Zielkultur(en) eingehen. In einigen Fällen verfügt der Trainer zwar über theoretische Kenntnisse, jedoch nicht über eigene Erfahrungen in der Unternehmenswelt. Dies ist problematisch, schließlich geht Interkulturelles Management über den Verhaltensaspekt der interkulturellen Kommunikation hinaus.[1] All dies führt dazu, daß sich die Teilnehmer nicht ausreichend angesprochen fühlen.

2. Ebenso besteht die Möglichkeit, daß auf seiten der Teilnehmer die Ursache für ein wenig effizientes interkulturelles Training zu finden ist. So können bestimmte Teilnehmer nur wenige interkulturelle Erfahrungen gemacht haben oder zeigen keine Bereitschaft, interkulturelle Erfahrungen zu reflektieren, d.h. sie als solche anzuerkennen. Dieses Phänomen findet sich erstaunlicherweise häufig bei Managern mit hoher Fachkompetenz, die entstehende Schwierigkeiten im Arbeitsalltag nicht auf interkulturelle, sondern zunächst auf fremdsprachliche, persönliche, situative, fachliche oder strategische Ursachen zurückführen. Gerade solche Teilnehmer weisen eine hohe 'interkulturelle Resistenz' auf.[2] Die in 1. aufgeführten fehlenden Kontexterfahrungen einiger Trainer tragen zudem zur Verstärkung dieser Resistenz bei.

---

1 Vgl. Fussinger, Reineke (1999, 33 - 40).

2 Vgl. Barmeyer (2000).

3. Ein weiterer Grund für den geschmälerten Erfolg eines Trainings betrifft sowohl den Trainer als auch die Teilnehmer im Rahmen der Interaktion: So kommt es vor, daß der *Lernstil* des betroffenen Teilnehmers dem *Lehrstil* des Trainers diametral entgegengesetzt ist. Nicht nur im Rahmen interkultureller Trainings, auch im Rahmen der Beratung wird die Erfahrung gemacht, daß Menschen unterschiedlich lernen. Jedes Individuum besitzt einen ihm spezifischen Lernstil, eine persönliche Präferenz, Wissen aufzunehmen, zu verarbeiten und in Handlungen umzusetzen.[3]

Lernstilunterschiede finden sich auf individueller und kollektiver Ebene. Im Training kann es vorkommen, daß ein eher kognitiv und theoretisch orientierter Teilnehmer Gruppenübungen und Diskussionen, in denen persönliche Erfahrungen gemacht und ausgetauscht werden, nicht schätzt. 'Objektive' Information wird von diesem Teilnehmer höher bewertet als 'subjektiver' Austausch. Genauso oft gibt es den umgekehrten Fall, in dem Teilnehmer eine praxisnahe und anwendungsorientierte Vermittlung mit Hilfe von Interaktionen und Moderation vorziehen.

Die drei Themenbereiche, die zugleich als Thesen zu verstehen sind, bilden die Struktur dieses Beitrages. Dabei wird der Schwerpunkt auf Lernstile und interkulturelles Training gelegt. Das folgende Modell zeigt die Grundstruktur des Lernprozesses zwischen Trainer und Teilnehmer, wobei davon ausgegangen wird, daß ein Großteil der Wissensvermittlung vom Trainer ausgeht. Dieser ist Wissensträger und vermittelt aufgrund seines individuellen Lehrstils Wissen an die Teilnehmer, welche dieses wiederum entsprechend ihrem individuellen Lernstil und Erfahrungsschatz aufnehmen. Für einen größtmöglichen Lernerfolg sollte der Trainer das Lernverhalten der Teilnehmer einschätzen können und seinen Lehrstil an die Lernstile der Teilnehmer anpassen.

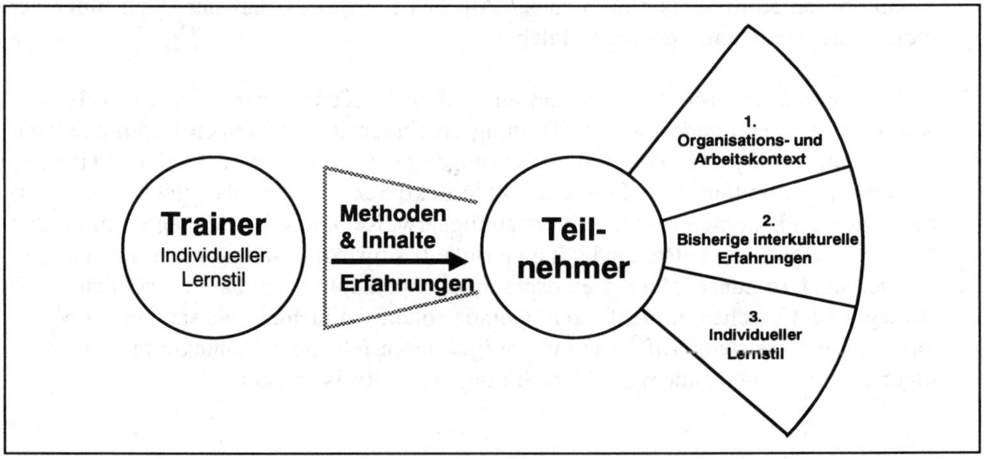

Abb. 1: Kultureller und individueller Trainingskontext

3 Vgl. Barmeyer (2000 a).

Im Bereich interkultureller Forschung und Beratung hat sich zur Sensibilisierung für kulturelle Unterschiede und zum situationsadäquaten erfolgreichen Verhalten in fremdkulturellen Kontexten (z.B. im Ausland) oder in multikulturellen Teams das 'interkulturelle Training' durchgesetzt.[4] Die aus den USA stammenden Ansätze finden in Unternehmen und Non-Profit Organisationen Anwendung; in angepaßter Form z.B. gilt dies auch für Deutschland. Vielfältige Trainingsmethoden, unterschiedlichste Trainerprofile und verschiedene Trainingsinhalte existieren.[5]

Zugleich läßt sich in der interkulturellen Forschung und Praxis derzeit wenig Entwicklung ausmachen. Kulturelle Dimensionen und Wertorientierungen von Hall (1981), Hofstede (1984) oder Trompenaars (1993) werden in Beratung und Training integriert und je nach Kontext modifiziert. Kaum ein Buch oder ein Training zum Thema interkulturelle Zusammenarbeit existiert, in dem nicht die - durchaus brauchbaren - kulturellen Dimensionen beschrieben und auf bestimmte Zielkulturen angewandt werden. Dies betrifft z.B. das Zeitverhalten: Franzosen, so erfährt der Leser, sind tendenziell 'polychron', Schweizer dagegen 'monochron';[6] Schweden weisen eine geringere 'Machtdistanz' auf als Italiener. Die polarisierende und oft reduktionistische Gegenüberstellung von Merkmalen, an denen sich Kulturunterschiede operationalisieren und erklären lassen, trägt zur raschen Verbreitung dieser Dimensionen in Trainings bei. Die Pole geben in der Tat einen wichtigen Orientierungsrahmen für interkulturelle Zusammenarbeit. Sie spiegeln aber auch deutlich eine zu kritisierende Denkweise in Rastern und Extremen, die zu starken und manchmal oberflächlichen Vereinfachungen führt. Zuwenig wird auf *individuelle* Abweichungen gegenüber kollektiven, nationalkulturellen Orientierungen eingegangen.

Für betroffene Teilnehmer (z.B. Führungskräfte) aus unterschiedlichen Gesellschaften bleibt ein grundlegendes Dilemma bestehen. Einerseits benötigen sie rasch Erklärungsfaktoren für Kulturunterschiede und umsetzbare Lösungsansätze zur Vermeidung interkultureller Konflikte, andererseits wird das Individuum mit seinen persönlichen 'kulturellen Orientierungen' nicht genug berücksichtigt. Im Rahmen von Interventionen finden sich nämlich immer Funktionsträger, die Schwierigkeiten mit der persönlichen Einordnung in kulturelle Dimensionen verspüren. Es handelt sich häufig um Personen, welche die interkulturelle Problematik erkannt haben, jedoch aufgrund ihrer Persönlichkeitsstruktur sich in der Einordnung nicht wiederfinden und deshalb auf kritische Distanz gehen. Zahlreiche Beispiele finden sich in Gesellschaften wie der Schweiz, Kanada oder Belgien und konkret im deutsch-französischen Rahmen bei Managern, die aus Grenzregionen stammen. So akzeptieren saarländische Manager nur selten 'typisch' deutsche

4 Vgl. Landis, Bhagat (1996).

5 Vgl. Barmeyer, Bolten (1998).

6 Das Konzept der Polychronie/Monochronie geht auf den US-amerikanischen Kulturanthropologen E.T. Hall zurück und bezeichnet das Zeitverhalten. Bei monochronem Zeitverhalten wird Zeit als eine fortlaufende Strecke, als ein lineares System empfunden. Zeit wird eingeteilt in kleine Einheiten. Für den Arbeitsstil bedeutet dies eine hohe Konzentration auf *eine* Aufgabe und das Bedürfnis diese zu erledigen. Bei polychronem Zeitverhalten wird Zeit als ein Kreis, als zirkulares System, empfunden. Aufgaben verschiedener Priorität werden *gleichzeitig* erledigt, Unterbrechungen sind häufig und es wird hoher Wert auf zwischenmenschliche Beziehungen gelegt.

Werte, weil ihre kulturelle Prägung stark von der französischen Vergangenheit und der geographischen und kulturellen Nähe, die zahlreiche Diffusionsprozesse mit sich bringt, beeinflußt ist. Dasselbe gilt für elsässische Manager, die zum Teil fließend deutsch sprechen, sowie Wissen und eine Handlungskompetenz in der deutschen Kultur aufweisen. An diesen Beispielen wird deutlich, wie wichtig die Beachtung des Individuums und der Persönlichkeitsstruktur ist.[7] Selbstverständlich wird die Persönlichkeit auch im Rahmen der Sozialisation von der Kultur einer Gesellschaft geprägt. Trotzdem weisen Individuen spezifische Charaktereigenschaften und Verhaltensweisen auf, die mehr oder weniger zu einer Zielkultur 'passen' können oder nicht. Bei interkultureller Beratung und Schulung wird es sich als sinnvoll erweisen, einführende Sensibilisierungstrainings in Gruppen anzubieten und anschließend weiterführende und tiefergehende Formen der Beratung und des Coachings anzuwenden. Eine Orientierung hierzu gibt die Analyse von Lernstilen.

2. Modell – Erfahrungslernen und Lernstile

Jedes Individuum entwickelt eigene effektive Handlungsstrategien, um mit seiner sozialen und physischen Umwelt in Familie, Schule oder Arbeitsplatz zurechtzukommen, erfolgreich Konflikte zu lösen und Herausforderungen anzunehmen. Dieser sozialisatorische Einfluß ist von einer nationalen Kultur beeinflußt, an die sich die dort aufwachsenden Individuen in gewissem Maße anzupassen haben, um sich 'wohlzufühlen' und um akzeptiert zu werden. Demnach versucht das Individuum in Lernprozessen bewußt oder unbewußt den Anforderungen der Gesellschaft gerecht zu werden. Dabei steht unter anderem die Frage im Mittelpunkt, welche Haltungen und welches Verhalten des Individuums innerhalb sozialer Beziehungen von der Gesellschaft erwartet, unterstützt, belohnt oder verworfen werden. Auch das Lernverhalten, das immer auch ein Lernen aus Erfahrung ist, weist in diesem Sinne eine kulturspezifische Prägung auf:

"[...] our cognitive development is determined by the demands of the environment in which we grew up: a person will be good at doing things that are important to him/her and that (s)he has ocassion to do often. Cognitive abilities are rooted in the total patterns of a society."[8]

Die Theorie des hier vorgestellten Erfahrungslernens, *Experiential Learning*, basiert auf Lerntheorien der Psychologen Jean Piaget, Kurt Lewin und John Dewey.[9] Alle drei Lerntheorien verweisen auf die unterschiedlichen, oft in Opposition zueinander stehenden, rational und intuitiv geprägten Verhaltensweisen, mit denen das Individuum der Umwelt

---

7 Ein interessantes wertfreies und neurobiologisch begründetes Instrument stellt das STRUKTOGRAMM dar. Vgl. Schirm (1998).

8 Hofstede, (1986, 301 - 320).

9 Siehe Piaget (1970), Lewin (1951) und Dewey (1938).

begegnet, also Informationen aufnimmt, verarbeitet und daraus Handlungen ableitet. Die Theorie des Experiential Learning versucht in holistischer Weise diese unterschiedlichen Lerntheorien zu kombinieren, um so den bestmöglichen Lernerfolg herbeizuführen. Zusätzlich zu traditionellen Methoden der Wissensvermittlung westlicher Gesellschaften, die vor allem auf Inhalte fokussieren, analytisches Denken fördern und fragen: "Was wird gelernt?", orientiert sich das Erfahrungslernen an der Art und Weise der Wissensvermittlung und fragt folglich: "Wie wird gelernt?" Während Methoden der kognitiven Wissensvermittlung im 'Frontalunterricht' mit Präsentationen, Referaten oder Textlektüre arbeiten, sind die Lernenden beim Experiential Learning häufig zusätzlich aktiv miteinbezogen durch Beiträge, Gruppenarbeiten, Simulationen und Fallstudien.

Lernstil-Modelle verfolgen somit ein zentrales Ziel: eine Art der Wissens*vermittlung* zu entwickeln, die eine optimale Wissens*aufnahme* durch die Teilnehmer ermöglicht. Bei der Wissensvermittlung werden neben kognitiven auch zunehmend affektive Aspekte berücksichtigt. Aufgrund dieser Einflüsse entwickelt das Individuum einen persönlichen Stil des Denkens und Arbeitens. Einige Lernende können Informationen besser aufnehmen und verarbeiten, indem sie Texte lesen; andere Lernende wiederum bevorzugen es, den Stoff von einem Lehrenden persönlich vermittelt zu bekommen. In der Forschung werden zahlreiche Lernstile unterschieden; demzufolge existiert eine Vielzahl von Lernstil-Modellen, die ihren Ursprung vor allem in den USA haben.[10] Diese Modelle und Analysen dienen der Abbildung der unterschiedlichen Lernstile; sie versuchen zugleich, die Lehrmethoden auf die Lernenden abzustimmen, um den größtmöglichen Lernerfolg zu erzielen.

Der amerikanische Psychologe David A. Kolb hat eine Lernstilanalyse, die auf oben beschriebener Theorie des Erfahrungslernens basiert, entwickelt: Das *Learning Style Inventory* (LSI). Das LSI zeigt, wie eine Person lernt, wie sie Konflikte und Probleme angeht und löst und wie sie mit Alltagssituationen umgeht. Das LSI eignet sich zur Erfassung von Stärken und Schwächen im individuellen Lern- und Arbeitsverhalten. Kolb stellte in vielen empirischen Untersuchungen unterschiedliche Lern- und Verhaltensweisen fest, die er auf vier verschiedene Dimensionen reduzierte. Da entsprechend der holistischen Konzeption, die dem Modell zugrunde liegt, Lernen als *Prozeß* und nicht als *Ergebnis* verstanden wird, ist Lernen aus Erfahrung als vierphasiger Zyklus gedacht. Die vier Phasen oder Stadien, die durchlaufen werden, sind Fühlen, Beobachten, Denken, Handeln. Das heißt, das Individuum ist einer neuen Erfahrung direkt ausgesetzt (konkrete Erfahrung), diese Erfahrung wird reflektiert und aus mehreren Perspektiven betrachtet (reflektierende Betrachtung), Konzepte werden entworfen, um die Betrachtung in logische Theorien zu integrieren (abstrakte Konzeptualisierung). Schließlich soll das Individuum in der Lage sein, diese Theorien für Entscheidungen und Problemlösungen zu nutzen (aktives Experimentieren).[11] Der Zyklus beschreibt also, wie Erfahrung aufge-

10 Jonassen, Grabowski (1993) Oxford, Anderson (1995).

11 Vgl. Kolb (1984, 30).

nommen und verarbeitet wird und in Konzepte einfließt, die weitere Handlungen beeinflussen.

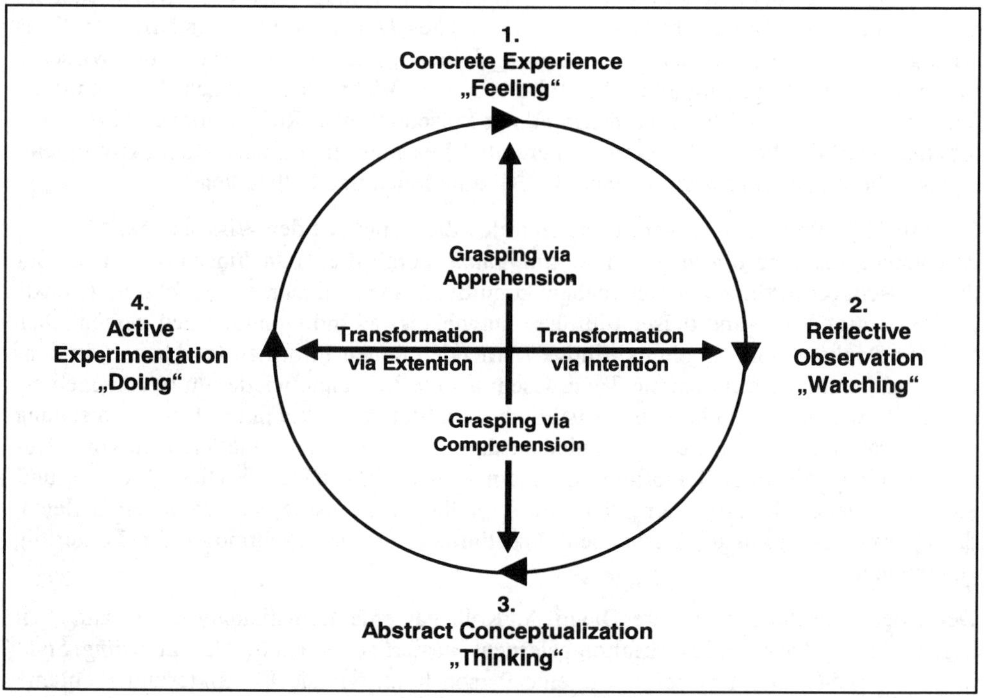

Abb. 2: Stadien des Erfahrungslernens (Quelle: Kolb (1984, 42))

Jedes Individuum durchläuft den Zyklus unterschiedlich schnell, setzt in unterschiedlichen Stadien ein und verweilt darin unterschiedlich lange. Bestimmte Stadien sind daher ausgeprägter, was zur Herausbildung individuell verschiedener Lernstile führt. So gibt es Personen, die alle vier Lernstile in relativ ausgeglichener Form anwenden, und solche, bei denen ein bestimmter Lernstil dominiert. Als Beispiel kann eine Lernsituation im Rahmen eines Führungskräftetrainings herangezogen werden: Der Trainer verteilt eine Fallstudie mit einer Aufgabenstellung. Einige Teilnehmer werden zuerst den Text betrachten, ihn lesen und versuchen, die Hauptgedanken in eine gegliederte Struktur zu bringen, um anschließend die Aufgabenstellung zu beantworten (Watching-Feeling). Für andere Teilnehmer ist aber nicht die individuelle, stille Textarbeit das geeignetste Mittel zum Verständnis, sondern sie bevorzugen sofort eine Diskussion in der Gruppe (Feeling-Doing).

Als Instrument zur Erhebung des Lernstils wurde von Kolb ein Fragebogen mit zwölf Fragen erarbeitet. Es existieren vier Antwortmöglichkeiten, die durch Punktvergabe von 1-4 gestaffelt sind. Am Testende sind Punktwerte jeweils einer Kolonne als vier Gesamtpunktwerte zu addieren; die niedrigste Punktzahl einer Kolonne beträgt 12, die höchste 48 Punkte. Je höher die Punktzahl einer Dimension, desto stärker ist diese ausgeprägt. Alle vier Gesamtpunktwerte ergeben 120. Die Gesamtpunktwerte zeigen den jeweiligen Schwerpunkt der vier Lernstadien, indem die vier Wertungen zur Beschreibung von Fähigkeiten in eine bestimmte Anordnung gebracht werden. Nachfolgend werden die vier LSI-Dimensionen und beispielhafte Punktwerte dargestellt:

Dimension	Punktwert
Concrete Experience (CE)	22
Reflective Observation (RO)	42
Abstract Conceptualization (AC)	29
Active Experimentation (AE)	27
Summe	**120**

Tab. 1: Lernstildimensionen und Punktwerte

Die Gesamtpunktwerte werden dann zur Visualisierung in ein Koordinatensystem übertragen. Das Ergebnis ist eine Darstellung des persönlichen Lernstilprofils, wie es beispielhaft folgende Illustration zeigt:

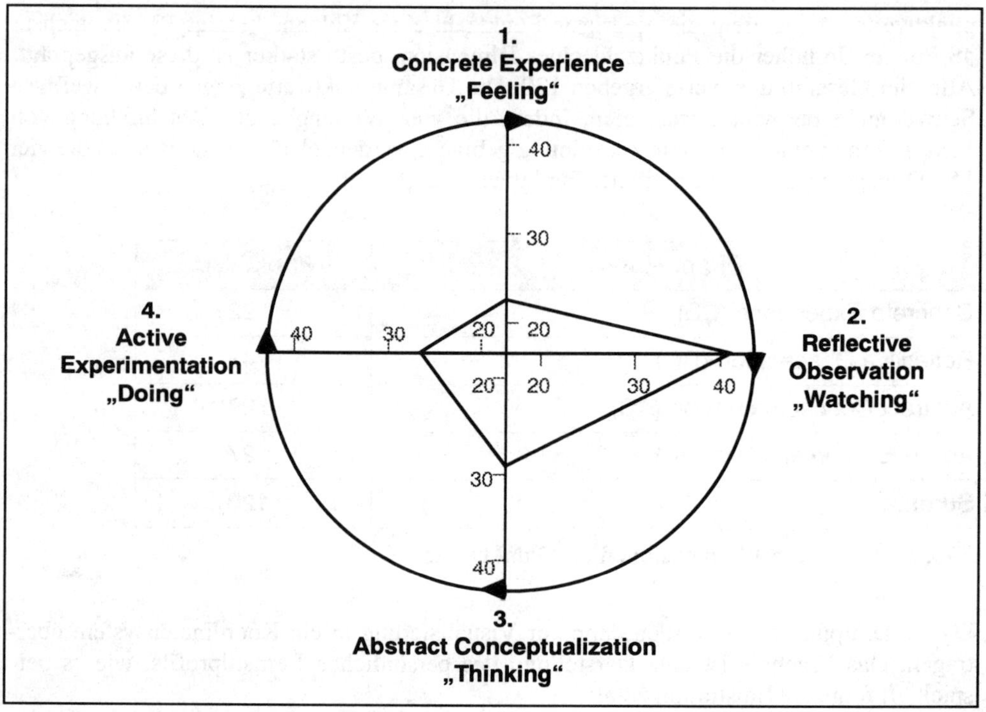

Abb. 3: LSI-Profil eines männlichen deutschen Wissenschaftlers

Das Profil weist ausgeprägte Watching- und Thinking-Dimensionen auf, die in direkter Beziehung zur gedanklichen Tätigkeit eines Akademikers stehen können: Wissen wird durch Lektüre aufgenommen und dann reflektiert. Die Dimensionen Feeling und Doing sind weniger prägnant. Zum besseren Verständnis werden die vier Lernstil-Dimensionen anhand von Merkmalen beschrieben:[12]

12 Vgl. Kolb (1984, 68 - 69).

Lernstil-Dimension	Ausprägungen
1. Konkrete Erfahrung (Concrete Experience)	▪ Lernen aus konkreten Erfahrungen ▪ Ausgeprägte Personenbezogenheit ▪ Sensibel für Gefühle und Menschen
2. Reflektierende Betrachtung (Reflective Observation)	▪ Vorsichtiges Beobachten und Hinhören, bevor Urteile gefällt werden ▪ Dinge werden aus verschiedenen Perspektiven betrachtet ▪ Dinge werden auf ihren Sinn hin untersucht
3. Abstrakte Konzeptualisierung (Abstract Conceptualization)	▪ Logische Analyse von Ideen ▪ Systematische Planung ▪ Handeln aufgrund intellektuellen Verstehens einer Situation
4. Aktives Experimentieren (Abstract Experimentation)	▪ Fähigkeit, Dinge zu erledigen ▪ Risikobereitschaft ▪ Menschen und Vorgänge in Bewegung bringen

Tab. 2: Merkmale der vier LSI-Dimensionen

3. Integration – Lernstile im interkulturellen Training

Zum geführten Erwerb interkultureller Kompetenz existieren zahlreiche Trainingsformen.[13] Verschiedene Trainingstypen und Mischformen existieren: Es werden Offenheit und Sensibilität für die eigene und die fremdkulturelle Prägung geschult (Culture Awareness), landeskundliches Wissen über die Zielkultur vermittelt (Universitätsmodell), typische kulturelle Konflikte, 'Critical Incidents', dargestellt und erklärt (Culture Assimilator) und Werte und Normen in Beziehung zu kommunikativen Handlungen gesetzt (Linguistic-Awareness-of-Culture).[14] Zukünftig ist mit einer stärkeren Kombina-

13 Siehe Bolten (1992), Brislin, Tomoko (1994), Helmolt, Müller (1993) und Thomas, Hagemann (1992).

14 Vgl. Müller-Jacquier (2000, 18 - 48).

tion von Trainingsformen und einem zunehmenden Einsatz von Planspielen in interkultureller Aus- und Weiterbildung zu rechnen.[15]

Ebenso wie der Lernstil sind auch die jeweiligen interkulturellen Trainingsformen und -methoden von Lehrstilen geprägt. Sie sind in der Regel in einem bestimmten kulturellen Kontext entstanden. In einem Kontext, in dem spezifische Vorstellungen über Lernprozesse, über Inhalte und Vermittlungspraktiken sowie über das Verhältnis von Lehrenden und Lernenden existieren. So stammen zahlreiche Trainingsmethoden zur interkulturellen Kommunikation aus den USA. Jedoch machen europäische Trainer die Erfahrung, daß sie sich nur sehr eingeschränkt in ihrer ursprünglichen Form bei z.B. deutschen oder französischen Teilnehmern einsetzen lassen. Demselben Phänomen begegnen seit Jahrzehnten Personalentwickler bei der Einführung 'universeller' Managementmethoden.[16] In der Regel ist es ratsam, Methoden und Übungen zu modifizieren, also dem spezifischen Lernkontext anzupassen.

Im Folgenden werden bekannte Trainingsformen und -methoden kurz vorgestellt und zu den vier Dimensionen des Erfahrungslernens in Beziehung gesetzt.

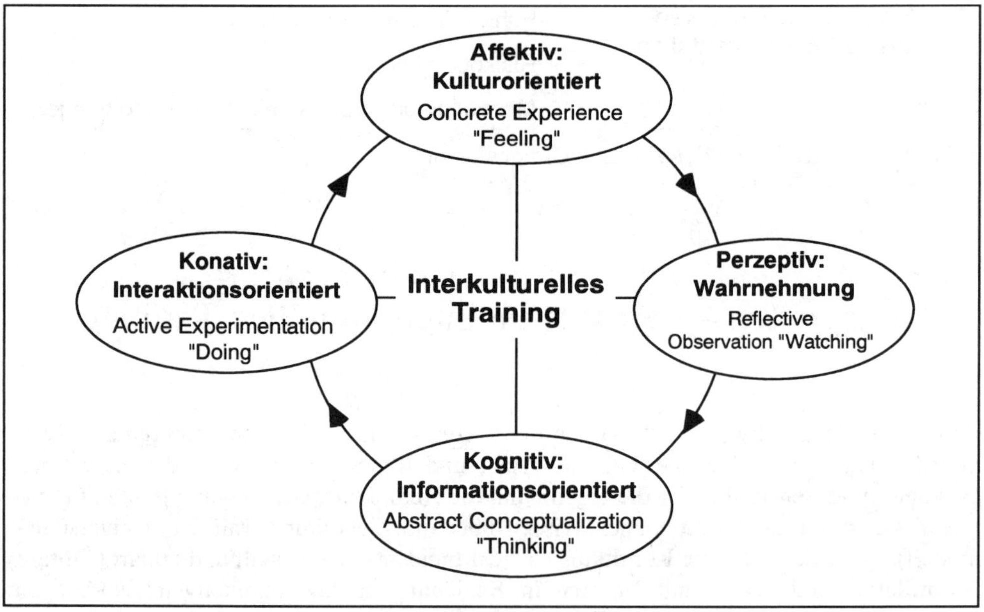

Abb. 4: Interkulturelle Trainingsformen und LSI

15 Vgl. Reineke (2000).

16 Vgl. Reineke (2000).

3.1 Kulturorientiertes Training: Culture Awareness

Diese Trainingsform, die vor allem in den USA sehr verbreitet ist, verhält sich fast diametral zur Form der, später beschriebenen, landeskundlichen Information. Es geht hier nicht primär darum, auf eine bestimmte Kultur vorzubereiten, sondern vielmehr eine generelle Sensibilisierung für eigen- und/oder fremdkulturelle Wertesysteme, Wahrnehmungsmuster, Kommunikationsformen sowie Denk- und Verhaltensweisen zu erreichen, also eine Self- und Culture-Awareness. Beim kulturorientierten Training steht also die Entwicklung von Persönlichkeitsmerkmalen und Einstellungen wie Empathie, Aufgeschlossenheit, Toleranz etc. im Vordergrund. Durch die Erfahrung lernt die Person nicht nur über die andere Kultur, sondern auch über ihre *eigene* Kultur, die sie internalisiert hat. Im Vordergrund steht die interkulturelle Sensibilisierung, die durch eine Vielzahl pädagogischer Methoden (Diskussionen, interaktive Simulationen, Rollenspiele) erreicht werden kann. Diese Trainingsform hat eine Ausrichtung zur Dimension Feeling und Doing und kann Teilnehmer mit einem solchen Lernstil ansprechen.

3.2 Informationsorientiertes Training: Landeskundliche Information und Culture Assimilator

Eine häufig in Europa anzutreffende Trainingsform ist die der landeskundlichen Seminare, die Basisinformationen über Geographie, politisches System, Wirtschaftsordnung, Gesellschaft etc. eines Ziellandes vermitteln. Inhalte können auch 'Sitten und Gebräuche' bis hin zu praktischen Informationen wie Einreisebestimmungen sein. Aufgrund ihrer kognitiv orientierten Vermittlung, die durch Vortragsform, Textlektüre oder Fallstudien dem traditionellen Lehrstil von Hochschulen folgt, werden sie auch als 'Universitätsmodell' bezeichnet. Diese Trainings- bzw. Unterrichtsform verhält sich fast entgegengesetzt zur Form des kulturorientierten Trainings. Sie hat eine starke Ausrichtung zur LSI-Dimension Thinking und wird vor allem Teilnehmer mit diesen Lernstilen ansprechen.

Im US-amerikanischen interkulturellen Training ist der 'Cultural Assimilator' - neuerdings auch 'Intercultural Sensitizer' genannt - verbreitet. Es wird mit kulturellen Kernsituationen gearbeitet, in der Individuen zusammentreffen und aufgrund unterschiedlicher kultureller Hintergründe Mißverständnisse und Konflikte erleben. In Form von schriftlichem Material sollen die Teilnehmer die zugrundeliegenden Werte der Zielkultur kennenlernen, um potentielle Schwierigkeiten zu verringern. Dem Lernenden wird eine problembehaftete typische Situation mit mehreren Lösungsalternativen gezeigt, von denen er die bestmögliche auszuwählen hat. Es handelt sich um eine besondere, weit verbreitete Trainingsform, die streng genommen zwischen kulturorientiert und informationsorientiert einzuordnen ist. Diese Trainingsform wird Teilnehmer ansprechen, deren Lernstil im Bereich Thinking und Feeling liegt.

3.3 Interaktionsorientiertes Training

Während des interaktionsorientierten Trainings haben die Teilnehmer die Möglichkeit, die Zielkultur durch den *direkten* Kontakt mit den Personen dieses Landes zu erfahren. Ideal ist eine bikulturelle Gruppe, denn Prinzip des interaktiven Trainings ist es, daß die Teilnehmer miteinander interagieren und dadurch voneinander lernen. Durch die *inter*kulturelle Interaktion erfahren die Teilnehmer, daß ihr Verhalten aufgrund divergierender Perzeption und Rezeption möglicherweise anders interpretiert wird als in *intra*kulturellen Interaktionen. Es ergeben sich somit kulturelle Kontrasterfahrungen. Die Interaktionen finden idealerweise in Kleingruppen anhand von Rollenspielen statt. Kulturelle Erklärungen für Mißverständnisse können dann nicht nur von den Trainern, sondern auch von den Teilnehmern eingebracht werden. Diese Trainingsform ist im Bereich der Verhaltensorientierung angesiedelt und wird vor allem Teilnehmer mit einem Lernstil im Bereich Doing ansprechen.

Neben den Trainings*formen* sollten die zum Teil eng mit ihnen verknüpften Trainings*methoden* betrachtet werden. Es existieren zahlreiche Methoden pädagogischer Vermittlung, die aufgrund zunehmender Multimedia-Entwicklungen noch vielfältiger und differenzierter werden, wie etwa die englischsprachige CD-Rom „Das Delta-Konzept" zu interkulturellen Verhandlungssituationen.[17] Erfahrungsgemäß werden Trainingsmethoden nicht ausreichend den Lernstilen der Zielgruppe angepaßt. So haben z.B. erfahrene Manager zwangsläufig andere Lernstile als Studierende und benötigen andere pädagogische Vermittlungsformen. Für Manager bieten sich weniger theoretisch-kognitive, als vielmehr analytisch-erfahrungsorientierte Vermittlungsformen an, die interaktive Elemente aufweisen. Folgende Übersicht zeigt in interkulturellem Training häufig benutzte Methoden:

17 Siehe Franklin, Pfaff, Reichelt (1997).

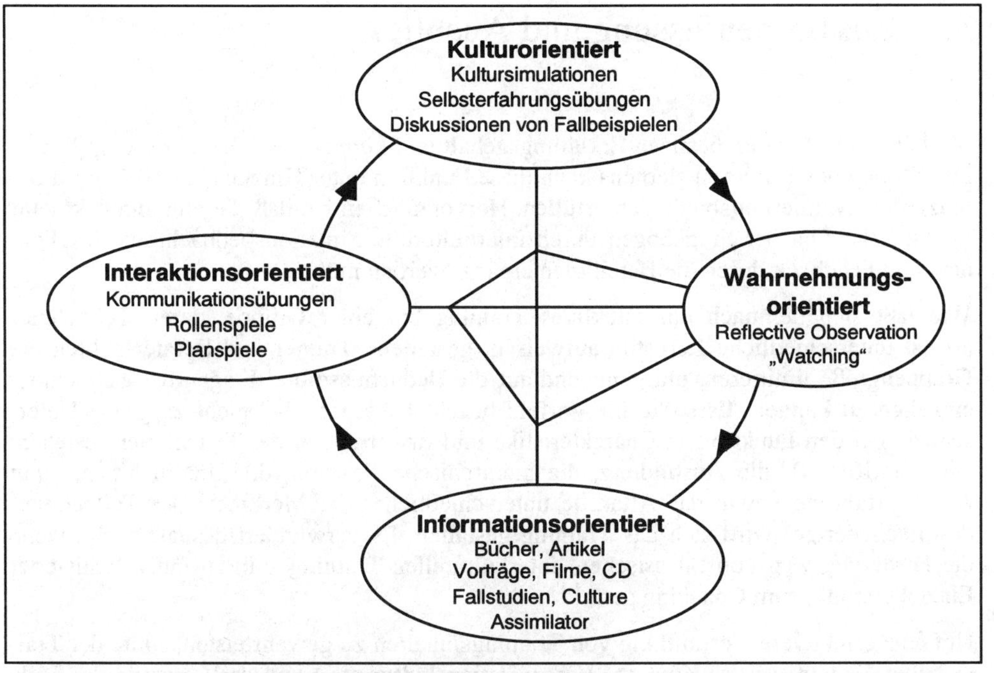

Abb. 5: Interkulturelle Trainingsmethoden und LSI

Überlegungen zu Stimmigkeit von Lernstil der Teilnehmer und eingesetzten Trainingsformen können also mit Hilfe von Lernstilanalysen konkretisiert werden. Dies kann durch die Einordnung der persönlichen Lernstilprofile der Teilnehmer in das Koordinatenkreuz des Erfahrungslernens erfolgen. So geben die LSI-Profile eine Orientierung, welche Trainingsmethoden, d.h. welche Pädagogiken, Medien und Materialien eingesetzt werden sollten, um den größtmöglichen Lernerfolg bei einer Mehrzahl der Teilnehmer zu erzielen. Ein auf kognitive Wissensvermittlung (Thinking-Watching-Orientierung, wie in der Abbildung 5 gezeigt) ausgerichteter Teilnehmer wird einem Rollenspiel oder einer Selbsterfahrung im Rahmen eines interkulturellen Trainings wahrscheinlich die Seriosität absprechen oder wird sich in der Rolle des Interagierenden sehr unwohl fühlen. Da er die beobachtende und reflektierende Wissensaufnahme und -verarbeitung, wie auch die Stichhaltigkeit von Modellen und Theorien vorzieht, wird er größere Lernerfolge mit Vorträgen oder dem Selbststudium von Artikeln und Büchern erzielen. Ein aktiv-emotional ausgerichteter Teilnehmer dagegen (Doing-Feeling) wird weniger Lernerfolg mit dem Selbststudium von Büchern oder Artikeln erzielen. Diese kognitive und unpersönliche Form der Wissensvermittlung wird eher Langeweile und Desinteresse bei ihm auslösen. Wichtiger ist der zwischenmenschliche Austausch von Erfahrungen, z.B. durch konkrete Fallbeispiele oder Simulationen.

4. Zusammenfassung und Ausblick

Modelle und Theorien besitzen Erklärungsgehalt und können der Klassifizierung dienen. Das Modell des Erfahrungslernens kann diese Funktion unter Hinzunahme weiterer differenzierter Evaluierungsmethoden erfüllen. Hervorzuheben ist, daß die rein 'intellektuelle' Lernstilerhebung per Fragebogen durch interkulturelle Situationsbeobachtung des Trainers und Feedback durch die Beteiligten ergänzt werden müßte.

Wie läßt sich demnach ein effektives Training bei einer Gruppe, deren Teilnehmer höchst unterschiedliche Lernstile aufweisen, gestalten? Trainer und Berater sollten die Gruppengröße limitieren, um genügend auf die Bedürfnisse und Fragen der Teilnehmer eingehen zu können. Es sollte im Vorfeld beachtet werden, daß nicht zu große Unterschiede bei den Funktionen, Charakteristika und Erwartungen der Teilnehmer bestehen: Dies betrifft z.B. die Ausbildung, die hierarchische Position, die Unternehmens- und Arbeitserfahrung sowie das Alter. Je unterschiedlicher die Merkmale der Teilnehmer, desto schwieriger wird sich das Training gestalten. Es verwundert deshalb nicht, wenn die Forderung weg von 'klassischen' interkulturellen Trainings hin zu individualisierter Einzelberatung, zum Coaching geht.[18]

Um eine effektivere Vermittlung von Trainingsinhalten zu gewährleisten, sollte der Trainer über Kenntnisse der Kontexte (Organisationskultur etc.) und der Lernstile der Teilnehmer verfügen. Dies kann einleitend erfolgen durch Fragen zu Erfahrungen und Selbsteinschätzungen der Teilnehmer, wie es z.B. häufig bei Sprachkursen geschieht. Es zeigt sich jedoch, daß nur selten bei den Teilnehmern ein ausreichendes Bewußtsein über das eigene Lernverhalten existiert. Deshalb erweist sich eine strukturierte Erhebung von Lernstilen am Anfang eines Trainings als sinnvoll: Zum Einen erhält der Trainer einen besseren Überblick über das Lernverhalten der Gruppe und sollte diesbezüglich seinen Lehrstil anpassen bzw. variieren; zum Anderen werden sich auch die Teilnehmer ihres individuellen Lernstils bewußt. Je nach Möglichkeit kann der Trainer die Gewichtung kognitiver Verhaltenselemente danach ausrichten. Bei einer Feeling-orientierten Gruppe sollte nicht zu viel kognitiv vermitteltes Wissen weitergegeben werden, dagegen Zeit zum Erfahrungsaustausch durch Diskussionen gelassen werden. Natürlich kann der Trainer es nicht allen Teilnehmern recht machen - dies wird der Fall sein bei sehr divergierenden Lernstilen innerhalb einer Gruppe. Vielleicht hat er jedoch die Möglichkeit - je nach Gruppengröße - auf spezifische Belange der jeweiligen Teilnehmer einzugehen, z.B. bei der Aufgaben- und Rollenverteilung während des Trainings. So könnten bei Rollenspielen z.B. Thinking- und Watching-orientierte Teilnehmer mit der Beobachtung und Analyse beauftragt werden, Feeling- und Doing-orientierte Teilnehmer beim Rollenspiel als Spieler auftreten. Verschiedene Lernstile stellen an sich kein Hindernis, sondern ein großes gruppendynamisches Potential dar und sollten weder unterdrückt noch domi-

18 Vgl. Barmeyer (2000 b).

niert werden. Dies erfordert vom Trainer eine abwechslungsreiche Pädagogik und kann durch die Zusammenarbeit mit einem Co-Trainer, der einen divergierenden Lehrstil hat, erleichtert werden. Auf diese Weise kann effektiver auf die Lernstile der Teilnehmer eingegangen werden.

(Unternehmens-) Planspiele erweisen sich im interkulturellen Training als besonders interessant; leider sind derzeit auf dem Markt kaum interkulturell ausgerichtete Planspiele zu finden.[19] Folgende Aspekte könnten den drei einführend genannten Herausforderungen 'erfolgreichen' interkulturellen Lernens begegnen: Kontextbezogenheit, Lernstilberücksichtigung und Beachtung interkultureller Vorerfahrungen. Die Kontextbezogenheit wird durch die Vorgabe und Simulation bestimmter Umweltfaktoren, Strukturen und Prozesse, wie Branche, Unternehmensinformationen und betriebswirtschaftliche Daten erreicht. Außerdem haben die Spieler - wie in der Realität - Funktionen und Aufgaben zu erfüllen. Aufgrund ihrer angestrebten ganzheitlichen Ausrichtung können sich Planspiele besonders dazu eignen, verschiedene Lernstile gleichzeitig anzusprechen und damit bei der Mehrzahl der Teilnehmer wichtige Lernprozesse auszulösen. Sie ermöglichen spezifische Lernerfahrungen durch die Förderung vernetzten Denkens, den Einsatz individueller Problemlösungsstrategien und die Analyse von Ursache-Wirkungs-Zusammenhängen.[20] Interkulturelle Kompetenzen können in diesem Rahmen sowohl auf kognitiver, affektiver als auch auf der Handlungsebene erlebt, hinterfragt und entwickelt werden, wie es das vom Lehrstuhl für Interkulturelle Wirtschaftskommunikation der Universität Jena entworfene Planspiel INTERACT zeigt.[21]

'Lernen mit Erfolg' ist von vielen Faktoren abhängig. Der Einsatz von Lernstilanalysen ist eine Form, um der Komplexität interkulturellen Lernens zu begegnen. Es wäre wünschenswert, Wissenschaft und Praxis könnten hier in Dialogform intensiver zusammenarbeiten, gerade im Bereich der Lernstile und des Arbeitsverhaltens. Weitere Schritte könnten die interkulturell-internationale Adaptation bereits bestehender Unternehmensplanspiele sein sowie die Entwicklung weiterer innovativer Trainings- und Beratungsformen.

---

19 Unter Mitarbeit des Verfassers entsteht eine bikulturelle Version des Unternehmensplanspiels für den Energiemarkt ViStra der EnBW.

20 Vgl. Scholz, Stein (1997, 261).

21 Vgl. Bolten (1999).

Literaturhinweise

BARMEYER, C. I. (2000): Interkulturelles Management und Lernstile. Studierende und Führungskräfte in Frankreich, Deutschland und Québec, Frankfurt, New York 2000 (Campus).

BARMEYER, C. I. (2000 a): Mentalitätsunterschiede und Marktchancen im Frankreichgeschäft. Zur interkulturellen Kommunikation im Handwerk, St. Ingbert 2000 (Röhrig).

BARMEYER, C. I. (2000 b): Wege zeigen - Wege gehen. Interkulturelles Coaching als Form beratender Intervention, in: Personal. Zeitschrift für Human Resource Management, 52. Jg., Nr.9/2000, S. 464 - 468.

BARMEYER, C. I., BOLTEN, J. (HRSG., 1998): Interkulturelle Personalorganisation. Sternenfels/Berlin 1998 (Wissenschaft & Praxis).

BOLTEN, J. (1992): Interkulturelles Verhandlungstraining, in: Jahrbuch Deutsch als Fremdsprache, 18. Jg., 1992, S. 269 - 287.

BOLTEN, J. (1998): Integrierte interkulturelle Trainings als Möglichkeit der Effizienzsteigerung und Kostensenkung in der internationalen Personalentwicklung, in: C. I. Barmeyer, J. Bolten (Hrsg.): Interkulturelle Personalorganisation, Sternenfels/Berlin 1998 (Wissenschaft & Praxis), S.157-178.

BOLTEN, J. (1999): INTERACT. Interkulturelles Verhandlungstraining, Sternenfels/Berlin 1999 (Wissenschaft & Praxis).

BRISLIN, R. W., TOMOKO, Y. (1994): The Content of Cross-Cultural Training: An Introduction, in: R. W. Brislin, Y. Tomoko (Hrsg.): Improving Intercultural Interactions, London 1994 (Sage), S. 1 - 14.

DEWEY, J. (1938): Experience and Education, New York 1938 (Dover).

FUSSINGER, C., REINEKE, R.-D. (1999): Interkulturelles Management in der Unternehmensberatung. Teil 1: Kulturelle Einflußfaktoren und Handlungsfelder für die Unternehmensberatung, in: Unternehmensberater, Nr. 2/1999, S. 33 - 40.

FRANKLIN, P., PFAFF, M., REICHELT, W. (1997): Das Delta-Konzept. Frankfurt 1997 (Campus).

HALL, E. T. (1981): Beyond Culture, New York 1981 (Doubleday).

HELMOLT, K. V., MÜLLER, B.-D. (1993): Zur Vermittlung interkultureller Kompetenzen, in: B.-D. Müller (Hrsg.): Interkulturelle Wirtschaftskommunikation, München 1993 (iudicium), S. 509 - 548.

HOFSTEDE, G. (1986): Cultural Differences in Teaching and Learning, in: International Journal of Intercultural Relations, Nr.10/1986, S. 301 - 320.

HOFSTEDE, G. (1984): Culture's Consequences. International Differences in Work-Related Values, London 1984 (Sage).

JONASSEN, D. H., GRABOWSKI, B. L. (1993): Handbook of Individual Differences, Learning, and Instruction, New Jersey 1993 (Lawrence Erlbaum).

KOLB, D. A. (1984): Experiential Learning, New York 1984 (Prentice Hall).

LANDIS, D., BHAGAT, R. S. (HRSG., 1996): Handbook of Intercultural Training, London 1996 (Sage).

LEWIN, K. (1951): Field Theory in Social Sciences, New York 1951 (Harper & Row).

MÜLLER-JACQUIER, B.: Linguistic Awareness of Cultures: Grundlagen eines Trainingsmoduls, in: J. Bolten (Hrsg.): Studien zur internationalen Unternehmenskommunikation, Leipzig 2000 (H. Popp), S. 18 - 48.

OXFORD, L. R., ANDERSON, N. J. (1995): A Crosscultural View of Learning Styles, in: Language Teaching, 28. Jg., Nr.10/1995, S. 201 - 215.

PIAGET, J. (1970): The Place of the Sciences of Man in the System of Science, New York 1970 (Harper Touchbooks).

REINEKE, R.-D. (2000): The New Frontiers of International Human Resource Management, in: Global Player, Nr. 3/2000, S. 8 - 12.

SCHIRM, R. W. (1998): Die Biostruktur-Analyse. Schlüssel zur Selbstkenntnis, Baar 1998 (Institut für Biostruktur-Analysen).

SCHOLZ, C., STEIN, V. (1997): Unternehmensplanspiele in der universitären Personalmanagement-Ausbildung, in: M. Auer, S. Laske (Hrsg.): Personalwirtschaftliche Ausbildung an Universitäten. Grundfragen, Konzepte und Erfahrungen, München 1997 (Hampp), S. 261.

THOMAS, A., HAGEMANN, K. (1992): Training interkultureller Kompetenz, in: N. Bergemann, A. L. J. Sourisseaux (Hrsg.): Interkulturelles Management, Heidelberg 1992 (Physica) S. 173 – 198.

TROMPENAARS, F. (1993): Riding the Waves of Culture. Understanding Cultural Diversity in Business, London 1993 (Economist Books).

Klaus Maier

Fester Rahmen – Freiheit des Inhalts: analoges – erlebniszentriertes Training am Beispiel Japans

1. Der erste Eindruck

*„Auf dem weißverschneiten Rain zwischen den Reisfeldern zog eine Leichenprozession dahin. Die ganze Gegend war in Silber getaucht, nur das Wasser in den Reisfeldern glänzte schwarz, zwischen den milchfarbenen, weichen Wolken schien die Sonne hervor, und hier und da tanzten blütenweiße Schneeflocken in der Luft" (*Oba, 1990).

Der erste Eindruck ist für jede Begegnung wichtig. Das ist ein Allgemeinplatz, der oft betont wird und auch meiner Erfahrung nach zutrifft. Der erste Eindruck ist der Kontakt mit dem Neuen, Fremden. Er entscheidet darüber, ob man sich weiter auf die Begegnung einläßt oder nicht und wie die Stimmung der Begegnung sein wird. Diese Stimmung - neugierig, skeptisch, überrascht, gelangweilt, ... - entzündet das Licht, das auf den Kontakt fällt. Das heißt: Sie entscheidet, was beleuchtet wird, was in den Vordergrund tritt, was auffällt, worauf besonders geachtet wird, was im Hintergrund bleibt, was zunächst nicht gesehen wird.

Entschuldigen Sie, wenn ich das Wort direkt an Sie richte, verehrte(r) LeserIn. Ich bin gerade dabei einen ersten Eindruck auf Sie zu machen. Diese Begegnung würde ich gerne nutzen, um Ihnen meine Arbeit zu verdeutlichen. Es entspricht nicht unbedingt der Kultur eines Fachbuches, die Leser direkt anzusprechen.

Meine Art zu Schreiben ist für Sie also wahrscheinlich überraschend. Sie begegnen im Augenblick meinem Schreibstil. Sie überlegen sich, ob Sie sich auf diese Kultur einlassen wollen, - können, - sollen, - müssen. Ich würde gerne mit Ihnen diese Analogie nutzen. Die Analogie zur Begegnung mit Geschäftspartnern, Kollegen, Kunden eines anderen Kulturkreises, zu einem interkulturellen Zusammentreffen. Ich möchte Sie zu einem Gedankenspiel einladen. Wenn Sie zunächst nicht mitspielen möchten, können Sie bei Gliederungspunkt *3. Do and Don't Do* weiterlesen.

Vielen Dank, daß Sie sich auf diese Einladung einlassen!

Wir gehen ein paar Zeilen zurück zum *weißverschneiten Rain zwischen den Reisfeldern.*

Es war die Stelle an der Sie, nach den Überschriften, das erste mal in Kontakt mit dem Artikel kamen. Wie war der erste Eindruck auf Sie?

Vielleicht haben Sie sich die Frage gestellt: Was will er mir damit sagen? Oder Sie haben sich zunächst in das Bild fallen lassen vom *weißverschneiten Rain zwischen den Reisfeldern?* - und dann gefragt: Was will er mir damit sagen?

Es ist nicht entscheidend, wann diese Frage aufgetaucht ist. Mit ihr sind Sie in die Grundspannung interkultureller Begegnungen getreten, im Kontakt mit dem Text und seiner Kultur. Die Grundspannung interkultureller Begegnungen: Was will mir mein Gegenüber mitteilen?

Wir sind mitten in einem Gedankenspiel zum ersten Eindruck. Ich stelle Ihnen Fragen, die ich selbst versuche zu beantworten, um Ihnen ein Beispiel zu geben. Ich beantworte die Fragen nicht, weil ich vorgebe, Ihre Gedanken zu lesen, oder weil ich es besser wüßte. Es gibt hier kein richtig und falsch, entscheidend sind die Fragen. Wenn Ihre Antwort von meiner differiert ist das nur ein Beleg dafür, daß wir einer unterschiedlichen Kultur angehören, und das ist sicher nichts verkehrtes. Bitte dokumentieren Sie Ihre Antworten selbständig.

Es geht um die ersten Zeilen des Textes.

Erste Frage: Was nehme ich wahr?

Vielleicht: Schwarze Buchstaben, kursiv gedruckt, in deutscher Sprache auf Papier. Die Beschreibung einer Landschaft, mag sein in Japan, mit einem Leichenzug im Winter.

Zweite Frage: Was kommt bei mir an? Was fällt mir dazu ein?

Unter Umständen: Melancholische Szene, was hat das in einem Sachbuch verloren?

Dritte Frage: Wieso fällt mir das dazu ein?

Etwa: Ich habe schon jede Menge Fachbücher gelesen und schätze Sachlichkeit und Nüchternheit.

Vierte Frage: Was denkt sich der Autor, wenn er diesen Text abschreibt?

Mag sein: Nichts, es ist ihm einfach nichts Besseres eingefallen.

Fünfte Frage: Wie kann seine Kultur aussehen, wenn er so etwas macht?

Vielleicht: Er ist etwas romantisch und kommt ursprünglich aus dem Unterhaltungsbereich.

Sechste Frage: Wenn ich ihm antworten könnte, wie?

Unter Umständen: Ich schreibe ihm betont sachlich zurück.

Siebte Frage: Warum würde ich ihm so antworten?

Könnte sein: Damit er merkt, daß es anders besser geht.

Achte Frage: Wie kommt die Antwort bei ihm an, mit seinem Hintergrund?

Etwa: Er versteht, daß ich Nüchternheit schätze und ist etwas beleidigt.

Danke für Ihr Mitspiel!

2. Transfer

Stellen Sie sich vor, dies wäre kein Beitrag in einem Buch über interkulturelles Training: Sie lesen statt dessen eine schriftliche Mitteilung von Ihrem Geschäftspartner per Brief, Fax, eMail. Vielleicht wurde die Mitteilung schon von einer dritten Person gelesen und übersetzt, bevor Sie den Text vor Augen haben.

Welchen Impact, d.h. welchen Gehalt, welche Wirkung, welche Konsequenz, bekommen jetzt die Fragen: Was will mir mein Gegenüber mitteilen? Helfen Ihnen die geistigen Kniebeugen der letzten Seite, um Kompetenz zu trainieren? War die Übung nützlich, um sich über einen *ersten Eindruck* klarer zu werden?

Was bedeuten diese Überlegungen in Bezug auf Interkulturelles Lernen und Interkulturelles Management? Was heißt das für eine effektive internationale Kooperation? Wo ist der Berührungspunkt mit dem Management? Wo ist der Einfluß auf die Steigerung des internationalen Unternehmenserfolges? Wie ist die Wirkung in Bezug auf die Unternehmenszielsetzung? Wo wird es konkret wirtschaftlich? In der Regel wird ihre erste Zielsetzung nicht "Verständigung zwischen den Kulturen" lauten, sondern "Gewinnmaximierung". "More Bang for the Buck!", "Mehr Effekt für die Kohle!" wie Herr Dr. Bennett das Interesse von Wirtschaftsunternehmen an interkulturellem Training auf den Punkt bringt.[1]

1 Bennett (2000).

2.1 Wissen entspricht nicht Kompetenz

Was nützt es, sich diese Fragen zu stellen? Ist es möglich, auf allen diesen Ebenen gleichzeitig wahrzunehmen? Ich denke Ja! Ist es möglich, auf allen diesen Ebenen gleichzeitig zu reflektieren? Ich denke Nein!

Was hilfreich für Sie, verehrte(r) LeserIn, sein kann - und das wird sich bereits nach der Lektüre dieses Beitrages zeigen - ist das, was sie für sich als hilfreich erleben. Ob der Transfer gelingt, ob Ihnen irgendetwas aus diesem Text beim nächsten interkulturellen Kontakt einfällt oder ob Sie nie mehr an diesen Beitrag zurückdenken - darauf habe ich keinen Einfluß. Es ist Ihr Transfer, den Sie leisten, Ihre Kompetenz, die Sie entwickeln, und Ihr Kontakt, den Sie pflegen.

Knowledge unequals competence[2] heißt für mich: Es geht nicht darum, Ihnen eine möglichst große Menge von Informationen aufzuschreiben, sondern Sie in der Kompetenzentfaltung zu unterstützen. Wissen entspricht nicht Kompetenz. Meiner Erfahrung nach entwickelt sich Kompetenz aus Handlung. Handlung mündet in Erfahrung. Erfahrung ist die Grundlage jeder Entscheidung, jeder Theorie, jeder Folgehandlung. Mein Trainingsangebot ist es, virtuelle Räume zu schaffen, Räume, die analog zur Realität sind. In diesen Räumen können Sie Handeln - und Reaktionen erhalten. Nachdem die Räume virtuell sind, haben Ihre Handlungen keinen direkten Einfluß auf Ihre wirtschaftliche Realität. Das ist die Chance, die in diesem Raum liegt. Die Chance, die Sie für und durch Ihr Handeln nutzen können. Den virtuellen Raum schaffe ich im übrigen ohne Computer, mit und in Ihnen, durch Ihre Fantasie, Ihre Kreativität, Ihr Vorstellungsvermögen.

2.2 Kulturelle Kompetenz existiert im Hier und Jetzt

Einen erlebniszentrierten Ansatz auf Papier zu bringen, fordert von mir, als Autor, eine Übersetzungsleistung. Ich muß von einer Kultur in die andere übersetzen. Auf der einen Seite meine Arbeit: Lebendige, vielschichtige Interaktion im Raum zwischen Menschen: Simulationen, Aufstellungen, Rollenspiele, Inszenierungen. Auf der anderen Seite Papier, das in einer Einbahnstraße beschrieben und dann gelesen wird. Ich versuche zu übersetzen, was in einer ganz konkreten Situation, sagen wir am zweiten Veranstaltungsstag des SIETAR-Kongresses 2000, erfahrbar wurde.

Rückmeldung einer Teilnehmerin nach meinem Beitrag: „Mir hat Ihre Veranstaltung viel gebracht, weil ich mich im Austausch mit einer Asiatin in meiner Kleingruppe selbst entlarvt habe: Mich hat die Art zwischenmenschlichen Kontakts unendlich genervt, den sie wundervoll harmonisch fand.“

2 Bennett (2000).

Zwei Frauen haben zusammengearbeitet, sich in ihrer Unterschiedlichkeit wahrgenommen, etwas über sich und übereinander gelernt, und auf dieser Basis weitergearbeitet. Ich habe einen Erfahrungsraum angeboten.

Wie kann Erfahrungsraum auf Papier entstehen? Ich habe Ihnen oben das Angebot eines Gedankenspieles gemacht. Sie haben mitgespielt. Den Transfer in den analogen Bereichen Ihres Arbeitsalltages können Sie leisten, wenn Sie wollen: Interkultureller Briefverkehr, interkulturelle Gebrauchsanleitungen, Montagehinweise, Lehrbücher, Zeitschriftenbeiträge, Analysen, die Beiträge des Buches in Ihren Händen (von AutorInnen unterschiedlichen kulturellen Hintergrundes).

Kulturelles Training und kulturelle Kompetenz existieren immer im Hier und Jetzt!

3. Do and Don't Do

Sie kennen wahrscheinlich folgende Anekdote: Ein deutscher Geschäftsmann, Vertreter eines potenten Global Players, kommt zum Gespräch auf gleicher Ebene in das Hauptquartier des potentiellen japanischen Geschäftspartners. Er ist gut vorbereitet, hat sich interkulturell trainiert. Dunkler Anzug, passende Socken, falls Schuhe ausgezogen werden müssen.

Sein Gesprächspartner tritt ihm das erste Mal gegenüber und - schlägt ihm ins Gesicht.

Was ist geschehen? Während sich der trainierte Deutsche tief verbeugte, streckte der ebenfalls gut vorbereitete Japaner souverän seine Hand aus. Beide trafen sich.

Falls diese Anekdote Wahrheitsgehalt hat, sehe ich in der Begegnung eine gute Chance für einen stabilen Geschäftskontakt, wenn es in der Folge beiden gelingt, Gesicht zu wahren - und zwar jeder das Gesicht seines Gegenübers. Ich würde diese Art des Zusammentreffens aber auf keinen Fall zur Nachahmung empfehlen.

Die Anekdote illustriert die Grenzen eines interkulturellen Trainings auf der Basis von Spickzetteln, Do and Don't Do Listen, Büchern und Videos. Natürlich spielen Reigi, Saho oder Etiketu, zu Deutsch: Höflichkeit, richtiges Benehmen und Etikette, eine gewichtige Rolle im interkulturellen Kontakt mit Japan. Auch heute noch hat Fehlverhalten seinen Preis: Sich in der Öffentlichkeit die Nase zu putzen, Schuhe hartnäckig anzubehalten, in der falschen Hoteletage einzuchecken, etc.

礼儀

作法

Die Kenntnis von Regeln ist sicher unverzichtbar und der Anspruch über Trainings, den Teilnehmern beim Erlernen von Regeln zu helfen, Ihnen das Lesen von Publikationen zu sparen, ist wichtig und richtig. Training kann und sollte allerdings auch weiter gehen, besonders was Human Resource Development im Leadership-Bereich interkultureller Teams angeht. Interkulturelles Training und Interkulturelles Coaching können nicht nach dem erfolgreichen Erstkontakt zwischen den Kulturen enden, sondern sind prozeßbegleitend entscheidend, um hohe Qualität zu sichern (Stichwort: "More Bang for the Buck!").

エチケット

無門関

無門関

4. Mumonkan

Wie meistere ich es, entspannt, souverän und nachvollziehbar in einem mir fremden Terrain zu sein? Wie kann ich mich dort zu Hause fühlen, wo ich nicht zu Hause bin? Wie kann ich, ohne mich als Japaner zu verkleiden - und damit albern auszusehen oder einen Schlag ins Gesicht zu bekommen - so japanisch sein, wie es die Situation verlangt? Kurz gesagt: Wie meistere ich ein Paradoxon?

"Die torlose Schranke" ist ein Zen Koan, ein paradoxes Rätsel aus dem Zen Buddhismus. Es beschreibt die Situation: Tritt durch eine Schranke, die keine Türe hat. In unserem Fall: Finde Zugang zu einer Kultur, die nicht Deine Kultur ist.

Keine Angst, ich werde Sie nicht auffordern, stundenlang zu meditieren oder Mönch bzw. Nonne zu werden, um diesen Koan zu knacken. Ich gebe Ihnen lieber gleich die Antwort: Sie werden dieses Vorhaben nicht logisch oder intellektuell bewerkstelligen können. Das heißt: Mit logischen Mitteln allein Kontakt zu einer fremden Kultur aufzunehmen, muß im Ansatz bzw. spätestens in der Praxis scheitern.

Die Komplexität von Kulturen und menschlicher Interaktion kann mit intellektuellen Mitteln reduziert werden. Eine Einteilung in rote, blaue, grüne und gelbe Kulturen kann dazu dienen, Sie zu beruhigen, Ihnen das Gefühl zu geben, Sie haben etwas in der Hand, damit Sie sich entspannt auf die Situation im Hier und Jetzt Ihrer interkulturellen Begegnungen einlassen können. Verwechseln Sie die Realität nicht mit der Landkarte, die Sie mitgenommen haben.

Ist das jetzt nicht doch ein Ratschlag, ein Do and Don't Do, etwas, was Sie auf Ihren Spickzettel schreiben sollten? Nein, vergessen Sie es, wenn Sie wollen.

5. Bang

„Ich komme mir vor wie auf einem Kindergeburtstag! Ich hatte erwartet, Sie erzählen hier etwas über die neuesten Entwicklungen im japanischen Management!" Reaktion eines argentinischen Teilnehmers während meiner Veranstaltung in Ludwigshafen beim SIETAR-Kongreß.

Diese Reaktion war stark emotional eingefärbt - der Mann war sauer, enttäuscht, verärgert. Ein interkulturelles Grunderlebnis: „So hatte ich mir das nicht vorgestellt!" Wie könnten Sie sich das auch vorher genau vorstellen, denn Sie sind ja fremd und was Ihnen begegnet, ist das Leben in einer anderen Kultur.

Ich biete Ihnen noch ein Gedankenspiel an: Stellen Sie sich vor, Sie sitzen in einem Gespräch mit einem japanischen Geschäftspartner. Sie haben schon etliche Minuten gesprochen, auf Englisch. Sprechpause. Ihr Gegenüber schweigt. Kreuzen Sie an, was dieses Schweigen bedeutet (Mehrfachnennungen sind möglich):

- ☐ Zustimmung
- ☐ Ablehnung
- ☐ Abwarten
- ☐ Höflichkeit
- ☐ Provokation
- ☐ Nichts
- ☐ Müdigkeit
- ☐ Stärke
- ☐ Schwäche
- ☐ weiterer Informationsbedarf
- ☐ kein weiterer Informationsbedarf

Auswertung: Alle Nennungen können in einer Situation zutreffend sein. Sie liegen auf jeden Fall richtig - oder auch nicht. Um mit Ihrer Einschätzung möglichst nahe an die Realität Ihres Geschäftspartners heranzukommen, benötigen Sie zusätzliche Informationen zum Signal "Schweigen" in der spezifischen Situation. Wenn Sie die Informationen noch nicht haben, brauchen Sie keinen Spickzettel, sondern eine Strategie, um mehr Informationen zu gewinnen und Ihre individuelle Erfahrung. Um die Adaption an die konkrete Situation zu optimieren, kann ein Verlassen auf vorgefertigte Raster sogar hinderlich sein (siehe oben).

Ich habe in dem Multiple Choice-Gedankenspiel im übrigen nicht das Schweigen des Gegenübers gewählt, weil das besonders kniffelig wäre. Im Gegenteil, die Beispielsituation wird dadurch weniger komplex. Der Sinnspruch: „Wo keine Worte sind, ist Platz für Fantasie" läßt sich nämlich nicht umdrehen. Natürlich stimmt auch: „Wo Worte sind, ist Platz für Fantasie", sonst gäbe es keine Dichtung, Literatur, Film, Kunst.

Es ist richtig und wunderbar, daß überall Platz für Fantasie ist. Das metakommunikative Axiom[3] "Man kann nicht nicht kommunizieren" gilt selbstverständlich auch für interkulturelle Kommunikation.

Was heißt das für die konkrete Gesprächssituation? Es bedeutet, daß es kein seriöses nonverbales Vokabelheft gibt, in dem Sie eine deutsche Entsprechung für ein japanisches Schweigen oder ein japanisches Nicken finden. Nicken eines japanischen Gesprächspartners ist im übrigen nicht gleichbedeutend mit inhaltlicher Zustimmung - es kann bedeuten, daß Ihre Aussage akustisch angekommen ist.

Möchte ich Sie mit diesen Aussagen verunsichern? Ja, ich möchte Sie verunsichern und neugierig machen, denn das ist meiner Ansicht nach die sicherste Voraussetzung für eine fruchtbare interkulturelle Begegnung.

Ärgern Sie sich darüber, daß ich viele Zeilen für die Beschreibung von Komplexität verwende, ohne Ihnen den Überblick, die hilfreiche Reduzierung, den Griff am Thema anzubieten, den Sie sich von der Lektüre erwartet haben? Geht es Ihnen wie dem Teilnehmer in Ludwigshafen?

Ich ärgere mich auch oft darüber, daß es nicht für alles ganz einfache Rezepte gibt. Und bin enttäuscht, wenn ich mir etwas anderes vorgestellt habe als das, was mir begegnet. Der Ärger ist mir wichtig, in ihm liegt nämlich ein Schlüssel, um mit der Komplexität umzugehen.

鍵束

3 Vgl. Watzlawik, Beavin, Jackson (1996).

6. Schlüsselbund

6.1 Emotionale Kompetenz

Ich setze Kenntnisse der modernen Hirnforschung voraus und behaupte, daß Sie mit dem Versuch eine komplexe Situation allein nach logischen Kriterien zu erfassen, die Hälfte Ihres Gehirns nicht nutzen. Die rechte Hirnhälfte, die für Farben, Kreativität und Emotionen schwerpunktmäßig zuständig ist, arbeitet ohnehin. Die Frage ist, ob Sie sie für oder gegen sich arbeiten lassen. Was tun Sie mit Ihren Emotionen, die im interkulturellen Kontakt selbständig auftreten?

- Nicht wahrnehmen
- Ignorieren
- Verdrängen
- Wahrnehmen
- Nutzen
- Äußern

Emotionen sind eine nützliche Informationsquelle in komplexen Situation. Sie sind ein entscheidender Faktor im Zustandekommen von Kontakten und Kontrakten, also auch ganz eindeutig wirtschaftsrelevant. Wenn Sie gegen Ihre Emotionen arbeiten, verlieren Sie Energie und Aufmerksamkeit im Prozeß der interkulturellen Begegnung.

Emotionale Kompetenz entsteht wie jede andere Kompetenz über Erfahrung, also Handlung und Wahrnehmung. Zur Arbeit mit der rechten Hirnhälfte würde ich Ihnen gerne Gerüche, Töne, Farben, Bilder, Gesichter, Menschen anbieten:

Sie gehen barfuß über einen blankgewienerten Holzboden, öffnen eine beschlagene Schiebetür aus Aluminium, die sich kalt anfühlt. Wasserdampf schlägt Ihnen ins Gesicht, das Hallen von Stimmen in einem gekachelten Raum, Zedernholzgeruch, ein bißchen Schwefel, ein bißchen Seife, fast zu schmecken, alle Augen sind auf Sie gerichtet, freundliche, ältere Herren (oder Damen, wenn Sie eine Frau sind), die auf umgedrehten Plastikeimern sitzen, mit einem winzigen Handtuch auf dem Schoß, ...

Wenn Sie dieses Bild entstehen lassen, können Sie Information über die japanische Badekultur, die auch Bestandteil des Geschäftslebens sein kann, organisch mit Ihren eigenen Erfahrungen und Emotionen verknüpfen. Die Verknüpfung mit diesem Bild ist leichter als mit folgendem Input: *Im japanischen Badehaus wäscht man sich, bevor man ins Wasser steigt! Niemals Seife ins Badewasser geben!*

In der Erforschung menschlichen Lernens ist folgende wissenschaftliche Basis erreicht: Menschen lernen, je nach Lerntyp, am besten mit Verknüpfung von akustischen, olfaktorischen, visuellen, taktilen und emotionalen Reizen. Eine Mischung von Angeboten verschiedener Qualität erreicht ein breites Spektrum an Lernenden und gestaltet das Lernen abwechslungsreich und damit effektiv. Lernen geschieht organisch, unter Beteiligung beider Hirnhälften. Nach Wolfgang Klafki (1964) ist auch klar, daß sowohl 'Belohnung' als auch 'Sanktionierung' vom eigentlichen Lerninhalt ablenken. Wenn Sie - um beim Beispiel zu bleiben - in ein japanisches Badehaus gehen und der erste Gedanke in ihrem Kopf ist: „Jetzt nur keine Seife mit ins Wasser nehmen!“ ist die Wahrscheinlichkeit, Sie mit einem Stück Seife in der Hand allein im Becken wiederzufinden, verhältnismäßig hoch. Das Unterbewußtsein kennt keine Negation. Japaner erzählen sich seit Jahrzehnten Witze über diese wiederkehrenden Tabubrüche. Um eine optimale Lernsituation zu schaffen, in der Sie die Komplexität einer fremden Kultur zu erfassen beginnen und Ihre emotionale Kompetenz schulen, bedarf es eines sinnesfreudigen Lernraumes.

Um diesen Lernraum im Rahmen eines Buches, also literarisch, weiter darzulegen und zu entwickeln, müßte ich den Schritt in die Prosa tun (in die Sinnesfreude) und den Rahmen meines Beitrages sprengen. In der angedeuteten Szene in Ludwigshafen, mit dem Kollegen aus Argentinien, wurde es auf Grund von komplexen Sinneseindrücken „Ich komme mir vor wie auf einem Kindergeburtstag!“ emotional. Der emotionale Input - Ärger - und die Energie daraus konnten sofort für die Arbeit genutzt werden: Die folgende Richtung des Lernens war: Wie funktioniert Feedback in einem System, das nach japanischen Wertekriterien arbeitet?

6.2 Individuelle Ressourcennutzung

„Was würde mein Trainer oder Coach jetzt sagen, wenn er dabei wäre?“ ist ein spannender Gedanke im interkulturellen Kontakt, aber nicht notwendigerweise hilfreich.

Der Mann, beziehungsweise die Frau, der/die Sie im heimischen Setting begleitet, wird nie in Ihrer Lage sein. Der Fokus, den die Frage impliziert, kann Ihnen helfen, auszusteigen und auf einer Metaebene mit einer imaginären Person zu arbeiteten. Im Prozeß der Begegnung sind Sie für diese Zeit weniger präsent. Meiner Erfahrung nach ist die Nutzung der in der Begegnung vorhandenen Ressourcen effektiver. Um die Wahrnehmung und den Zugriff, das Handling dieser Ressourcen zu üben, ist ein analoges Setting in einer interkulturellen Gruppe - wie in Ludwigshafen - ideal. Darunter verstehe ich ein nicht computergeneriertes, sondern sich selbst steuerndes und selbstprogrammierendes Setting, das möglichst analog, d.h. ähnlich der von den Teilnehmern wahrgenommenen Realität ist. In diesem Fall: Sie sollen sich so fühlen, wie Sie sich in Japan fühlen.

Durch die Arbeit in Gruppen besteht zudem die Möglichkeit, die Chancen und Techniken des Reflecting Teams nach Tom Andersen[4] zu nutzen. Komplexität wird durch diese Techniken so gefiltert, daß sich die individuelle 'Ausbeute' optimiert und die Kompetenz des einzelnen wächst. Das Reflecting Team stellt den Teilnehmern mehrere Perspektiven parallel zu Verfügung, nutzt die gesamten Erfahrungen der Gruppe und bringt die Teilnehmer nie in eine Position ohne Macht.

6.3 Integrativer Ansatz

Auf den Seiten vor Ihnen habe ich versucht, mit Worten ein Bild zu malen. Die Linien und Farben sind vielleicht schon auszumachen, stellenweise deutlich. Das Bild versucht, meine Praxis zu zeigen. Eine Praxis, die ich im Augenblick als *analoges - erlebniszentriertes Training* bezeichne. Theorie als geronnene Erfahrung? Theorie von der Praxis für die Praxis? Dieser Abschnitt meines Beitrages richtet sich auf jeden Fall an die Freunde der Theorie. Ich benenne meine Wurzeln in der systemischen und konstruktivistischen Therapie und Beratung[5] sowie im Zen Buddhismus, den schon Paul Watzlawik[6] 1969 als hilfreichen Baustein für ein Modell zur Abbildung menschlicher Kommunikation verwendete. Aus diesem Blickwinkel ist selbst der theoretische Hintergrund dieses Aufsatzes interkulturell.

Japan ist tatsächlich ein Beispiel für Länder mit analogen Trainingsformen. Der Schlüsselbund, den ich Ihnen mit diesem letzten Abschnitt meines Aufsatzes anbiete, ist nicht vollständig, er ist in Wandlung. Einige Schlösser haben wir uns noch gar nicht angesehen. Mir ist wichtig, daß ich einen Schlüsselbund anbiete und keinen Spickzettel. Sie wissen, wie unterschiedlich man mit den beiden umgeht.

6.4 Ikebana

Es gibt viel Literatur zu dieser japanischen Kunstform, die auch in Deutschland sehr populär ist. Nachfolgend stellt Ihnen der Autor zwei ausgewählte Aussagen zu Ikebana vor:

„Ikebana ist der Versuch der Japaner, Natur zu kontrollieren. In einem Land, in dem die Übermacht der Naturgewalten durch Erdbeben und Vulkanausbrüche allgegenwärtig ist, schaffen sich die Japaner mit Ikebana eine kleine, künstliche Welt, über die sie, als

4 Vgl. Hargens, v. Schlippe (1998).

5 Vgl. v. Schlippe, Schweitzer (1997).

6 Vgl. Watzlawik, Beavin, Jackson (1996).

Pflanzensteckende, volle Kontrolle ausüben. Sie sind Herr über die Natur, im Ausgleich zu Ihrem Alltag."

„Ikebana zeigt die Liebe der Japaner zur Natur. Die natürliche, vom Menschen unberührte Form als höchste ästhetische Norm. Durch die volle Hingabe des Menschen an die Natur kann das Ideal erreicht werden. Ikebana verkörpert dieses im Shintoismus und Zen Buddhismus verwurzelte Weltbild."

Lesen Sie einen Widerspruch in diesen beiden Aussagen? Wie ist Ihr Bild von Ikebana? Wurde es deutlicher oder verschwommener? Ärgern Sie sich über einen der Autoren? Über beide? Nach meiner Wahrnehmung besteht für viele Japaner kein Widerspruch in den beiden Aussagen, die sie so nebeneinander stehen lassen können.

Wieviel die beiden Beiträge zu Ikebana auch immer über japanische Kultur aussagen mögen, machen sie auf jeden Fall eine Aussage über die Wahrnehmung der Autoren. Eine Aussage über die zwei Brillen beim Betrachten von Menschen, die Blumen stecken. Im interkulturellen Kontakt ist es sicher hilfreich, neben dem Schlüsselbund auch einige Etuis mit Brillen dabei zu haben.

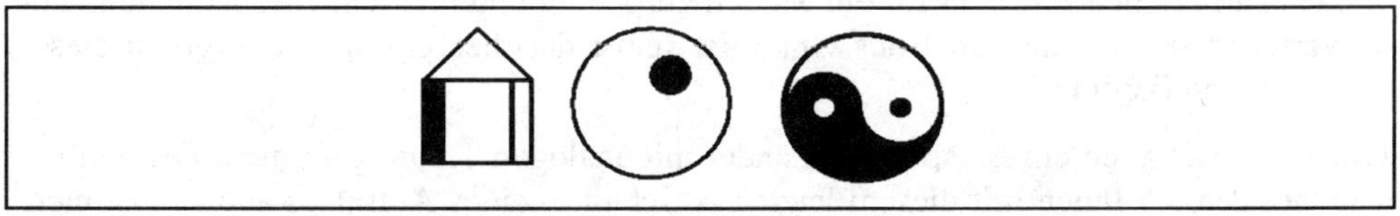

Abb. 1: Stabilität und Flexibilität in Systemen

In den obigen Grafiken von drei Theoretikern aus drei Kulturen wird Flexibilität durch Weiß und Stabilität durch Schwarz dargestellt. Sie sehen das Systemhaus von Boxhammer/Fallner[7], daneben das Kernmodell von Montigne (1984) und als drittes das Ying Yang Symbol. Pole als Wände eines Hauses, als Zelle und Zellkern, als zwei Seiten derselben Erscheinung.

Alles Lebendige braucht diese beiden Komponenten, also auch jede Kultur. Fester Rahmen - Freiheit des Inhalts, oder Freier Rahmen - Konstanz des Inhalts, immer geht es um ein Spiel der beiden Extreme. Dies ist kulturübergreifendes Allgemeingut. Ich unterstütze die Hypothese, daß es so etwas gibt. Die Erklärung der Welt und ihrer Grundprinzipen durch verschiedene Brillen schafft verschiedene Kulturen.

Verschiedene Kulturen haben auch einen unterschiedlichen Umgang mit der Nutzung dieser Brillen. Manche Kulturen bestehen darauf, daß hauptsächlich ein bestimmtes Kassenmodell mit festgelegter Dioptrienzahl verwendet wird, andere gestatten jedem eine

7 Vgl. Fallner (1998).

Palette von Brillen zu. Mein Eindruck ist, daß Japaner häufig mehrere Brillen einstecken haben. Sie verwenden zum Beispiel eine piktografische und mittlerweile drei Lautschriften parallel in ihren Texten. Einige Japaner sind stolz darauf, daß sie ihre rechte und linke Hirnhälfte dadurch besonders gut miteinander verbinden. Aber erwarten Sie das nicht von jedem Japaner.

Toleranz ist zu wenig. Wertschätzung ist nötig. Wertschätzung geschieht über Kontakt. Dies gilt nicht nur in Japan.

Literaturhinweise

BENNETT, M. (2000): Targeting Intercultural Competence in Global Leadership Programs, Einführungsrede, SIETAR-Kongreß Ludwigshafen, 26.5.2000.

DEGUCHI, MINAGAWA (1993): Business Manners, Tokyo 1993.

FALLNER, H. (1998): ARS Materialien, Remscheid 1998.

HARGENS, J., SCHLIPPE VON, A., (HRSG., 1998): Das Spiel der Ideen - Reflektierendes Team und systemische Praxis, Dortmund 1998 (Verlag modernes Leben).

KLAFKI, W. (1964): Das pädagogische Problem des Elementaren und die Theorie der kategorialen Bildung, Weinheim 1964.

KOUN, Y. (1997): Die torlose Schranke - Mumonkan, München 1997.

MONTIGNE, C. (1984): L'oef du serpent – economie du marché, Paris 1984.

MÜLLER, C. (1993): Zen und die Kultur Japans, Berlin 1993 (Reimer).

NIIZUMA, A. (1995): Nitobe Inazus Ideal vom Bushido, in: Mittelalter in der Gegenwart, Berlin 1995.

OBA, M. (1990): Katachi mo naku, Tokyo 1982, ins Deutsche von B. Rhyner: Träume fischen, Frankfurt am Main 1990.

OSTEN, M. (1995): Europäischer und japanischer Zeitbegriff: Ein Vergleich, in: Mittelalter in der Gegenwart, Berlin 1995.

SCHLIPPE, A. VON, SCHWEITZER, J. (1997): Lehrbuch der systemischen Therapie und Beratung, Göttingen 1997 (Vandenhoeck und Ruprecht).

TAKEO, D. (1982): Amae - Freiheit in Geborgenheit - zur Struktur japanischer Psyche, Frankfurt am Main 1982 (Suhrkamp).

TANIZAKI, J. (1987): Lob des Schattens - Entwurf einer japanischen Ästhetik, Zürich 1987 (Manesse).

TSUJI, M. (1995): Das traditionelle in den japanischen Unternehmer-Aktivitäten, in: Mittelalter in der Gegenwart, Berlin 1995.

WATZLAWIK, P., BEAVIN, J. H., JACKSON, D. D. (1996): Menschliche Kommunikation - Formen, Störungen, Paradoxien, Bern 1996 (Huber).

YOSHIDA, K. (1999): Rollenunterschiede, in: Japan magazin, Bonn 1999.

Nikola Hale

Surfing Cultures: Re-entry Debriefing for Returning Expatriates - an Essential Phase of the International Assignment Cycle

1. Introduction

This paper provides a definition of the term "re-entry debriefing", with a brief overview of the status quo in multinationals today and a discussion of the benefits that re-entry debriefing can provide. A narrative description of the relevant issues, methods and tools used for conducting re-entry debriefing for returning expatriates follows. Multinational corporations, or companies which are active internationally, can improve performance by harvesting the experience their expatriates have made. Organizations in which decision-makers have been sensitized to the need for training in intercultural management recognize the lack of procedures and structures for capturing this implicit knowledge. In the following, a model is presented which can be adapted to an individual organization's needs.

2. Setting the Scene for Returning Expatriates

Are your expatriates merely **„surfing" the cultures** of the countries they are working in? Or are they getting deeper insights into managing and coping with cultural diversity?

And when they return, are they expected to immediately adapt to their „home culture" again and perform at the same levels of excellence and satisfaction they evidenced prior to departure - to fit back into the home corporate culture and immediately take on complex managerial responsibilities upon their return?

Does your organization systematically tap the wealth of experience these returnees have made? Or is there a clear new task-orientation with no time invested in suggestions for improvement they might have?

Do you enable future expatriates planning on going abroad to benefit from the returnees' experiences? Or do you have colleagues who are afraid that if the returnees share negative experiences with potential candidates for international assignment, this might discourage or bias the next generation?

Does your institution value and reward the growth made, the inputs and perspectives these returnees could add to your organizational value? Or do only an estimated 10% of the returnees actually see the promised promotion upon re-entry? Does your organization invest time in re-entry debriefing to add value in numerous ways? Or, does the entire stay abroad become reduced to a „shoebox experience"?

The actual tools and instruments used in the re-entry workshop to foster knowledge transfer can be applied to the business environment with success, provided that the company supports the process with 100% commitment. The author's experience in conducting re-entry is based on work with over 300 senior interns tracked at the Leadership Academy of Baden-Württemberg and the 147 students supervised over the past four years at the University of Applied Sciences Furtwangen.

3. Re-entry Debriefing Defined and the Benefits to be Gained

Re-entry debriefing can be defined as an attempt to **add value to the international assignment.** Value can be added for three stakeholders: the expatriate or sojourner him/herself, the sending and the receiving institutions, and the training provider, in-company or free-lance.

Benefits for the **sojourner** include a refined ability to consciously cope with diversity, at home or abroad, and to be able to sell oneself better for the next job or a promotion, through having systematically reflected on personal, managerial and professional growth achieved during the stay abroad.

For the **organizations** involved, conducting re-entry debriefing can be used to capture the wealth of experience and enable knowledge transfer to take place, so that potential conflicts or mistakes abroad can be predicted, avoided or minimized. By bringing future expatriates into contact with returnees in a structured environment, the learning curve of the next generations of international assignments can be shortened, and „multipliers" can be identified among the returnees who could provide support in the preparation of potential expatriates.

For the **training provider**, this person or organization can identify the real needs experienced by the expatriates and thus adapt and improve training materials, methods and contents.

4. Tools, Methods and Instruments in the Re-entry Debriefing Process

The tools and methods used will depend on the target group. With groups of students who return simultaneously, or groups of trainees in 18-month to two-year international trainee programs or corporate business universities, the **group approach** taken with students can be used. Here, groups of trainees who have returned from one stage of their international rotation of posts attend a re-entry debriefing seminar. This seminar can be used as part of an intercultural assessment process for identifying future expatriate managers and for the trainees themselves to assess, evaluate and track their own intercultural learning processes.

For internationally-active companies with expatriates returning individually throughout the calendar year, an **individualized approach,** with or without spouses, is more appropriate for capturing knowledge while it is still fresh. This can take the form of structured guided interviews, questionnaires and surveys, video-taping responses and the identification of potential returnee expats who could be integrated into the predeparture training of potential candidates for international assignments. Every organization must first identify its reasons for conducting re-entry seminars and define why it sees re-entry debriefing as beneficial to the organization. It is essential to develop a catalogue of criteria and topics to be focussed on which serve the needs of the organization in the individualized approach. This paper focuses on the tools used in our group approach, which can be more readily adapted for trainees or other employees returning simultaneously.

5. Preparation for the Year Abroad

Being in the fortunate position of having been able to co-design our study guidelines, the author sends students abroad who have been exposed to theories, case studies and experiential training in intercultural communication and management to an extent that employees in multinationals may not have experienced. To understand the predeparture background of the students, the following has been provided for comparison.

The student expatriates have had all of their marketing and management courses (almost half of their entire studies) taught in English and have studied at least one other foreign language and three-quarters of the students, two other foreign languages. In addition, the student body is 50% foreign-born in the BBA program, 20% in the German FH-Furtwangen-Diplom program, and 60% in the MBA program. About half of the faculty is foreign born and educated, lending a multicultural setting to the academic experience students enjoy, even before their year abroad, in which they have to adapt to and cope with various preferences in communication styles and cognitive processes in their multinational project groups and teams at the University of Furtwangen.

The three required courses prepare students on the cognitive, affective and behavioral levels in Introduction to Intercultural Communication, Managing Cultural Diversity and Organizational Cultures. Along with these advantages as a foundation for sending the students off, also offered are country-specific predeparture orientation for the four main geographic destinations of the junior expatriates: North America, China, the Francophone world, and Spanish-speaking areas. Thus equipped, the students are required to keep an Intercultural Logbook during their practical internships abroad. Many students email critical incidents back while on location for intercultural coaching and all returnees are required to attend the one-day Re-entry Debriefing Seminar immediately upon return.

The author initiated work in the area of re-entry studies 12 years ago at the Leadership Academy (Führungsakademie) of the State of Baden-Württemberg with senior public officials who had returned from their expert internships abroad and has since then continuously tried to refine the process. Conducting re-entry studies requires patience, since international assignments in industry may last three-to-five years. At the Leadership Academy, it took an entire year before the participants who had been sensitized to cultural variations actually came back to take part in the re-entry seminar. And with students in a four-year FH degree program, introductory courses in intercultural communication and management begin in year one and the students first return from their year abroad in year four. Of the more than 400 returnees the author has conducted re-entry with over a 12-year period, participant comments in the seminar repeatedly confirm that, although initially returnees just want to know what their next job will be, after the seminar they realize how important reflection on the re-entry process is for their professional career and life-long intercultural learning cycle.

The agenda for the seminar is closely tied to the comprehensive training they have had prior to being sent abroad, and thus the students possess an intercultural vocabulary which enables them to perceive, describe, reflect upon and analyze their experiences in a way that not all returnees without this extensive background could demonstrate. Expatriates with less predeparture training will obviously rely on other knowledge in their interpretations of the intercultural encounters and experience they have had.

As internationally-active companies begin to recognize the need for predeparture intercultural training as an essential component towards making the international assignment successful, managers sent abroad will begin to also have a vocabulary to describe and recognize their experiences. Any company still using merely the requirements of technical expertise, foreign language proficiency and domestic managerial success in their catalogue of criteria for international recruitment will not join the stage of the successful multinational companies. The kind and amount of predeparture intercultural preparation offered to the future expatriates will influence the design of re-entry seminars for the company.

6. Concepts Underlying the Re-entry Seminar

The seminar is based on the relevant literature in the field of re-entry, intercultural sensitivity and re-integration, including research and work by Nancy Adler (1991), Bruce La Brack (1994 and 1994 a), William Perry (1970), Peter Stadler (1994), et al. In addition, insights are derived from studies and surveys the author has supervised, examining the entire cycle of international assignments, thus providing most recent insights into failings at the corporate level and a huge gap between the vision and reality.

The issues developed in the seminar, based on the returnees' intercultural logbooks and the discussions during the workshop, include exploration into the following:

- Returnees' coping strategies,
- Analysis of critical incidents and anecdotes,
- Learning and enrichment: degree and extent of adaptation,
- Transfer on the personal and professional levels,
- Their legacy to the organization:
  excess baggage (what should be left at home?) and cross-cultural toolkit,
- Keys to success and a reflected analysis of the personal growth curve.

These points are explained later in the section describing the re-entry debriefing seminar the author conducts at the University of Applied Sciences Furtwangen.

In the following, a discussion of relevant issues for decision-makers in companies is provided.

7. Status quo Concerning Re-entry Debriefing

Why should companies invest time, energy and resources into conducting re-entry debriefing? A systematic approach is lacking on the landscape of intercultural management. Günter Stahl (1998) indicates that less than 2% of future expatriates even have contact with returnees. In fact he found that only 12% going to the USA and 21% going to Japan receive any intercultural training before departure, and the quality and quantity of the training those few did receive is not documented. A survey the author recently supervised indicated that among the respondents, German automotive expatriates in the USA, none of them were informed about the possibility of country-specific training for the target culture that was offered by the HR department of this corporation. The question arises: if the appropriate training is not taking place before managers go abroad or being marketed adequately by the HR departments, why even bother with re-entry debriefing? Every author in the area of international human resource management for the past 10 years has emphasized its importance and yet a re-entry component in the career pathing of international managers has still not been integrated at most companies. Stadler (1994) cites research by Pusch and La Brack from 1993 that shows less than 1% of the universities in the USA offer any kind of re-entry debriefing seminar. The same researchers claim to have found out that 15% of the multinational firms in their study *offered* similar seminars for returnees; thus it must be assumed that substantially *fewer* actually participated at such seminars.

8. Why isn't Re-entry Debriefing Integrated in a Systematic Manner in Companies?

Based on discussions with internationally active German executives and international HR managers, the author proposes that some or all of the following reasons may lie at the core of not integrating re-entry-debriefing in a systematic manner:

- lack of personal connection: the free-lance trainer who trained the expatriate before departure may no longer be connected to the corporation after the three-to-five year international assignment,
- expensive, since expatriates do not come back in a group,
- no one in-company is trained to guide the process of re-entry,
- waste of time, if insights do not serve stakeholders,
- HR department is excluded from the real decision-making processes in the company,
- functional managers have usually never been sensitized to the added value of any kind of intercultural training,
- HR department personnel have not gone through the expatriation and re-patriation process themselves and are not plausible support for the 37-year old married engineer with 3 kids now in Detroit (author's example from interviews in the USA with German expatriates),
- Managers are afraid that creating an open information system within the company, linking returnees to future expats, might mean that potentials would be negatively biased in advance.

With this in mind, the author proposes that a more global perspective should be taken on the perceived and actual, tangible and intangible benefits of international assignments. Some of the questions decision-makers and international HR department managers ought to consider are these:

1. Should information about international assignments be withheld, just because it is negative?
2. Couldn't warning potential future expats about possible problematic situations they will be facing help them shorten the learning curve, and reduce the adaptation time in order to achieve desired levels of performance more quickly?
3. Won't employees have greater trust in the organization if they have open access to as much information as possible about the conditions in country X ahead of time?

In the Department of International Business of the University of Applied Science Furtwangen the intercultural logbooks and foreign semester study reports are uncensored and available to all students for their perusal. Perhaps linking returnees recognized as interculturally-competent to potential expatriates will even sensitize the new expatriate to the value of predeparture intercultural training and relocation seminars, thus supporting efforts of HR personnel in selling all kinds of intercultural training measures.

The questions developed for expatriates have to depend on what they can be expected to recognize and the amount and kind of predeparture preparation they have had. Areas which are dealt with in an intercultural logbook and other tools could include questions in the following areas:

- Corporate cultures, e.g., how do different organizational cultures and procedures at headquarters and the subsidiary affect efficiency?
- Intercultural management, i.e., how does the expatriate cope with various expectations and cultural standards?
- Metacultural procedural competence, namely, is the expatriate competent at negotiating culturally-synergetic procedures?
- Personal, professional and managerial growth
- Composite cultural identities: to what extent has the expatriate broadened his/her repertory of possible appropriate behaviors?
- Knowledge transfer for the organization: how can the experience the expatriate gains be fed back into the organizational system?

9. The Re-entry Debriefing Seminar at the Department of International Business, University of Applied Sciences Furtwangen

This seminar is held in the first week of each semester, when the returnees' impressions are fresh and they have not yet started work on their final thesis. Depending on the number of returnees, 20 to 40 students attend, but the author recommends not having more than 20 participants per group to facilitate an open atmosphere in which everyone can contribute.

The six phases of de-briefing consist of:

1. Kick-off: welcome and explanation of what debriefing comprises,
2. Coping strategies: typical behaviors observed among returnees,
3. The "W" curve: bumps and shock,
4. Transfer of skills and competencies developed: X-C toolkit and excess baggage,
5. Stages of the development of intercultural competence: self-assessment,
6. Your legacy to the organization: cool down.

In phase one, the **Janus model is explored**. This is a time for reflection to look back and look ahead and decide how to integrate the experience abroad into a larger context. Students are asked to articulate the learning value of their year abroad for a potential employer. Exercises in this phase have been designed to bring the group together, and to help the attendees accept the validity of each individual's experiences and perceptions.

Phase two, **coping strategies**, leans on studies by La Brack in describing some common phenomena identified in re-entry studies, to help the students recognize their own feelings in a structured way. "Resocialized returnees" may experience the "shoebox effect", relegating their wealth of experiences to a nice little shoebox, closed up and stashed away on a shelf. "Alienated returnees" may experience "double ethnocentrism", having been biased against the country of their stay; now upon return they criticize their home country and think everything was better in the country of their foreign stay. "Proactive returnees" are able to contextualize their experiences, seeing their attitudes, preferences and behavior as relative to the cultural context in which they find themselves.[1]

In phase three, the **"W-curve"** of cultural learning is examined. Which, in the author's experience over 12 years, is never reproducible, but nevertheless useful. This phenomenon, also known as the "U-curve"[2], is often used to describe the typical development of personal satisfaction and job performance over time during the foreign assignment. Es-

1 Terms from Adler and La Brack in Adler (1991).

2 Adler (1991).

sentially, this curve is supposed to demonstrate fluctuating moods of anticipation and fear in the beginning, moving to a "honeymoon" high for a certain period, followed by increasing frustrations and conflicts which lead to a low point, at which the expatriate either breaks off the assignment prematurely, remains on the site but in a withdrawal mode, or learns to adapt. The author's experience with this theory has proven that there are so many external issues affecting the personal satisfaction and job performance that no individual curve ever fits this model precisely. The model is, however, useful in providing a framework in which the returnees can reconstruct their own honeymoon, culture shock and recovery phases, and, even more important, share their anecdotes and coping skills.

Phase four begins with Adler's findings on the professional and managerial skills the managers in the study described. Then the students are moved into working groups to discuss the **transferable skills** they have developed and to articulate these in preparation for their upcoming self-marketing in job interviews. The attendees develop group proposals for "excess baggage", i.e., what a sojourner should leave at home, in terms of realia and attitudes. In addition, they create a "cross-cultural toolkit", which lays the groundwork for a group-directed description of the profile of an ideal global player.

In phase five the students are exposed to work by Bennett (1994), Perry (1970), and Stadler (1994), some of which has already been introduced in their courses before departure. Here the **stages of the development of intercultural competence** (from ethnocentrism to ethnorelative sensitivity) are examined and it is attempted to refine their definitions of intercultural competence. Testimonials about their intercultural coping skills and learning curve are collected on video-tape for editing and subsequent use in predeparture orientation seminars.

The final section, phase six, asks the students for their **legacy to the organization.** Here, as not only passive consumers of knowledge and skills, the students are requested to contribute actively to enriching the international focus of the University of Furtwangens education of the younger students. This can take the form of their intercultural logbooks, their foreign study semester reports about our partner universities abroad, writing up and providing an analysis of the critical incidents they personally experienced and volunteering to give talks about their work and study experiences abroad in the 4-year established lecture series, Networkers International.

The seminar ends with a closing, based on the students' discussions of a life-long acquisition of intercultural competence means, among other aspects, learning to cope with diversity, at home and abroad, and to manage change effectively without losing personal equilibrium.

10. Value of this Model of a Re-entry Debriefing Seminar for Multinational Corporations

The concepts developed in this paper and the model for a seminar can be adapted for use with certain target groups in multinational corporations. The purpose of an international assignment is often first seen as a possibility for knowledge and technological transfer or for the purpose of setting up a new site. However, a more global perspective needs to be taken with the regard to the entire international assignment cycle and the added value for the organization. Huge investments are made in sending the best managers or the most competent technical experts, but the implicit knowledge these expatriates gain is often not reaped and evaluated upon return of these expatriates. Re-entry debriefing, along with other tools which need to be developed for company and situation-specific career pathing, can facilitate and enrich the sending and receiving organizations. Decision-makers in corporations need to assess what global competencies can be defined, assessed, and transferred to subsequent generations of expatriates in a re-entry debriefing, to ensure that their expatriates are not merely “surfing cultures”.

References

ADLER, N. (1991): International Dimensions of Organizational Behavior, 2nd edition, Belmont/CA 1991 (Kent International).

ADLER, P. (1975): The Transnational Experience: an Alternative View of Culture Shock, in: Journal of Humanistic Psychology, Vol. 4, No. 15, 1975, pp. 13 - 23.

BENNETT, M. J. (1994): A Developmental Model of Intercultural Sensitivity, in: M. Paige (ed.): Education for the Intercultural Experience, Yarmouth 1994 (Intercultural Press).

HARRIS, P. R., MORAN, R. T. (1992): Managing Cultural Differences, Houston 1992 (Gulf).

LA BRACK, B. (1994): The Rediscovery of America: Cultural and Psychological Factors in U.S. College Students Reentry, in: P. Stadler (ed.): Globales und interkulturelles Lernen in Verbindung mit Auslandsaufenthalten, Saarbrücken 1994 (Verlag für Entwicklungspolitik Breitenbach).

.LA BRACK, B. (1994 a): The Missing Link: the Process of Integrating, Orientation and Reentry, in: M. Paige (ed.): Education for the Intercultural Experience, Yarmouth 1994 (Intercultural Press).

LA BRACK, B., PUSCH, M. (1994): Reentry: Program Design and Implementation, in: Stadler (ed.): Globales und interkulturelles Lernen in Verbindung mit Auslandsaufenthalten, Saarbrücken 1994 (Verlag für Entwicklungspolitik Breitenbach).

PERRY, W. (1970): Forms of Intellectual and Ethical Development in the College Years: A Scheme, Holt, New York 1970 (Rinehart & Winston).

SENGE, P. (1990): The Fifth Discipline: the Art and Practice of the Learning Organization, New York 1990 (Currency, Doubleday).

STADLER, P. (1994): Globales und interkulturelles Lernen in Verbindung mit Auslandsaufenthalten, Saarbrücken 1994 (Verlag für Entwicklungspolitik Breitenbach).

STAHL, G. (1998): Internationaler Einsatz von Führungskräften, München 1998 (Oldenbourg).

STORTI, C. (1990): The Art of Crossing Cultures, Yarmouth 1990 (Intercultural Press).

WARD, T. (1984): Living Overseas, a Book of Preparations, New York 1984 (Free Press, Macmillan).

Teil V

Zusammenfassende Thesen zum interkulturellen Management

André Laurent

Learning at the Crossroads of Cultures – 30 Tips on How to Learn Across Cultures

The art of learning across borders cannot be governed by simple recipes or ready-made principles. Yet a few guidelines can be useful in order to keep in mind some important reference points. This is the idea of the following list of 30 tips, where the author has tried to summarize in a simple way some key requirements for effective international cooperation.

1. Be aware of your own very special culture as a unique peculiarity. When working across cultures you will often be the "stranger" - perceived by others as being "strange".

2. The culture that you ignore most - in terms of its shaping power on yourself - is obviously your own culture. It is very difficult to look at oneself from the outside. We can make interesting observations and comments about other cultures. But we often remain blind to our own.

3. Intercultural situations offer the unique opportunity to reduce our blindspot. Other cultures act as privileged mirrors in which we can see more of our own cultural make-up as a result of being confronted and challenged by other cultural models. This leads to greater understanding of the peculiarities of our own culture.

4. Don't expect others to think and act as you do. Your culture - and therefore your own preferred way of getting things done - is just one among many. Expect others to think and act differently. Recognize that your way can be the exception rather than the norm.

5. If you are convinced that your ways of managing, motivating, making decisions, running meetings, etc. are the best, avoid working across cultures. It would be a painful experience for everybody involved, including yourself.

6. Respect local customs, adapt your behavior to local norms and expectations, but don't try to imitate. Clowning is not expected. It would be seen as phony and would not be respected.

7. Watch for the illusion of similarity. "We are from the same industry". "We are all engineers". "We share the same language". "We are from the same company united by a strong corporate culture ...". We are all human beings too. Such statements often hide a desire to avoid confronting the reality of cultural differences.

8. Beware of excessive politeness. It is another strategy contributing to the denial of differences. It often leads to superficiality, low risk-taking, avoidance of productive confrontation and achievement of the smallest common denominator.

9. The most negative outcomes in cross-cultural collaboration typically occur when the partners hold radically different assumptions about the situation (objectives, task, resources, etc.) and are fully unaware that this is the case.

10. Whenever possible, check your assumptions and expectations with your partners.

11. Everybody holds some stereotypes about other cultural groups. Acknowledge your own stereotypes about other cultures. But try to use them only as prototypes ready to be updated and changed on the basis of your own experience.

12. Don't confuse the individual and his/her culture. Confusing these two units of analysis leads to sterile stereotyping. Both the individual and his/her culture are real but different entities. Culture is obviously not an individual property. It is a group attribute. Individuals carry culture. They don't own it.

13. Every individual is unique. Every culture is unique. Understanding individual differences and understanding cultural differences are equally important. It is not one or the other, it is both.

14. Across cultures, attribution errors occur in both directions: genuinely individual characteristics are wrongly labelled as cultural, and conversely cultural patterns are wrongly attributed to an individual's personality.

15. To avoid wrong attributions, a paradoxical strategy is needed. When dealing with people from other cultures, as a starting point, make every effort to forget everything about culture and cultural differences. Try to meet the individual and its uniqueness first. Avoid categorizing. Concentrate on the individual. The cultural dimension will come next and soon anyhow.

16. Remember that cultural differences go much beyond differences in management or communication styles. These are interesting artifacts but they only represent the tip of the iceberg. The deepest and most challenging aspects of cultural differences lie in the fact that different cultures define and construct reality differently. So what is a decision for culture A may not be one for culture B. And the same for contract, commitment, agreement, performance, etc.. Across cultures, do not assume that your definition of effective action is shared by others.

17. Listen, observe and try to understand before judging and evaluating.

18. Accept the fact that your conception of time may not be shared. You can only win through understanding and negotiating.

19. Be patient. Accept the fact that it may take a much longer time to get results.

20. If you like to make jokes, watch out for those that do not fly so well across cultures. Although humor can sometimes be an effective lever in cross-cultural situations, it is also one of the most culturally sensitive aspects of social life.

21. One of the problems across cultures is that we naturally tend to interpret and evaluate behavior on the basis of our own cultural values. We apply our standards where they may not apply. This leads to misunderstanding. Behavior does not talk for itself. Trusting behavior per se can be highly confusing. What matters is the actual meaning of behavior which is embedded in different values across different cultures.

22. When you encounter some "strange" behavior that looks bizarre, ineffective, meaningless, crazy or even stupid from your own point of view, suspend your judgement and make every effort to understand where this behavior comes from, what it means. If you work hard enough at this, you may end up with the conclusion that this behavior makes a great deal of sense. You may even discover that you can learn something from it.

23. Learning across cultures can only occur when differences are not only understood but truly appreciated. Appreciation feeds the motivation to learn. Lots of people are aware of cultural differences. Some people understand. Few people really appreciate. Positive appreciation of cultural differences is a requirement for effective collaboration.

24. When working across cultures, do everything to build, develop and maintain trust. Trust is the essential foundation for effective cross-cultural collaboration. But remember that different cultures may define trust differently and may favor different ways of promoting it.

25. Face-to-face relationships is a prerequisite for developing trust across cultures. Don't rely on e-mail only.

26. Working effectively across cultures is not a natural act. It requires specific action and investment.

27. Cultural diversity can only become a source of synergy or competitive advantage when differences are recognized, understood and discussable. Whenever possible and in a timely fashion, bring differences into the open where they can be discussed and worked through.

28. Cultural differences can be so deep and so challenging that it is over-optimistic to expect people to work effectively through such differences in the sole context of action. Experience shows that there is often a need to "stop the music" and design a special off-site event - typically a workshop - a "transitional space" where the agenda is to develop awareness, understanding and appreciation of cultural differences between

tween the partners. In such settings, participants are encouraged to bring forward a number of cross-cultural issues that never get openly discussed in the context of action. "Transitional spaces" are designed to promote cross-cultural understanding as an investment into more effective collaboration.

29. "Transitional spaces" - like any other action program - reflect particular cultural values on effective action and intervention. Such values may not be shared by your partners from other cultures. Keep only the basic idea of time-off which is likely to be widely accepted and co-design the workshop with your partners.

30. Whenever challenged by cultural differences, think about how boring the world would be with a global, uniform culture. Keep that thought in mind when initiating or designing so-called global processes in organizations.